Conrad Rethwisch

Der Staatsminister Freiherr von Zedlitz

Und Preussens höheres Schulwesen im Zeitalter Friedrichs des Großen

Conrad Rethwisch

Der Staatsminister Freiherr von Zedlitz
Und Preussens höheres Schulwesen im Zeitalter Friedrichs des Großen

ISBN/EAN: 9783743446380

Hergestellt in Europa, USA, Kanada, Australien, Japan

Cover: Foto ©ninafisch / pixelio.de

Manufactured and distributed by brebook publishing software (www.brebook.com)

Conrad Rethwisch

Der Staatsminister Freiherr von Zedlitz

Der

Staatsminister Freiherr v. Zedlitz

und

Preußens höheres Schulwesen

im

Zeitalter Friedrichs des Großen

von

Dr. Conrad Rethwisch,
Ordentlichem Lehrer am Königlichen Wilhelms-Gymnasium zu Berlin.

Berlin.
Verlag von Robert Oppenheim.
1881.

Vorwort.

Inmitten der lebhaften Thätigkeit, welche gegenwärtig darauf gerichtet ist, in den Rahmen des uns von mehr als einer Meisterhand gezeichneten allgemeinen Ganges der Geschichte des preußischen Staates eine genauere Darstellung seines inneren Lebens nach dessen verschiedenen Seiten hin einzufügen, ist bisher das Schulwesen, namentlich das höhere, noch nicht zu seinem Recht gelangt. Die Aufhellung der Vergangenheit der höheren Schule in Preußen beschränkt sich, abgesehen von dem, was dafür aus den Werken über die Geschichte der Pädagogik zu entnehmen ist, auf Einzelheiten, die eine und die andere Seite des Schullebens, Anstaltsgeschichten, Biographieen; im Zusammenhang ist dagegen die Geschichte des höheren Schulwesens in Preußen weder in ihrem gesamten Verlauf, noch auch nur in bezug auf eine einzelne Phase ihrer Entwicklung schon zur Bearbeitung gelangt.

Und doch würde ein solches Unternehmen nicht nur einem berechtigten wissenschaftlichen Interesse entsprechen, sondern es könnte auch für die richtige Beantwortung vieler schwebenden Schulfragen, die ja meistenteils zugleich Fragen der allgemeinen Gesittung sind, von großer Wichtigkeit werden, indem auch hierbei die genetische Betrachtung der Erfolge und

Mißerfolge der Vorfahren am besten die Richtung erkennen lassen würde, in der man sich weiter fortbewegen muß, wenn man höhere Ziele erreichen will.

Die vorliegende Arbeit möchte sich als ein Kapitel zu einer künftigen Geschichte des höheren Schulwesens in Preußen einführen. Es ist darin der Versuch gemacht worden, eine auf dem Hintergrunde der überkommenen Zustände ruhende Übersicht über die tiefgreifenden und folgenreichen Umgestaltungen zu geben, welche das höhere Schulwesen Preußens dem Genius Friedrichs des Großen und der Thätigkeit des Staatsministers Freiherrn von Zedlitz zu verdanken hat.

Der Stoff ist größtenteils Archivalien entnommen, von denen der Verfasser die meisten dem Kgl. Geh. Staatsarchiv zu Berlin, die übrigen dem Archiv des Kgl. Joachimsthalschen Gymnasiums ebendaselbst, unter liebenswürdigster Unterstützung seiner Nachforschungen seitens beider Verwaltungen, entlehnte. Das Nähere über den Ertrag der Akten folgt am Schluß, wo auch über das gedruckte Material, das nebendem benutzt worden ist, Rechenschaft abgelegt werden wird.

Inhalt.

I.
Das höhere Schulwesen vor der Verwaltung des Ministers von Zedlitz.

	Seite
Benennung und Anzahl der höheren Schulen	1
Aufsichtsgewalt	1
Unterhalt	6
Lehrerstand	12
Die verschiedenen Arten der höheren Schulen	27
Die Anfänge einer neuen Richtung	40
Zeiteinteilung. Besondere pädagogische Einrichtungen	43
Die Unterrichtsmethode im allgemeinen	47
Religion	48
Die fremden Sprachen im allgemeinen	50
Lateinisch	50
Griechisch	52
Hebräisch	53
Französisch	54
Andere fremde neuere Sprachen	55
Deutsch	55
Rhetorik und Poetik	57
Die „Wissenschaften" im allgemeinen	58
Philosophie	58
Rechtswissenschaft	59
Geschichte	59
Geographie	64
Mathematik	66

	Seite
Naturwissenschaften	67
Technische Fächer	68
Leibesübungen	68
Erziehungsgrundsätze und Disziplin	69
Lebensalter der Schüler und Frequenz	74
Das Reformbedürfnis	76

II.
Der Minister und sein Grundriß zu einer verbesserten Lehrverfassung.

Zedlitz' Bildungsgang und Charakter	77
Zedlitz' allgemeiner pädagogischer Standpunkt	90
Dorf- und Bürgerschulen	97
Die Aufgabe der höheren Schulen	101
Die Unterrichtsmethode im allgemeinen	107
Religion	113
Lateinisch mit Rhetorik, Poetik und Geschichte der Philosophie	117
Griechisch und Logik	121
Hebräisch	123
Französisch	123
Deutsch	124
Geschichte	125
Geographie	130
Rechnen, Mathematik und Naturwissenschaften	131
Technische Fächer	132
Klassensystem	133
Zeiteinteilung	133
Besondere pädagogische und disziplinarische Einrichtungen	135

III.
Die neuen Maßnahmen.

Vorbereitungen und nächste Absichten	138
Die Geldfrage	139
Hebung des moralischen Ansehns des Lehrerstandes	141
Die Reform an der Ritterakademie zu Liegnitz	143
„ „ zu Hamm	145

	Seite
Die Kabinettsordre vom 5. September 1779	145
Die Reform am Joachimsthal zu Berlin	148
" " " Collegium Fridericianum zu Königsberg i. Pr.	155
" " " Elisabethanum zu Breslau	160
" " " Kloster Bergen	165
" " " Marien-Stifts-Gymnasium zu Stettin	166
Vgl.	145
Verhältnis zur Mehrzahl der Schulanstalten	166
Die wissenschaftliche Vorbildung der Lehrer	172
Vgl.	191
Die Versuche zur Errichtung eines pädagogischen Seminars zu Halle	175
Die Errichtung des Oberschulkollegiums	184
Das philologische Seminar zu Halle	191
Das Seminar für gelehrte Schulen zu Berlin	194
Die Einführung des Abiturientenexamens	199
Zedlitz' Rücktritt	205
Wöllners Verwaltung	208
Die Errungenschaften aus Zedlitz' Zeit	210

Material.

1. Handschriftliches	212
2. Gedrucktes	213

I.
Das höhere Schulwesen vor der Verwaltung des Ministers von Zedlitz.

Der allgemeine Name für die ganze Reihe der zwischen den Trivial- und Hochschulen stehenden Unterrichtsanstalten war in älterer Zeit der der großen oder lateinischen Schulen. Zu ihnen zählten ebensowohl die armseligsten dreiklassigen Stadtschulen, als die anspruchsvollen akademischen Gymnasien, ebensowohl reine Gelehrtenschulen, als Vorbildungsstätten für höhere Lebensstellungen aller und jeder Art.

Es gab in Preußen um die Mitte des 18. Jahrhunderts etwa achtzig lateinische Schulen mit je fünf oder mehr Klassen und wohl viermal soviel mit weniger als fünf, meist sogar nur mit drei Klassen.

Die Oberaufsicht über das preußische Schulwesen lag in den Händen des geistlichen Departements, das unter der Leitung zweier Justizminister eine Abteilung der höchsten Regierungsbehörde, des Geh. Staatsrates bildete. Es zerfiel in sich wieder in ein zugleich auch für die katholischen Kirchen- und Schulsachen zuständiges lutherisches und ein reformiertes Departement, mit je einem jener beiden Minister an der Spitze. Als Unterbehörden des lutherischen Departements bestanden in jeder Provinz Konsistorien, zugleich in der Eigenschaft als

Provinzialschulkollegien, deren Geschäftsverkehr mit ihrem Departement, Schlesien und Geldern ausgenommen, wo die Konsistorien, einschließlich des städtischen zu Breslau, unmittelbar von ihm ressortierten, noch durch die Zwischeninstanz des Oberkonsistoriums in Berlin zu gehen hatte. Dem letzteren entsprach für das andere evangelische Bekenntnis das reformierte Kirchendirektorium daselbst, dem die reformierten Konsistorien und die Presbyterien in den Provinzen untergeordnet waren. Bei allen diesen Behörden gab es jedoch keine besonderen Räte für die Schulangelegenheiten, dieselben wurden vielmehr nebenher neben den geistlichen Sachen von den nämlichen Personen erledigt.

Allerdings war auch der Spielraum für die staatliche Einwirkung ein im ganzen noch recht bescheidener. Das Patronatsrecht gewährte damals nicht nur in Sachen der äußeren, sondern ebensowohl in denen der inneren Verfassung einer Anstalt seinem Inhaber meistenteils eine nahezu völlige Selbständigkeit. Und der Landesherr selbst war nur von sehr wenigen der größeren Anstalten, wie dem Joachimsthal zu Berlin, dem Collegium Fridericianum zu Königsberg, den akademischen Gymnasien zu Stettin und Brieg, den Ritterakademieen zu Liegnitz und Berlin der Patron, von den kleineren aber, soweit ersichtlich, für sich allein nirgends und in Gemeinschaft mit den städtischen Magistraten nur an ganz vereinzelten Stellen. Alle übrigen lateinischen Schulen waren entweder stiftischen, ständischen oder städtischen Patronats, oder auch reine Privatinstitute. Die Patronatsrechte erlitten nur da eine erheblichere Einschränkung durch den Staat, wo derselbe zu den Unterhaltungskosten beitrug. Auch das geschah jedoch, außer bei den berlinischen städtischen Gymnasien, dem damals vereinigten Berlinisch-Köllnischen, dem Friedrichsstädtischen und Friedrichs-Werderschen sowie der Schule in der Dorotheenstadt nur noch bei wenig mehr als einem Dutzend größerer Schulen in den bedeutenderen, zumeist den Hauptstädten der Provinzen.

Freilich war es schon seit dem Großen Kurfürsten das Bestreben der Herrscher gewesen, ihre Gerechtsame über das gesamte Schulwesen auszudehnen, ja schon Kurfürst Johann Georgs Geheimem-Sekretär Steinbrecher, von welchem die erneute Schulordnung des Grauen Klosters in Berlin vom Jahre 1576 herrührt, hatte etwas wie ein Normallehrplan für alle lateinischen Schulen in der Mark vorgeschwebt. In einer Kabinettsordre d. d. Potsdam, d. 4. Juli 1685 hatte sich Friedrich Wilhelm darauf berufen, daß es „bekannt und unleugbar" sei, „daß dergleichen Schulen, (die lateinischen sind hier gemeint,) es mögen dieselben angeordnet sein, von Wem Sie wollen, Jedesmahl dem juri episcopali und der hohen Landes-Obrigkeit obristen Aufsicht unterworfen sein", und gestützt darauf das Recht der Bestätigung der lokalen Schulaufseher, der Prüfung und Einführung der Lehrer in Gemeinschaft mit jenen und der allgemeinen Visitation für sich in Anspruch genommen. Noch weiter war König Friedrich Wilhelm I. gegangen. Seine im Jahre 1713 erlassene „Kgl. Preußische Evangelisch-Reformirte Inspections-Presbyterial-Classical-Gymnasien und Schul-Ordnung" bestimmt, daß alle Gymnasien, soviel thunlich, den bereits zweckmäßig eingerichteten zu Berlin, Frankfurt a./O., Halle, bei deren bisherigen Ordnungen und „Typi lectionum" es zu verbleiben habe, ähnlich gemacht werden sollten, fordert im besonderen das jedesmalige Lesen eines Kapitels aus der Heiligen Schrift vor dem Unterricht nebst Gebet vor und nach demselben, ordnet die allgemeine Einführung des Gesangunterrichts an, bezeichnet ein bestimmtes, überall zu benutzendes Lehrbuch für den Religionsunterricht der oberen Klassen, nimmt die Abfassung gleicher Lehrbücher für alle übrigen Gegenstände in Aussicht und weist das Kirchendirektorium an, über die Aufrechterhaltung der bestehenden Einrichtuungen zu machen, die Einführung der neuen zu bewirken, weitere Vorschläge zur Verbesserung zu unterbreiten, die obere Disziplinargewalt über die Lehrer auszuüben, wobei besonders bemerkt wird, daß seine Zustimmung auch zu Reisen außer Landes oder in eine andere Kgl. Provinz von denselben jedesmal einzuholen sei. Die Kommission, welche mit der Abfassung jener neuen, in der ganzen Kurmark einzuführenden Schulbücher betraut worden war und aus den Rektoren und Konrektoren der vier Berliner Gymnasien bestand, ließ auch wirklich eine Reihe davon erscheinen, von denen verschiedene, insbesondere die lateinische Grammatica Marchica, sich über ein halbes Jahrhundert vielerorten im Gebrauch erhalten haben. Auch Friedrich der Große hielt mit aller Entschiedenheit daran fest, daß er als Landesherr ein Recht habe, an all' und jeden Schulen Verbesserungen anzuordnen. Unter seiner Regierung hatte eine Verfügung des Ministers von Münchhausen, des Amtsvorgängers von Zedlitz im lutherisch geistlichen Departement, im Jahre 1764 festgesetzt, es solle in Zukunft kein Lehrer an den Stadtschulen ohne Approbation des Oberkonsistoriums neuangestellt werden oder in eine höhere Stelle aufrücken, sondern das Wahlprotokoll, das vom Inspektor der Schule mit zu unterschreiben, vor der Behändigung der Vokation mit den Personalakten der genannten Behörde eingereicht werden, damit dieselbe zuvor die Würdigkeit des Gewählten gehörig prüfen könne. Mittels Kabinettsordre vom 12. November 1768 war eine allgemeine Revision sämtlicher Schulanstalten des Landes vom Könige angeordnet worden.

Es fehlte indessen, wie leicht ersichtlich, noch sehr viel daran, daß der Staat hiermit eine allgemeine Aufsichtsgewalt in wirksamer Weise erhalten hätte.

Die Erklärung des Großen Kurfürsten behielt die ihr nächstfolgenden Zeiten über im wesentlichen nur die Bedeutung eines Prinzips, der Aufstellung eines Zieles, dem von den späteren

Regierungen mit mehr oder weniger Entschiedenheit nachgestrebt wurde, ohne daß es jedoch bislang erreicht, ja ohne daß auch nur alle darin erhobenen einzelnen Ansprüche aufrecht erhalten worden wären. Die Schulordnung König Friedrich Wilhelms I. bezog sich zunächst nur auf die Gymnasien reformierten Bekenntnisses und Münchhausens Verfügung ausschließlich auf die Stadtschulen, sodaß hinsichtlich der lutherischen und römisch-katholischen größeren lateinischen Schulen es sogar noch an allgemeinen Normen gänzlich fehlte, nach denen eine staatliche Oberaufsicht hätte ausgeübt werden können. In Wirklichkeit regelte sich der Anteil des Staates an der Schulgewalt nach den besonderen, untereinander sehr verschiedenen Rechtsverhältnissen, in denen er zu jeder einzelnen Anstalt stand. Konnte an sich der Staat am wirksamsten da eingreifen, wo der Landesherr der Patron, so war doch wieder bei mehreren gerade der bedeutenderen unter den Anstalten dieser Art durch besondere bei ihnen befindliche Einrichtungen die Machtbefugnis des Leiters der Unterrichtsverwaltung geschmälert.

Gleich diejenige Anstalt, welche gemäß ihrer Stiftung und dem Ursprung ihrer Einnahmequellen das unmittelbarste Verhältnis zum Landesherrn hatte, das Joachimsthal in Berlin, war der direkten Einwirkung der Staatsbehörden entzogen, indem es unter der alleinigen Oberleitung eines eigenen Direktoriums stand, dessen Mitglieder der König ernannte. Nur insofern bestand eine Verbindung mit dem geistlichen Departement, als es gebräuchlich geworden war, einem Minister desselben den Vorsitz in diesem Direktorium zu übertragen. Dieser Behörde stand die letzte Entscheidung in jedweden Angelegenheiten der Anstalt zu, von den wichtigsten unter ihnen bis zu den kleinsten Einzelheiten hinab, soweit es letztere seiner Aufmerksamkeit für würdig hielt. Ein vom Direktorium abhängiger Visitator hatte dieses stets im laufenden über den ganzen Zustand der Anstalt zu erhalten und Vorschläge zu Verbesserungen ihm einzureichen. Beim Friderі-

cianum in Königsberg war die obere Aufsicht der Provinzial=
regierungsbehörde, dem Ostpreußischen Ministerium, übertragen
und damit dem Departement ziemlich entrückt worden, wäh=
rend sie bei den beiden landesherrlichen Ritterakademieen beson=
deren, vom König ernannten Kommissaren zustand. Gegen=
über den höheren Lehranstalten nicht landesherrlichen Pa=
tronats, der großen Mehrzahl aller, galt als Regel, daß der
Staat nur da in ihre Selbstverwaltung beschränkend eingriff,
wo er Zuschüsse leistete. Dort behielt er sich zumeist das Recht
der Bestätigung der lokalen Aufsichtsbehörden, der Leiter und
zum teil der Lehrer der Anstalt, wie auch die regelmäßige
Visitation vor und suchte kraft derselben auch wohl gelegent=
lich bis in das Innere des Lehrplans mit seinen Vorschriften
einzudringen. Alle finanziell vom Staate nicht abhängigen
Patronate hingegen wachten mit ängstlicher Eifersucht über
die Aufrechterhaltung ihrer ungeschmälerten Schulgewalt, in=
dem sie die Berufungen der Lehrer nach wie vor für sich
allein vornahmen, nach Möglichkeit Kgl. Visitatoren den Zu=
tritt versagten und jede versuchte Einmischung des Staates
zum Anlaß nahmen, eine neue Bestätigung ihrer alten Frei=
heiten nachzusuchen, die ihnen auch mehrfach wirklich erteilt
wurde. So gut wie ganz entzogen der staatlichen Kontrolle
waren endlich die von den Jesuitenkollegien geleiteten römisch=
katholischen, die französischen, jüdischen und die zahlreichen
privaten Schulanstalten. Wie aber die mit der Schulaufsicht
betrauten hohen und höchsten Landesbehörden die geistlichen
waren, so übten auch Geistliche im Namen der Schulherren
die persönliche Inspektion der Schulen, der höheren nicht
minder als der niederen, fast allerorten allein aus.

Da der Staat nicht einmal eine Übersicht über das
Etatswesen der höheren Schulen besaß, so fehlte natürlich noch
weit mehr daran, daß er Maßnahmen getroffen hätte, die
Unterhaltungspflicht der einzelnen Patrone zu überwachen.
Was die letzteren unter derselben verstanden, erscheint meist

sehr fragwürdig. Von einem sorgsamen Voranschlag der Ausgaben und Einnahmen und ihrer Ausgleichung unter einander findet sich bei den meisten keine Spur; statt die Verpflichtung zu fühlen, für die zum Unterhalt ihrer Anstalten erforderlichen Mittel selbst aufzukommen, begnügten sich die meisten mit ganz geringfügigen Beiträgen und überließen den Fortbestand der Anstalten dem guten Glück, der Mildherzigkeit und der klugen Berechnung der einzelnen Bürger, sowie dem Geschäftsgeist und der Entbehrungsfähigkeit der „Schulbediensteten." Nur einige wenige größere Anstalten besaßen dank den Verleihungen ihrer Stifter oder späterer Wohlthäter gesicherte Einnahmen zur Bestreitung der notwendigsten Bedürfnisse. Ihnen näher standen darin nur noch die wenigen Anstalten, welche einen regelmäßigen Staatszuschuß empfingen.

Unter den geringfügigen Aufwendungen zur Unterhaltung bildeten überdies einen großen Teil die Naturalleistungen und -Nutzungen mit ihren für die Berechtigten vielfach so unsicheren Hebungen und zerstreuenden Mühwaltungen. Besaßen die vermögenderen Anstalten ihre Ämter, aus denen ihren Angestellten Korn, Holz u. a. m. verabreicht wurde, so gehörte häufig zu der besten Einnahme einer Stelle an geringeren Schulen der Ertrag von einem Stückchen Acker- oder Gartenland, einer Wiese oder Weide, oder der Anspruch auf Entrichtung eines kleinen Deputats an Korn und Holz durch die Gemeinde. Die Geldbezüge stellten sich um so geringer, als an sehr vielen Orten noch nach altem Gebrauch gar kein Schulgeld, an anderen ein nur sehr unbedeutendes erhoben wurde, das mit den Klassen noch zu sinken pflegte. Höhere Entrichtungen der Zöglinge wurden nur auf den Alumnaten gefordert als Entschädigung für die ihnen daselbst gewährte Wohnung und Beköstigung. Die allgemeinere Einführung eines Schulgeldes als einer Haupteinnahmequelle gehört dagegen erst dem letzten Viertel des achtzehnten Jahrhunderts an. Bunt genug und nach den Orten wieder verschieden war die Reihe kleinerer Gefälle und Gerechtigkeiten, auf welche außerdem zur Unterstützung der Lehrer gerechnet wurde; gemeinsam ist ihnen aber die Geringfügigkeit der Beträge und bei den meisten auch die Unsicherheit und Ungleichheit im Eingang derselben. Dazu gehörten Vergütungen aus den Kgl. Kassen für die gezahlte Accise, Braufreiheit oder eine Entschädigung für das entrichtete Braugeld, Darreichungen von Gaben aus dem „Gotteskasten", von Wachsgeldern oder Wachs in natura durch die Kirchen, Aufnahme- und Versetzungsgelder, „Präsente" der Schüler zu bestimmten Terminen, Gebühren für das Singen bei Hochzeiten, die sogenannte „Brautsuppe", bei Taufen, Begräbnissen, bei welchen letzteren man in Cottbus unterschied zwischen „gantzen, halben, teutschen und wendischen Leichen", für das Singen bei anderen Gelegenheiten, wie zu Neujahr, am Gregoriustage und zu Martini, ferner „Douceure" aus der Kämmerei nach Abhaltung der öffentlichen Examina und Actus scenici, Geschenke zu den Festen und Jahrmärkten an Geld oder auch an Eßwaren. Soweit sich die Gelegenheit dazu bot, wurde durch Erteilung von Privatstunden, in der Regel an eine Mehrzahl von Schülern zugleich, und durch Aufnahme von Pensionären, hier und da in Alumnaten auch in der Übernahme der Ökonomie eine Verbesserung des schmalen Einkommens gesucht. Sehr begehrt war auch die gleichzeitige Übernahme irgend einer niederen Verrichtung oder eines Aushülfepostens im Kirchendienste und gab es manche Schulen, deren Rektor zugleich Kantor und Organist und beständiger Nachmittagsprediger war, dieses letztere freilich manchmal auch ohne entsprechende Vergütung. Statt realerer Erleichterungen mußte in vielen Fällen die bloße Anwartschaft auf ein geistliches Amt über die Not der Gegenwart forthelfen und wurde eine solche geradezu wohl auch als ein Wechsel auf die Zukunft bei der Bezahlung mit in Anrechnung gebracht. Doch das alles reichte oft noch so wenig zum notdürftigen Unterhalt aus, daß nur die Inanspruchnahme der privaten Wohlthätigkeit, insbesondere der Freitische bei wohlhabenderen Bürgern oder von Kollekten zu Tischgeldern vorm Verhungern schützte. Da jedoch die Freitische der Natur der Sache nach nur den Unverheirateten zu gute kamen, so wurde durch sie das Gefühl der Entbehrung für die Verheirateten nur um so größer, wenn sie „unterdessen, da ihre Mit=Arbeiter gesottenes und gebratenes zu sich nahmen, bey ihrem schlechten Gehalt mit einem alten Hering und schwachem Becher=Bier vorlieb nehmen mußten." In der Regel gehörte zu den Zuständigkeiten einer Lehrstelle auch eine Dienstwohnung, für deren Beschaffenheit an manchen Orten eine Angabe über diejenige des Collega quintus an der Kgl. Provinzialschule zu Tilsit ein Beispiel abgeben mag, wonach dieselbe bestand aus einer Stube mit einem verbauten Fenster und einer Kammer. Einer der besten zeitgenössischen Kenner des damaligen Schulwesens, der spätere Gymnasialdirektor, Oberschul= und Oberkonsistorialrat Gedike, giebt an, daß in vielen kleinen Städten die Schullehrer, besonders die untersten, kaum über eine Gesamteinnahme von 100 Thlr. hinaus gelangten und in großen Städten ein Schulmann glücklich geschätzt wurde, der es auf 400 Thlr. gebracht, wogegen sich „Civilbediente" mit 600 Thlr. über ein schlechtes Auskommen beklagten. Und diesen Angaben entsprechen die uns erhaltenen einzelnen Nachweise. Das höchste Gehalt unter allen seinen Kollegen im Lande bezog, soweit sich ersehen läßt, der Abt von Kloster Bergen bei Magdeburg, nämlich 1170 Thlr., der Rektor des Joachimsthals in Berlin hatte eine bare Einnahme von etwas über 1000 Thlr., der Direktor des vereinigten Berlinisch=Köllnischen Gymnasiums eine solche von 946 Thlr., der Rektor am Friedrichs=Werder 505 Thlr., der an der Dorotheenstadt 215 Thlr. Dagegen bleiben die baren Einnahmen der Rektoren in mittleren Provinzialstädten erheblich hinter 200 Thlr. zurück. Der an der Löbenichtschen Schule zu Königsberg i. Pr. stand sich nur auf 77 Thlr., der in Züllichau auf 71 Thlr. bar. Das gesamte Einkommen des „Dohm-Rectors" zu Havelberg setzte sich wie folgt zusammen: „1. An baarem Gelde 30 Thlr. 10 Gr.; 2. An Vicarien-Zinsen 12 Thlr. 3 Gr. 3 Pf.; 3. Freie Wohnung, 2 Gärten, eine Wiese von 2½ Morgen, imgleichen freies Brennholz; 4. An Roggen 1 Wispel, 21 Scheffel; 5. An Gerste 1 Wispel, 9 Scheffel; 6. Fest-Semmeln 40 Stück; 7. 3 Kühe, 4 Schweine frei auf der Weide; 8. Bei Introduction oder Absterben eines Dohmherrn 2 Thlr.; 9. Von benen Recordations-Geldern (für das Umhersingen) seinen Antheil, imgleichen von einer Leiche 6 Gr. und auf Weihnachten ½ Pfund Wachs; 10. Das Schulgeld, von jeden Knaben 6 Gr." Pensionsansprüche gab es nicht, Einrichtungen zur Sicherstellung der Witwen und Waisen fehlten ebenfalls fast überall.

In einem entsprechenden Verhältnis zu der Unzulänglichkeit der Lehrerbesoldungen stand mehrfach die Fürsorge für das leibliche Wohl der Zöglinge in den Internaten, sowie meistens die Ausstattung der Schule, die Beschaffenheit der Schulgebäude, ihre innere Einrichtung, der Besitz an Lehrmitteln. Für den baulichen Zustand der Schulhäuser mag die Klage Büschings, des Direktors des Grauen Klosters in Berlin, also eines der am besten gestellten Gymnasien, genügen, der den König um einige Tausend Thaler Beihülfe angeht mit folgender Schilderung: „Die Klassen des Gymnasiums zum grauen Kloster liegen fast sieben Fuß tief in der Erde, sind wahre Keller, dunkel und wegen des vielen Selphes, der sich seit 500 Jahren in den unterirdischen Mauern gesammelt hat, für die Lehrer und Schüler höchst ungesund." An eben jener Anstalt mußten die Schüler in den dunklen Frühstunden selbst die Lichte halten, da keine Mittel zur Anschaffung von Leuchtern vorhanden waren. Am Königsberger Fridericianum fanden die Visitatoren die Stuben der Alumnen sehr klein und dürftig und mit elendem Mobiliar versehen, das Essen dagegen zufriedenstellend. Trotz der starken Belegung der engen Zimmer reichten jedoch die vorhandenen Räumlichkeiten nicht zur Unterbringung aller am Orte fremden Zöglinge aus, sobaß viele zum Schaden der Disziplin in der Stadt ausgemietet werden mußten. Die Beschränktheit des Raumes ging an einigen kleineren Schulen soweit, daß es daselbst nicht soviele Klassenzimmer als Klassen gab, und daher Schüler verschiedener Klassen gleichzeitig und in verschiedenen Dingen in einem und demselben Klassenzimmer unterrichtet werden mußten. Verhältnismäßig günstiger erscheinen dagegen die Einrichtungen der Ritterakademieen, der Pflegstätten des jungen Adels, wo man freilich auch die Kosten für einen Pensionär auf etwa 300 bis 400 Thlr. jährlich berechnete. In der zu Brandenburg a./H. war der Koch verpflichtet, täglich zu Mittag drei, zu Abend zwei gute und hinreichende Gerichte nebst Brot, Butter und Bier zu liefern, ein Diener wurde den jungen Herren gehalten, der u. a. die Aufgabe hatte, ihnen die Haare zu „accommodiren" und die Schuhe zu wichsen, und in Liegnitz standen außer einem schönen Garten sogar auch Billards für die Erholungsstunden zur Verfügung. Die Unzulänglichkeit der Mittel machte sich daneben jedoch auch an dieser Art von Anstalten fühlbar, so lagen z. B. in Brandenburg der Fechtboden und die Reitbahn öde, weil man keinen Fechtmeister und Stallmeister bezahlen konnte. Rücksichtlich der Ausstattung der Anstalten mit Lehrmitteln gewährt es einen Maßstab, daß an der am besten dotierten, dem Kgl. Joachimsthal zu Berlin, für die 1719 neuangelegte Bibliothek bis 1741 garnichts Bestimmtes, von da an bis 1817 aber nur 50 Thlr. jährlich ausgesetzt waren, daß es ferner an physikalischen Instrumenten dem Gymnasium gänzlich mangelte, bis Sulzer, der 1747 an demselben als Professor der Mathematik angestellt worden war, mit Überweisung von 6 Nummern den Grund zu einem physikalischen Kabinett legte. Demselben wurden dann in der folgenden Zeit jährlich gegen 12 Thlr. zugewandt, die der Mathematicus vorschoß, und die die Gymnasialkasse nach erfolgter Rechnungslegung erst am Schlusse des Jahres ihm wiedererstattete. Auch die Bibliothek des Grauen Klosters, 1714 begründet, stand noch in ihren Anfängen. Es kann hiernach nicht befremden, wenn an Anstalten mittlerer Größe, wie dem Fribericianum zu Königsberg, dem Stephaneum zu Halberstadt u. a. m., die Büchersammlung als sehr geringfügig bezeichnet wird; an letzterem Orte suchte ihr der Rektor Struensee aus eigenen Mitteln etwas aufzuhelfen. An den kleinen Anstalten fanden sich meistens entweder nur ein paar oft noch dazu ganz wertlose Bücher, wie der Zufall sie zusammengebracht, oder gar keine, und noch weniger gab es daselbst Sammlungen von Karten und Instrumenten, wenn nicht einmal, wie in Landsberg in Preußen, durch freiwillige Beiträge der Schüler etwas derartiges erschwungen worden war. Wie groß die Armseligkeit in diesen Dingen im allgemeinen war, lehren die übereinstimmenden Klagen der besten damaligen Kenner des Schulwesens. Nur die Schulen realistischer Richtung machen hiervon eine vorteilhafte Ausnahme, da sie für ihre besonderen Zwecke ohne Anschauungsmittel und Einrichtungen zu praktischen Versuchen überhaupt nicht bestehen konnten.

Die weit überwiegende Mehrzahl der damaligen Lehrer an höheren Schulen war aus der Theologie hervorgegangen und gehörte teils zu solchen, welche ihren eigentlichen Beruf verfehlt, indem sie die Befähigung zum geistlichen Amt nicht erlangt und nunmehr als Inhaber der unteren Lehrstellen ergrauten und mit dem Bakel in der Hand, wie ein Zeitgenosse sich ausdrückt, in einen gewissen Mechanismus sich einrichtend, der Kinder Spott wurden, oder sie nahmen anderenteils das Lehramt als ein hartes Durchgangsstadium, gewissermaßen als eine Art Fegefeuer, nur bis zu der ersehnten Berufung in ein Pfarramt einstweilen auf sich, wenn sie nicht endlich, mit mehr oder weniger Resignation, gegen ihre anfänglichen Wünsche mit dem Posten eines Rektors oder Konrektors sich zu begnügen lernen mußten. Auch besetzte man wohl außerdem zuweilen die obersten Stellen an den Schulen mit Magistri legentes, Assessoren und Adjunkten der theologischen und philosophischen Fakultät der Universitäten, doch sah man, nach einer Äußerung von kundiger Seite, „meistentheils nur Invaliden des gelehrten Standes um ein Schulamt ambiren". Friedrich August Wolf sagt über die Vorbildung der Lehrer: „Ueberhaupt glaube ich, (erhalten wir) so lange fort nicht (tüchtige Lehrer), als die Schulmänner professionsmäßige Theologen sind, die ihren cursum theologicum auf der Universität durchlaufen haben und die Schule für einen Durchgang in ein ruhiges oder fettes geistliches Amt ansehen. Ihre theologischen Studien, die so selten auf Sprachgelehrsamkeit gebaut sind, helfen ihnen als Schulmännern dann oft nicht viel mehr, als ihnen das Studium des Feudalrechts helfen würde. Die Erfahrung bestätigt diese Gedanken." Freilich gab es eine Anzahl junger Theologen, welche schon auf der Universität den schulmäßigen Wissenschaften sich neben ihren besonderen Studium mit Liebe zuwandten, ja ein Teil gehörte, wie ebenfalls Fr. A. Wolf bezeugt, so gut wie nur dem Namen nach der theologischen Fakultät an und machte, den Beruf und die Neigung zum Schulmann im Herzen tragend, die allgemeinen Bildungswissenschaften zu seiner Hauptaufgabe. Doch solche bildeten die Ausnahme, nur vereinzelte Männer dieser Art finden wir und dann in der Regel wieder nur an den größeren Lehranstalten, wie dem Joachimsthal, dem Grauen Kloster und Kloster Bergen. Die ersten Fälle dieser Art gehören indessen nicht weit hinter den Anfang des Jahrhunderts zurück.

Aber, den Wunsch vorausgesetzt, fehlte es gerade auf den preußischen Universitäten dazumal noch selbst an hinreichender Gelegenheit zur Erwerbung einer gediegenen und umfassenben schulmännischen Fachbildung. Als in Göttingen schon das von Gesner bald nach der Eröffnung der Universität gestiftete philologische Seminar einen hohen Ruf erlangt hatte, Ernesti in Leipzig einem ebensolchen vorstand, gleiche Einrichtungen in Erlangen und Helmstädt getroffen waren, besaß Preußen eine derartige Anstalt noch nicht, wiewohl Cellarius und später Semler in Halle ähnliches erstrebten. Ja in Halle lagen etwa seit 1730 die Humaniora derartig darnieder, daß oft kein einziges Kolleg über Altertümer oder alte Litteratur zu stande kam, und dauerte dieser Mißstand bis zur Berufung Fr. A. Wolfs im Jahre 1783 an, ja Wolf selbst verzweifelte anfänglich daran, Zuhörer zu einem derartigen Kolleg zu erlangen und fürchtete, statt dessen zu Logik, biblischer Exegese und anderen Sachen, die der Menge mehr am Herzen lägen, seine Zuflucht nehmen zu müssen. Die Mathematik hatte erst Christian Wolff in Halle eingebürgert und erst unter dem Oberkuratorium des Ministers von Fürst, 1763 bis 1771, erhielt die Naturhistorie daselbst einen Lehrstuhl. In Frankfurt a./O. gab es, als der schon genannte Frd. Gedike daselbst 1766 bis 1771 studierte, weder einen ordentlichen noch einen außerordentlichen Professor für die klassische Philologie oder irgend ein Spezialfach derselben. Ebensowenig war in Königsberg und Duisburg von einer in sich geschlossenen Anleitung zum philologischen Studium die Rede. Dem Privatfleiß blieb das meiste überlassen, um so mehr, als da, wo Philologisches gelesen wurde, die meist geist- und geschmacklose, kleinkrämerische oder oberflächliche Behandlungsweise der Gegenstände und Schriftsteller mit den Musen und Grazien auch die Zuhörer nur zu leicht verscheuchte.

Nach der Universitätszeit pflegte der junge Theologe in der Stellung eines Hauslehrers, Hofmeisters, Reisebegleiters, oder auch als Inspizient, Inspektor, oder wie die Inhaber der untergeordneten Aushülfsposten an den Lehranstalten sonst tituliert werden mochten, die Berufung in ein Pfarr- oder

Lehramt abzuwarten, in Stellungen, wo er, namentlich in den letzteren, wohl die Gelegenheit erhielt, die zur Schulpraxis notwendigsten Kenntnisse als einzelne Wissensstücke, selten aber ein innerlich zusammenhängendes Wissen sich anzueignen.

Ebenso unvollkommen war es mit der pädagogischen Vorbereitung bestellt, indem dieselbe meistens der Versuchsstation der ersten Jahre praktischer Beschäftigung überlassen blieb. Freilich las schon in den ersten Jahrzehnten des Jahrhunderts ein Professor Rambach in Gießen pädagogische Kollegien, aber das blieb noch ohne Nachahmung in Preußen und ebensowenig gab es daselbst für den höheren Lehrerstand Einrichtungen zur praktisch-pädagogischen Vorübung vor der verantwortungsvollen selbständigen Lehrthätigkeit, mit Ausnahme des Seminars an den Franckeschen Stiftungen, wo 10 bis 12 Studierende eine zweijährige pädagogische Vorbereitung erhielten, um dann drei Jahre an diesen Anstalten Unterricht zu erteilen, eine Einrichtung, die später in dem Schullehrerseminar bei der von Franckes Schüler Hecker in Berlin gegründeten Realschule eine Nachbildung gefunden hat, nur daß hier an letzterem Orte lediglich auf die Heranziehung von Lehrern an Volks- und Bürgerschulen bedacht genommen wurde.

Eine Prüfung vor dem Eintritte in das Amt verlangte der Staat seinerseits nur bei den Lehrern an den Stadtschulen, und auch diese erfolgte wieder vor den geistlichen Konsistorien; im übrigen blieb es meistenteils den Patronen überlassen, die Bestimmungen über Vornahme und Art der Prüfung zu treffen, und herrschte daher in dem Verfahren eine große Verschiedenheit, derart, daß vielfach auch von einer Prüfung ganz Abstand genommen wurde. Hinsichtlich der Gegenstände der Prüfung bestand noch aus der Zeit Friedrich Wilhelms I. eine allgemein gehaltene Vorschrift, nach welcher die Anforderungen an die künftigen Geistlichen ebenso auf die künftigen Schulmänner ihre Anwendung finden sollten. Eine Anschauung von den Ansprüchen an den Rektor einer zur Universität entlassenden lateinischen Schule gewöhnlichen Schlages möge der uns erhaltene Bericht über eine Rektoratsprüfung bieten. Die gedachte Prüfung gehört in das Jahr 1790, also in eine etwas spätere Zeit, in welcher, im Vergleich zu den ersten Dreivierteln des Jahrhunderts, es mit den Anforderungen schon etwas strenger genommen wurde. Der Examinand, Candidatus theologiae Joh. Dan. Frd. Wolff aus Rastenburg, designiert zu dem Rektorat in Saalfeld in Ostpreußen, hatte auf der Universität Königsberg zwei Semester vorzugsweise historischen, philosophischen und mathematischen Studien obgelegen und u. a. bei Kant Vorlesungen über Logik und Metaphysik gehört, auch mit dem deutschen Stil und der Physik sich beschäftigt, war darauf aber seiner Mittellosigkeit wegen zur Theologie übergegangen und dadurch veranlaßt worden, Hebräisch und Griechisch hinzuzulernen. Nachdem er darauf die venia concionandi erlangt, hatte er sich zuletzt kurze Zeit als Hauslehrer in Labiau aufgehalten. Das Examen wurde abgenommen von dem Konsistorialrat und Direktor des Fribericianum zu Königsberg, Reccard, und zerfiel in eine mündliche und eine schriftliche Prüfung, beide in der Wohnung des Examinators an je zwei Tagen veranstaltet. Im Mündlichen dienten als Prüfungsgegenstände Hebräisch, Griechisch, Latein, Französisch, Geschichte, Geographie am ersten, und Theologie, Mathematik, Naturlehre, sowie eine Übung im Unterrichten am zweiten Examentage. Im Hebräischen übersetzte er den Psalm 6 ziemlich richtig, doch fehlten ihm die Bedeutungen einiger Wörter, fertiger erwies er sich in der Übersetzung von Gen. cap. 9; in der Formenlehre zeigte er sich dagegen sehr ungeübt. Im Griechischen konnte er die ihm aus Gedikes Lesebuch vorgelegte 3. Aesopische Fabel größtenteils übersetzen, nur fehlte es ihm noch sehr an Wortkenntnis, Wörter wie *αγρα*, *θηρα*, *πελας* waren ihm unbekannt. Sehr fertig übertrug er Plutarch, Romulus 6, 12. Die ihm aufgegebenen Wortformen analysierte er richtig. Im

Lateinischen übersetzte er Cicero, pro lege Manilia cap. 17 recht gut, langsamer Virgil, Aeneis lib. II. v. 640 ff., Ovid, Trist. lib. I. Eleg. 2 wieder etwas besser. „Die ihm aufgegebenen deutschen Formuln übersetzte er mehrentheils richtig." Im Französischen konnte er einen Brief von Voltaire notdürftig übersetzen, „prononcirte aber gar sehr schlecht". Die ihm aus der römischen Geschichte vorgelegten Fragen beantwortete er gut, zeigte sich aber mit der neueren und selbst mit der preußischen Geschichte sehr unbekannt. Noch weniger unterrichtet erwies er sich in der Geographie, sobaß er von den Vereinigten Provinzen in Nord-Amerika kaum zwei oder drei richtig angeben konnte, auch nicht wußte, wo Cambray und Aberdeen lägen. Die aus dem Bereich der Theologie an ihn gerichteten Fragen über die allgemeinen göttlichen Werke und die Prinzipien der christlichen Moral nebst ihrem Unterschied von der philosophischen wußte er gut zu beantworten. Während er in der Arithmetik eine genügende Sicherheit zeigte, befand er sich in der Geometrie nur im Besitz der allerersten Anfangsgründe. Den Unterschied zwischen einem Centri- und Peripheriewinkel wußte er wohl anzugeben, nicht aber den Beweis dafür zu liefern, daß einer der ersteren auf gleichem Bogen doppelt so groß als einer der letzteren ist, und bedurfte er der Einhülfe beim pythagoräischen Lehrsatz. In der Naturlehre hatte er sehr wenig gethan, „so daß er kaum die Eintheilung und Erklärungen der Lufterscheinungen wußte". In der Naturgeschichte war er etwas mehr erfahren. Die darauf folgende Probelektion, in welcher er zwei ihm zu dem Zweck vorgeführte Schüler in einigen ihm aufgegebenen leichten Sachen zu unterrichten und über die Eigenschaften Gottes und die erste Bitte des Vaterunsers zu katechisieren hatte, brachte sein natürliches Lehrgeschick zum Ausdruck, bekundete aber andererseits noch einen Mangel an Übung, namentlich im Katechisieren. Die schriftlichen, sämtlich ohne Beihülfe gelieferten Arbeiten umfaßten ein lateinisches Curriculum vitae, einen deutschen Brief, Übersetzungen aus dem Lateinischen und Griechischen ins Deutsche, geschichtliche, geographische und mathematische Aufgaben. Die Latinität des Curriculum war von grammatischen und lexikalischen Fehlern frei. Die in Briefform zu lösende Frage nach den Vorteilen, welche ein künftiger Prediger aus der voraufgehenden Verwaltung eines Schulamtes gewönne, beantwortete er in reinem, fließendem Deutsch dahin, daß ein solches ihn Menschenkenntnis und die Kunst im Katechisieren lehre und seine Befähigung zu der ihm später obliegenden Aufsicht über Schulmänner erhöhe. Die zur Übertragung aus dem Lateinischen ins Deutsche bestimmten Prosastücke waren einer aus den Historikern zusammengestellten Chrestomathie entnommen und wurden ebenso wie die 10. Ode aus dem 2. Buch des Horaz richtig wiedergegeben, nur daß die ebenfalls in Prosa ausgeführte Übersetzung der letzteren an einer gewissen Härte litt. Für die Übersetzung aus dem Griechischen ins Deutsche war die 16. Aesopische Fabel, der Löwe und der Fuchs, aus Gedikes Lesebuch ausgewählt worden, und ergaben sich bei der Korrektur im ganzen zwei Fehler darin. Das erste geschichtliche Thema lautete: „Von den Kreuzzügen". Der Examinand zählte deren fünf und setzte ihr Ende mit einem Zuge Ludwigs IX. ins Jahr 1248. Als ihre Folgen betrachtet er einen Verlust von sechs Millionen Menschen und ungeheuren Geldsummen, das Einreißen einer übermäßigen Pracht an den Fürstenhöfen, die Bildung neuer Staaten, und schreibt ihnen außerdem das Aufkommen von neuen Titeln, der Wappenbilder und „irrenden Ritter" zu. Zur zweiten Aufgabe: „Von dem westfälischen Frieden", erwähnte er der böhmischen Unruhen als des Anlasses zum Kriege und der Zerstörung Magdeburgs, nannte die Orte der Friedensverhandlungen und führte die Verkündigung der Religionsfreiheit und die Erwerbungen Brandenburgs, letztere in vollständiger Aufzählung, als ihre Ergebnisse an. Ueber das dritte Thema: „Von der Einführung des

Christenthums in Preußen", wußte er soviel zu sagen, es sei dasselbe im 13. Jahrhundert durch Waldemar von Dänemark und die deutschen Ordensritter ins Land gebracht worden, und hätten letztere, die 1216 von Konrad von Masovien berufen worden, 53 Jahre zur Unterwerfung des Preußenlandes gebraucht. Zur Beantwortung der ersten geographischen Frage: „Welches sind die vornehmsten Berge und Gebirge in Europa?" gab er folgende Aufzählung, wobei seine Schreibung hier beibehalten wird: Das Pyraencische Gebirge zwischen Spanien und Frankreich, das Sevennische in Frankreich, das Alpengebirge zwischen Frankreich, Deutschland und der Schweiz, der St. Gotthards und Pilatusberg in der Schweiz, das Appenninische Gebirge in Italien, das Riesengebirge in Deutschland, das Fiellengebirge zwischen Norwegen und Schweden, das Budinische Gebirge (?) in Rußland, das Karpatische Gebirge zwischen Polen und Ungarn und das Gebirge Haemus in Romänien. Die andere geographische Frage: „Wo entspringt und durch welche Länder fließt die Weichsel?" beantwortete er dahin: Die Weichsel, der größte Fluß in Preußen, entspringt in Ungarn auf dem Karpaten Gebirge, fließet durch Gallizien, Großpolen und Westpreußen und geht theils bei Danzig in die Ostsee, theils in das Frische Haff. Aus der Arithmetik wurden ihm die Aufgaben gestellt: 1. „Welches ist die Summe von $4^{2}/_{3}$, $2^{1}/_{2}$, $6^{3}/_{5}$, $8^{5}/_{6}$ und $3^{2}/_{7}$?" und dieselbe auf $25^{31}/_{35}$ von ihm angegeben, und 2. „Es stirbt ein Schuldner, dem vier Kreditoren Geld geliehen haben, nämlich der erste 1000, der zweite 800, der dritte 600 und der vierte 450 Thlr. Er hinterläßt aber nur 1596 Thlr., wieviel wird ein jeder von dem geliehenen Gelde wieder bekommen?" Die Antwort war: A. 560, B. 448, C. 326, D. 252 Thlr. Endlich wurde aus der Geometrie die Lösung folgender Aufgaben verlangt: 1. „Durch drei gegebene Punkte, die nicht in gerader Linie liegen, einen Kreis zu ziehen" und 2. „Zu zwei gegebenen Linien die dritte Proportionale zu finden". Beide wurden mit Hinzufügung von Zeichnungen richtig gelöst. Rühmlich hervorzuheben ist noch die gefällige Handschrift und sorgfältige Behandlung des Äußeren in allen Arbeiten. Ein Überblick über das Ganze ergiebt, daß nirgends, mit Ausnahme etwa des in die allgemeine Ethik übergehenden Teils der Prüfung in der Theologie und der aus der Naturkunde gestellten, aber nur teilweise beantworteten, geringfügigen Fragen, die Anforderungen über diejenigen an einen heutigen Gymnasialabiturienten hinausgehen, in einigen wenigen Punkten, wie in den anderen Fragen aus der Religion, dem Hebräischen und teilweise den mündlichen Übersetzungen aus den klassischen Schriftstellern sich annähernd auf der Höhe derselben halten, in allem übrigen aber mehr oder weniger weit dahinter zurückbleiben: Der lateinisch geschriebene Lebenslauf statt eines lateinischen Aufsatzes historischen Inhalts; keine schriftliche Übersetzung aus dem Deutschen ins Lateinische und Griechische, bei letzterem auch keine mündliche, wie sie bei ersterem als eine Art Ersatz sich findet; kein Lateinsprechen; für das mündliche Übersetzen aus dem Griechischen statt Plato, Thucydides und Homer eine kleine Aesopische Fabel als Vorlage; kein französisches Exercitium, nur eine dürftige mündliche Übersetzung ins Deutsche; ein Brief über ein Thema aus dem allernächsten Interessenkreise des Examinanden als Dispositions- und Stilprobe im Deutschen, statt der Behandlung einer aus der Gedankenwelt der geistigen Heroen entnommenen Frage; in der neueren Geschichte die Darlegung einiger Tertianerkenntnisse, verbunden mit ein paar wahrscheinlich aus den gehörten Universitätsvorlesungen stammenden allgemeinen Betrachtungen; in der alten Geschichte nach den mündlichen Antworten allerdings etwas mehr Wissen als in der neueren; in den schriftlich zu behandelnden geographischen Aufgaben die Ansprüche an einen heutigen Quintaner, in den mündlichen Leistungen Offenbarung von Lücken aus dem Bereiche des heutigen Tertianerpensums; in den schriftlich zu lösenden Auf=

gaben aus der Arithmetik eine Beschränkung auf einige Quintaner- und Quartaner-, in denen aus der Geometrie auf Tertianer- und Untersekundanerleistungen heutigen Tages, in der mündlichen Prüfung in dem letztgenannten Gegenstande nicht einmal Sicherheit in den Tertianerkenntnissen. Das Oberschulkollegium bestätigte auf Grund dieses Examens unter Anerkennung der im allgemeinen sehr zweckmäßigen Veranstaltung desselben, die nur etwas zu umständlich gewesen sei, die Wahl des Kandidaten zum Rektor in Saalfeld und ließ ihn nur zum fortgesetzten Fleiß in der Latinität, Geschichte und Geographie noch besonders ermahnen.

Die äußere Nötigung, im Amte mit der Wissenschaft in Verbindung zu bleiben, welche die bislang in der Neuzeit allgemein in Gebrauch gewesene Einrichtung mit sich führt, daß sämtliche Mitglieder eines Lehrerkollegiums hintereinander die Reihe trifft, eine wissenschaftliche Arbeit im jährlichen Schulprogramm zu veröffentlichen, fiel damals weg, da nämlich in der Regel der Rektor selbst jedesmal das ganze Programm schrieb, und überdies der den Schulnachrichten vorangehende Teil desselben sich meist auf einige pädagogische Betrachtungen zu beschränken pflegte.

Auch die vorhandenen Mittel zur Fortbildung der Lehrer im Amte waren nur unzulänglich, wie sich aus den in der Hauptstadt selbst zur Verfügung stehenden am besten erkennen läßt. Die große Kgl. Bibliothek stand damals kaum irgend jemandem mehr zur Benutzung offen, und wie die Archive ängstlich gehütet wurden, ist bekannt genug. Wohl gab es in der Stadt noch außerdem mehrere ansehnliche Büchersammlungen sowohl im Besitz von wissenschaftlichen Instituten, wie der Akademie, als von Behörden und Privatpersonen, doch gehörte zu ihrer Benutzung, wo sie überhaupt gewährt wurde, natürlich jedesmal eine ganz besondere Erlaubnis. Daß die eigenen Sammlungen der höheren Lehranstalten keinen Ersatz dafür liefern konnten, beweist das früher über sie Erwähnte, und die eigene

Bücherei nach Bedürfnis zu vermehren, hinderte die Dürftigkeit des Einkommens. Um die vorhandenen geringen Mittel wenigstens zweckentsprechend zu verwenden, stellte die neue Schulordnung des Joachimsthals vom Jahre 1767 den Grundsatz für die Bibliotheksverwaltung auf, nur solche Sachen anzuschaffen, welche wissenschaftlich mit den Unterrichtszwecken in Verbindung stünden, aber zu teuer für den Einzelnen wären, sich des Ankaufs von Spezialwerken aus fernerliegenden Fächern, beispielsweise medizinischen und juristischen, hingegen gänzlich zu enthalten. Am Orte erscheinende wissenschaftliche Zeitschriften konnten sich bis zur Mitte des Jahrhunderts in Berlin noch nicht halten, und fremde waren wieder zu teuer. Sah es so mit den wissenschaftlichen Fortbildungsmitteln der Hauptstadt aus, um wieviel mehr abgeschieden von der Welt der wissenschaftlichen Ideenbewegung mußte nicht erst die Lage der Schulmänner in der Provinz, ausgenommen etwa derjenigen sein, welche in Universitätsstädten lebten, oder den wenigen vermögenderen, geistig besser versorgten Anstalten angehörten!

Außer dem Mangel an Hülfsmitteln in der späteren Lebenszeit stand einer Vertiefung in die eine oder die andere der einzelnen Schulwissenschaften die herrschende Gewohnheit im Wege, jeden Lehrer in den allerverschiedensten Gegenständen unterrichten zu lassen, was an zahlreichen Anstalten zur Vereinigung möglichst des gesamten Unterrichts einer Klasse in Einer Hand, dem starren Klassenlehrersystem, führte. Es hängt diese Weise mit der gleichzeitigen Polyhistorie der Männer der Wissenschaft zusammen und kam mit dem Verschwinden dieses Vielwissens an den Akademieen und Universitäten auch an den Schulen allmählich in Abnahme. Um ein Beispiel zu erwähnen, der Konrektor Professor Muzel am Joachimsthal gab in Suprema Griechisch, Geschichte mit Einschluß derjenigen der Philosophie und Litteratur, ferner privatim für solche, die darin Lücken besaßen, lateinische Grammatik und daneben endlich Experimentalphysik. Mit erstaunlichem Fleiß war er überdies auch in der Anfertigung von Hülfsmitteln für die verschiedensten seiner Unterrichtsgegenstände thätig.

Die niedrige Veranschlagung des Wertes der Lehrerthätigkeit und die Knappheit der Mittel führten eine starke Überbürdung mit Lehrstunden herbei. Wir finden Schulen, an denen selbst die Rektoren 28, 33, ja 38 Pflichtstunden wöchentlich gaben, und daß ein Lehrer täglich 5, 6, ja wohl 7 öffentliche Stunden in der Schule unterrichtete, sah man, wie Gedike bezeugt, als eine Kleinigkeit an. Es gab Anstalten, wo weniger darin gefordert wurde, aber sie bildeten die Ausnahme.

Hierzu kamen Andachten, Predigt- und Gebetsstunden, die zeitraubenden kirchlichen und anderen Nebenverrichtungen und -Thätigkeiten, die teils als ein Onus zur Stelle gehörten, teils um des lieben Brotes willen aufgesucht werden mußten.

Ebenso wie die angegebenen Umstände den Schulmann an einem tieferen Eindringen in die Wissenschaft hinderten, raubten sie ihm auch die Möglichkeit, sich in der menschlichen Gesellschaft außerhalb seiner Berufssphäre genügend umzusehen. Unvermögend somit, das Verhältnis seines Wissensanteils und der darauf gegründeten Wirksamkeit zur Allgemeinheit des Volkslebens richtig zu erkennen, verfiel er, indem aus der Unkenntnis der Außenwelt und dem dunklen Gefühl der eigenen Unzulänglichkeit Mißachtung gegen die anderweitigen Aufgaben des Daseins entsprang, in Selbstüberschätzung und Pedanterie, Untugenden, welche durch die damals allgemein herrschende Absonderung der einzelnen Berufsstände von einander und die Entfremdung aller vom öffentlichen Leben noch genährt wurden.

Nur wenigen, besonders glücklich begabten Naturen, oder Männern, welchen es die Umstände gestattet, sich weiter in der Welt umzusehen, gelang es, sich zu freieren Gesichtspunkten zu erheben und ihre Wirksamkeit in besserem Verständnis des ganzen Zusammenhanges menschlicher Kulturarbeit auszuüben. Dahin gehören Persönlichkeiten, wie der als Sprachforscher, Mathematiker und Naturforscher gleichmäßig verdiente und durch seine Aufnahme in die Akademie geehrte Rektor Frisch vom Grauen Kloster und sein späterer Amtsnachfolger, der durch seine geographisch-statistischen Werke berühmte Büsching. Und diesen klangvolleren Namen mag sich allerdings noch manche, nur weniger bekannt gewordene, frei und tüchtig wirkende Kraft angeschlossen haben; nur das Durchschnittsmaß galt es hier zu charakterisieren.

Bei der geschilderten Überlastung der Mehrzahl unter den Schulmännern konnte es nicht ausbleiben, daß die Unterrichtsstunden schläfriger und nachlässiger gegeben wurden, die Vorbereitungen und Korrekturen oft viel zu wünschen übrig ließen; und daß dem in der That so war, bestätigen die Zeugnisse der Zeit hinlänglich, unter denen nur auf Friedrichs des Großen ernste Rügen in der Kabinettsordre vom 5. September 1779 an den Minister von Zedlitz und auf des letzteren darauf ergangene Anordnungen verwiesen zu werden braucht. Geschah es doch sehr allgemein, daß die schriftlichen Arbeiten in den Lehrstunden selbst korrigiert oder auch in ihnen nur durchgesprochen wurden, zuweilen auch, daß die Korrektur den Schülern untereinander unter Leitung des Lehrers überlassen blieb, oder von den älteren Herren auf die Schultern der zur Aushülfe verpflichteten jungen Anfänger abgewälzt wurde.

Vor frühzeitiger gänzlicher Abnutzung die Lehrer zu bewahren und den Unterricht damit vom Verderben zu retten, wußte die Zeit kein besseres Mittel, als den Schulmann mit einer nach mehrjähriger treuer Pflichterfüllung zu erwartenden Versetzung in eine anderweitige Wirksamkeit als Geistlicher oder bei der Staatsverwaltung zu vertrösten, und finden wir denn neben den vielen Übertritten ins Predigtamt auch verschiedene Beförderungen zu Posten im Staatsverwaltungsdienste, wie beispielsweise ein vielseitig kenntnisreicher Konrektor vom Grauen Kloster späterhin Postmeister in Halle wurde.

Wenn man aber in der Aussicht auf die spätere Erlangung einer besseren Versorgung in einem dem Schulfache fremden Amte den Hauptreiz der Lehrerlaufbahn erblickte, so konnte man nicht schärfer als damit zum Ausdruck bringen, für wie bar aller eigenen Reize man diese selbst ansah. Saure Mühwaltung für wenig Brot und Ehre!

Die Dürftigkeit seiner Lage und die großenteils aus ihr hervorgehende Unzulänglichkeit der Leistungen vieler seiner Mitglieder hielten die Ehre und das Ansehn des Lehrerstandes auf einer tiefen Stufe. Und zu diesen allgemeinen und älteren Ursachen seiner Mißachtung brachte der Geist der Zeit noch eine besondere. Das war der Verlust an Geltung, den sich die Geistlichkeit durch das Zurückbleiben der Mehrzahl derselben hinter den neuen Bildungsfortschritten oder gar durch offene Anfeindung derselben und ihre leeren Zänkereien untereinander in der gebildeten Welt zugezogen hatte, eine Einbuße, die ihr Nachtrab, die Lehrerwelt, natürlich doppelt mit ihr zu tragen hatte. Standen die Männer von der Schule, obwohl die Zeiten vorüber waren, wo sie zu Schreiberdiensten, ja sogar zu persönlichen Aufwartungen von ihren geistlichen Brotherren in Anspruch genommen werden konnten, oder ihnen in den Schulordnungen, wie in der ältesten des Joachimsthals, naiverweise die Verpflichtung auferlegt wurde, den Ortsgeistlichen zu verehren und zu lieben, standen sie doch noch sämtlich in ihrem Amte unter Vorgesetzten aus der Geistlichkeit und trat ihre gesellschaftliche Stellung weit hinter die der letzteren zurück. Das Kgl. Preußische Rang=Reglement vom 21. Juni 1704 bestimmte für den Ordo scholasticus in Berlin, Kölln und dem Friedrichs=Werder, daß die Rektoren hinter den Archidiakonen und mit den Diakonen, die Konrektoren mit den Predigern der Vorstädte und die Subrektoren mit den Dorfpredigern rangieren sollten, während in Sachsen die Rektoren ihre Stelle doch wenigstens vor den Diakonen und nur allemal hinter dem Pastor primarius, als dem Inspektor der Schule, inne hatten. Selbst bis auf die Regeln für das äußere Erscheinen hatte sich die Gewöhnung der älteren Zeit erhalten, in dem „Schulbedientenstande" den Schatten der Geistlichkeit zu erblicken. Die Übereinstimmung in Farbe und Schnitt der Kleidung und in der Haartracht, der schwarze Anzug mit der damals üblichen Perücke oder der Puderung des Haares, in älteren Schulordnungen geradezu geboten, war noch immer als allgemeine Sitte beibehalten worden. Und welch' ein abgearbeitetes und sorgendurchfurchtes Gesicht mochte mancheinmal aus dem Zwange der Frisur hervorschauen, und was für ein fadenscheiniges Röckchen den von der Not und demütiger Unterwürfigkeit gekrümmten Rücken bedecken! Das ist das déhors rebutant, die abstoßende Außenseite, die Zedlitz mit Recht als eine der Ursachen bezeichnet, warum dem Schulmanne der Zutritt zu den besseren Gesellschaftskreisen in der Regel verschlossen blieb. Die Eltern der Schüler aber pflegten in den Lehrern nicht die Wohlthäter ihrer Kinder, sondern von ihnen bezahlte gemeine Mietlinge zu erblicken. So konnte einer der bevorzugtesten unter seinen Standesgenossen, der Abt Resewitz von Kloster Bergen, mit gerechtem Unwillen ausrufen: „Billig sollte dieser Stand mehr bürgerliche Ehre genießen, als blos der verachtete Nachtrab des auch genug verachteten geistlichen Standes zu sein!"

Wie aber einem Stande, dem von außen zu wenig Ehre entgegengebracht wird, zugleich in seiner Mitte das Ehrgefühl zu verkümmern pflegt, so kamen auch im Lehrerstande sonst ganz unerklärliche Dinge vor. Nicht nur, daß an und für sich häufig über gehässige Streitigkeiten zwischen den Kollegen Klage geführt wurde, es fühlte sich ein Berliner Schulmann sogar noch in den dreißiger Jahren des Jahrhunderts gedrungen, seine Kollegen zu ermahnen, sich wenigstens angesichts der Jugend nicht zu schimpfen und zu schlagen!

Der für die höheren Schulen in ihrer Gesamtheit noch übliche, für einzelne unter ihnen aber durch anderweitige, ihrem besonderen Wesen angemessenere Bezeichnungen ersetzte Name der lateinischen Schulen weist auf ihren gemeinsamen Ursprung hin, wonach sie zu Vorbildungsstätten für den gelehrten Kirchen- und Staatsdienst bestimmt waren. Gingen ihre Anfänge auch weiter zurück, so hatten sie doch ihre normative Gestaltung erst in der Reformationszeit und vornehmlich durch die Reformatoren selbst erhalten. Für das ganze evangelische Norddeutschland war dabei die sächsische Schulordnung mustergültig geworden, während in den katholischen Strichen die ebenfalls den Einfluß jener verratende Ratio et institutio studiorum societatis Jesu zur Herrschaft gelangte und diese letztere, wie anderwärts meistens, so auch in Preußen, noch über die Aufhebung des Ordens hinaus behauptete. Latein und Kirchentum bildeten die Grundpfeiler der Schule der Reformation. An sie schloß sich Griechisch, doch nicht überall, und wo es geschah, in sehr beschränktem Maße, ferner Hebräisch, dieses jedoch meistens erst in etwas späterer Zeit, endlich Gesang und ein wenig Rechnen, während die Sachkenntnisse fast gänzlich auf den gelegentlichen Abfall von der Lektüre beschränkt waren. Wer zum Leben anderes brauchte, sah sich auf den Privatunterricht angewiesen, woher bei den höheren Ständen die Hofmeistererziehung in allgemeiner Geltung war, wogegen der künftige Geschäftsmann aus dem Bürgerstande fast allein auf die spätere Fortbildung im praktischen Leben behufs Erlangung der anderweitigen, ihm unentbehrlichen allgemeinen Vorkenntnisse angewiesen blieb.

Schon war indessen die Schule der Reformation auf dem besten Wege gewesen, sich zu einer vielseitigeren Unterrichtsanstalt auszubilden, als der dreißigjährige Krieg in ihren kräftig erblühenden Organismus zerstörend eingriff. Wir besitzen ein wahres Musterdenkmal einer auf den Grundlagen der Reformationsschule ruhenden, aber in ihrem Aufbau, bei strengster Wahrung der Einheit, weit reicher gegliederten Bildungsanstalt in der ältesten Einrichtung des Joachimsthals in der Mark vom Anfange des siebzehnten Jahrhunderts. Hier zeigen sich die ursprünglich weitergehenden Wünsche Luthers und Melanchthons weit vollkommener verwirklicht, als in den meisten der aus der Zeit der Reformatoren selbst stammenden Anstalten. Hier faßte man, Luthers Forderung entsprechend, die Erteilung von eigenem Geschichtsunterricht ins Auge und wandte in seinem und Melanchthons Sinne der Mathematik, Astronomie und Physik, letzterer mit Zuhülfenahme von Demonstrationen, einen ernsten Eifer zu; hier galt nicht die lateinische Schreib- und Redefertigkeit als die Hauptsache, sondern die Schärfung und möglichst umfassende Bereicherung des Geistes aus der Vertiefung in die klassischen Schriftsteller, des griechischen nicht minder als des römischen Altertums. Die Lektüre derselben bildete hier den festen Mittelpunkt des Ganzen, und leitete man dabei die Schüler dazu an, durch eigene, auf Inhalt und Form gleichmäßig sich erstreckende Beobachtung ihre Erkenntnisse zu vervollkommnen. Als Kind seiner Zeit verrät sich der sonst den meisten übrigen soweit vorangeschrittene Lehrplan dagegen darin, daß das Bekenntnis der Kirche, damals hier der lutherischen, und die Lehre der Alten in allen Stücken die oberste Norm abzugeben hatten. Zugleich beweist die Geschichte des Joachimsthals aber auch am handgreiflichsten, wie der dreißigjährige Krieg die Schuld daran trug, daß das neue, vielversprechende Wachstum der deutschen Schule unterbrochen wurde. Die Anstalt wurde 1636 von einer Streifpartie kursächsischer Soldaten zerstört und erst nach dem Friedensschluß wieder, und zwar anfänglich in weit beschränkterer äußerer und innerer Einrichtung, in Berlin weiter fortgeführt. Aber abgesehen von seinen äußeren Veröbungen war es ebenfalls der dreißigjährige Krieg, welcher den Formalismus auf den Höhenpunkt trieb, indem er als Niederschlag seines Geistes theologischer Streitsucht den Schulen eine ausdörrende Disputationsmanie brachte. Die lateinischen Disputationen über metaphysische und mystische Dinge, am liebsten über die Kontroversen dogmatischer Phantasiegeburten, bildeten eine Zeit lang den Angelpunkt der gesamten Schulthätigkeit, als ob es nur gegolten hätte, immer neue tapfer lateinisch krähende Kampfhähne auszusenden, um unser Vaterland noch vollständiger in eine Wüste zu verwandeln, als es schon bisher durch die Erhitzung der pfäffischen Leidenschaften geschehen war. Alles, was auf die Disputationen sich bezog, wurde angelegentlichst gepflegt, das übrige darüber vernachlässigt. Zu dem mit Hochdruck betriebenen Lateinsprechen traten Logik, Rhetorik, Dialektik, Dogmatik, Metaphysik in den Vordergrund, die Klassiker dagegen und die Realien blieben fast unbeachtet.

Das änderte sich allmählich nach dem Kriege. Einmal hatten noch während desselben Ratke (Ratichius) und Comenius, den Fußstapfen Bacos von Verulam folgend, gegenüber dem überhand nehmenden Formalismus von neuem an die Wichtigkeit der Erwerbung von Sachkenntnissen gemahnt und namentlich ersterer auch die Muttersprache in ihr Recht beim Unterricht zu setzen getrachtet, und sodann begann mit den Großthaten des Großen Kurfürsten zunächst unter der Bevölkerung seines eigenen Staates der Sinn von den theologischen Streitigkeiten sich abzuwenden und statt dessen die Aufmerksamkeit auf das handelnde Leben und die vaterländischen Angelegenheiten in höherem Maße sich zu richten, womit auch für die Schulen eine entschiedene Hinwendung zum Realen verbunden war. Die entscheidende Richtung sowohl für das europäische Geistesleben im allgemeinen, als die Schulentwicklung im besonderen hat jedoch niemand bestimmter als Locke dem neuen Jahrhundert, mindestens bis zum letzten Viertel desselben hin, vorgezeichnet. Der Realismus nahm nun aber unter der Herrschaft des Lockeschen Systems die extreme Wendung zum Utilitarismus. Die Ausbildung der Verstandeskultur zur

Erfassung des für das Leben Nützlichen wurde der leitende Gesichtspunkt, die Frage, wozu nützt es, die kardinale.

Unter diesen Einflüssen machte sich in der Schulgeschichte eine steigende Tendenz geltend, die besonderen Anforderungen an jede der verschiedenartigen künftigen Lebensstellungen der Schüler zur bestimmenden Richtschnur für die Ausbildung derselben zu nehmen, sie möglichst unmittelbar auf ihren demnächstigen besonderen Beruf vorzubereiten. Damit war aber für die Heranbildung zu allen nicht gelehrten Berufsfächern eine stärkere Berücksichtigung der Sachkenntnisse zum Bedürfnis geworden. In doppelter Weise suchte man nun diesem Erfordernis zu genügen, entweder man gründete besondere Schulanstalten für die verschiedenen Stände, oder man schob in den Lehrplan der alten Lateinschulen soviel neue Gegenstände hinein, daß auch jeder, der zu einer praktischen Bestimmung berufen war, etwas für seinen besonderen Zweck darin finden konnte. Dem ersteren Verfahren verdanken die Ritterakademieen, Pädagogien, Kadettenhäuser, sowie die etwas später entstandenen Realschulen, dem anderen die teils ausdrücklich Realgymnasien genannten, teils nur diesen Namen nicht führenden, ihnen aber wesensgleichen, realistisch reorganisierten lateinischen Schulen ihr Dasein. Demgegenüber schloß sich, dem herrschenden utilitarischen Grundzuge der Zeit ganz entsprechend, eine andere Zahl von Lateinschulen als reine Gelehrtenschulen mit dem Ziele der möglichst geradlinigen Vorbereitung auf die Universitätsfächer in mehr oder weniger strenger Weise ab.

Unter den reinen Gelehrtenschulen gab es jedoch noch sehr viele Unterarten: von den akademischen Gymnasien mit ihrer in das Gefüge einer Universität hineingewachsenen Lehrverfassung abwärts, durch die Mittelstufen gewöhnlicher Gymnasien hindurch, bis zu den kleinen Stadtschulen hinab, die bei aller Armseligkeit ihrer Ausstattung doch darin ebenso wie die größeren als wahre Gelehrtenschulen sich zu erweisen strebten, daß sie ihr höchstes Anliegen es sein ließen, Schüler zur Universität zu entlassen.

Von dem Wesen eines damaligen akademischen Gymnasiums mögen Angaben aus dem Lehrplan desjenigen zu Lingen einen näheren Begriff verschaffen. Schon in der äußeren Einrichtung verrät sich das Streben nach einer Ähnlichkeit mit der Universität. Der Rektor wird im Wechsel unter den Professoren immer auf ein Jahr ernannt, die Professoren halten öffentliche und private Kollegia, wobei sie echt akademisch häufig in der Mitte stehen blieben, auch sehr eigenmächtig in der Erweiterung der Ferien verfuhren. Es treten die vollständigen vier Fakultäten auf mit der in jener Zeit allgemein üblichen Verkümmerung der philosophischen. Aus der Theologie wurden gelesen Dogmatik, Kirchengeschichte, beides mit Disputationsübungen, und zur Ergänzung ein Kolleg über israelitische Altertümer und im besonderen über die heiligen Zeiten und Feste der Hebräer. Die juristischen Vorlesungen behandelten Institutionen, Pandekten und römische Rechtsgeschichte. Den künftigen Medizinern wurde dargeboten Pathologie, Semeiotik, Hygiene, Therapeutik. Die philosophischen Kollegien richteten sich nach den Bedürfnissen jener der Praxis dienenden Wissensfächer und denjenigen der künftigen Lehrer und behandelten Hebräisch, Chaldäisch, Syrisch, Griechisch, Latinität, diese im Anschluß an die Pandekten, Logik, natürliche Theologie, Moral, römische Altertümer, Universalgeschichte, Mathematik, diese einstündig, Botanik und Experimentalphysik, letztere, wie ausdrücklich bemerkt, für Mediziner. Außer der Entscheidung über die Annahme der einzelnen Gruppen von Vorlesungen nach Maßgabe des besonderen Berufsfaches war den „Studiosis" auch noch eine weitere Wahlfreiheit innerhalb der Gruppen mit Ausnahme der Publika gestattet. Dabei diente das Gymnasium seiner hauptsächlichen Bestimmung nach keineswegs als Stellvertreterin der Universität, sondern als Vorbereitungsstätte auf dieselbe und nur nebenbei für diejenigen als Ersatz für sie, welche sie selbst armutshalber nicht beziehen konnten. Ähnliche Zwitterschöpfungen gab es anderwärts, so die akademischen Gymnasien zu Brieg und Hamm und dasjenige des Marienstifts zu Stettin, an welchem letzteren die Herren Professoren zu den übrigen akademischen Gepflogenheiten auch diejenige des Lesens in ihren Wohnungen sich angeeignet hatten.

Zu diesen über ihre natürlichen Maße angeschwollenen Schulorganismen bilden einen wunderlichen Gegensatz die zahlreichen, schmächtigen, häufig zwergartig verkrüppelten lateinischen Stadtschulen. Was jeder einzelnen an Vollständigkeit abging, ersetzten sie zusammen reichlich durch ihre erstaunlich große Zahl. So zählte man in Ostpreußen allein sechzig Stadtschulen, von denen zwar nur etwa siebzehn drei und mehr Lehrer besaßen, die aber dessenungeachtet alle die Vorbereitung ihrer Schüler auf die Universität als ihren obersten Beruf erkannten und sich größtenteils auch wirklich schmeicheln durften, die Reihen der akademischen Bürger verstärkt zu haben. Demzufolge und gerade weil das Vermögen der an ihnen wirkenden Lehrkräfte in sehr vielen Fällen ein geringfügiges war, herrschte daselbst ein besonders starker zünftiger Gelehrtenstolz. Mit Verachtung blickten der studierte Rektor mit seinem ebenfalls studierten Konrektor und dem halbstudierten Kantor auf alle Nichtgelehrten herab, suchten denselben stolzen Sinn ihren Schülern einzuimpfen und zogen sie heran, als ob aus ihnen allen, wie ein Zeitgenosse sich ausdrückt, „ludimagistri" gemacht werden sollten. Mit Recht bezeichnet Zedlitz einmal das Latein als den Leitfaden, wonach sich bei diesen Schulen alles übrige richte, denn nahezu die Hälfte aller Lehrstunden war ihm vorbehalten, wobei wieder innerhalb des Hauptgegenstandes die Grammatik ein erdrückendes Übergewicht ausübte. Abgesehen von der gut bedachten Religion und zuweilen von dem ihr dienenden Gesang, schloß sich hieran in verschiedener Verteilung eine

Ornamentik von Nebenfächern, von denen kaum eines einmal eine lebensfähige Stundenzahl besaß. Die Mathematik fehlte zuweilen ganz, die Naturwissenschaft sehr häufig, für Griechisch, wo es überhaupt getrieben ward, finden sich in der Regel nicht mehr als zwei Stunden angesetzt, eine oder zwei für die unter dem Namen Oratorie und Epistolographie betriebene Stillehre, bei welchen Übungen das Deutsche erst mühsam neben dem Latein Raum zu fassen begann, während Geschichte und Geographie, der Stundenzahl nach, mehrfach noch am besten wegkamen. Zeblitz giebt die Beschäftigung in den Lehrstunden dahin an, der Knabe lerne lateinische Grammatik, Geschichte von der Erschaffung der Welt bis vielleicht zu Karl dem Großen, weiter gewiß nicht; höre er etwas von der Geographie, so beschränke es sich auf den Globus und eine ganz allgemeine Übersicht der vier Weltteile, vom Vaterlande erfahre er dagegen sicher nichts näheres; weiter aufgestiegen lerne er Griechisch, und zwar lesen und exponieren im Neuen Testament, in der Religion endlich fülle man ihm den Kopf mit dogmatischem Wust und Streit. In harmloser Unbefangenheit läßt uns der Rektor zu Oschersleben, der Leiter einer vom Staate unterstützten, vierklassigen größeren Stadtschule, einen ergötzlichen Einblick in das von ihm geübte Unterrichtsverfahren thun. Als Denk- und Sprachübung liest er die Bibel und bemerkt dazu: „Meine Absicht dabei ist, sie (die Schüler) mit der Sprache der Bibel und überhaupt mit denen Büchern des Neuen Testamentes im Zusammenhange bekannter zu machen, welches um desto nothwendiger ist, da in unserer Schule von den untersten Klassen an die Bibel das Lesebuch ist, welches sich also durch den beständigen Gebrauch dem Gedächtniß eingeprägt, ohne daß es von den Kindern verstanden wird." Und über seinen sprachlichen Unterricht in der Prima: „In den lateinischen Stunden aber schränke ich mich blos auf das Allgemeine der Sprache, auf Dekliniren, Conjugiren und Analysiren oder Gedankenfolge ein und lasse vorsezlich alles weg, was man Syntax oder Caprise (sic!) der Sprache nennt." „Das Frantzösische lehre ich so praktisch, als bei meinen Schülern möglich ist. Ich sehe mehr auf Reichthum als Richtigkeit der Sprache" u. s. w. „Da die französische Sprache so allgemein geworden und sich mit unserer Sprache gleichsam vermischt hat, so müssen sie doch alle wenigstens einen ohngefehren Begriff von allen Ausdrücken haben, die im gemeinen Leben vorkommen."

Die Lehrverfassung der eigentlichen Gymnasien weist folgende Grundzüge auf: Die Anlage des Unterrichtsplanes geht darauf hin, auf der obersten Stufe eine Propädeutik der Universitätswissenschaften zu betreiben. Nicht jedoch den Jünger der Wissenschaft als solchen, sondern den künftigen Theologen, Juristen und Lehrer hatte man dabei im Auge; der Mediziner ging daneben so gut wie leer aus. Noch bis über die Mitte des achtzehnten Jahrhunderts hinaus behauptete sich das Lateinische als Unterrichtssprache, ja sogar die Übersetzungen aus dem Griechischen, Hebräischen, zuweilen auch dem Französischen, erfolgten dahinein. Sprachfertigkeit in Prosa und Versbau den Schülern zu eigen zu machen, darin erblickte man das oberste Ziel des lateinischen Unterrichts. Die in eigenen Lehrstunden erteilten rhetorischen und prosodischen Belehrungen dienten zur Unterstützung dieser Aufgabe. Doch machte sich dabei der realistische Zug der Zeit darin geltend, daß eine fortschreitende Rücksicht auf den Sachinhalt der Schriftsteller genommen, namentlich die Historiker stärker herangezogen und die römischen Altertümer fleißiger behandelt wurden. Unter den der allgemeinen gelehrten Vorbildung dienenden Gegenständen treten von den seit länger hergebrachten außerdem einige Disziplinen aus der Philosophie auf, namentlich Logik, Ethik, bisweilen auch noch Metaphysik, ferner die Universalgeschichte in tabellarischer Übersicht der äußeren Begebenheiten, wozu sich erst nach und nach vaterländische Geschichte und einiges aus den Veränderungen im geistigen Leben der

Völker gesellte. Wie in dieser letzteren Beziehung, so trug man auch insofern den gesteigerten Ansprüchen der Zeit an die Schulkenntnisse jedes Gebildeten mehr Rechnung, als man im Lauf der ersten Hälfte des Jahrhunderts für deutsche Stilübungen etwas mehr Raum schuf, Geographie, wo es noch nicht geschehen, und Französisch, beide jedoch anfänglich nur als fakultative Lehrgegenstände, aufnahm, ein gleiches mit der Physik that, auch Naturgeschichte in den unteren Klassen zu lehren begann und es in der Mathematik etwas weiter als bisher zu bringen sich bemühte. Unter den Fakultätswissenschaften war weitaus am besten die Theologie bedacht, wie von ihr ja denn auch die meisten Lehrer am meisten verstanden. Bibelkunde, Dogmatik, Kirchengeschichte u. a. m. wurden jedes für sich in besonderen Lehrstunden behandelt und noch immer zu Disputationen verwertet. Gleich dem Hebräischen stand auch das Griechische ganz im Dienste der Theologie, indem von den alten Klassikern nahezu überall keiner, vor allem dagegen das Neue Testament und daneben etwa nur noch einige Moralisten gelesen wurden. Um des Vorteils der künftigen Juristen willen hatte man mancherorten kein Bedenken getragen, auch die verschiedensten Zweige der Rechtswissenschaft in den Lehrplan mit aufzunehmen, namentlich Natur- und Civilrecht erfreuten sich dabei besonderer Gunst. Nur dürftig gesorgt war noch immer für die späteren Mathematiker und Naturforscher; ganz leer gingen die Mediziner für ihre besonderen Bedürfnisse aus, wenn man von den hier und da in den unteren Klassen erteilten naturgeschichtlichen Lehrstunden absieht. Die Unhaltbarkeit in der Zielbestimmung des Lehrplans erweist sich mithin schon darin, daß er, wiewohl für die Aneignung der Grundlagen zur künftigen Fachgelehrsamkeit bestimmt, doch nur einem Teil der späteren Fachgelehrten, wenn auch einem beträchtlichen, eine besondere Zehrung mit auf den Weg zu geben vermochte. Das Hauptabsehn war denn auch unverkennbar nur auf die Heranziehung von Theologen und philologisch gebildeten Schulmännern gerichtet, wofür die am Joachimsthal im Jahre 1731 erfolgte Errichtung eines nur für diese beiden Kategorieen bestimmten, aus zwölf Primanern gebildeten Seminars einen Beweis liefert. Außer dem Joachimsthal zu Berlin bietet das Elisabethanum zu Breslau ein Beispiel von solch' einem Gymnasium rein gelehrten Charakters.

Trotz so mancher Zugeständnisse an die neue Zeit blieben die Gymnasien jedoch weit entfernt davon, den Ansprüchen zu genügen, die an die weltmännische Bildung eines jungen Edelmannes oder vornehmen Patriziersohnes einerseits, und andererseits an die Vorbereitung eines ins praktische Leben eintretenden jungen Mannes aus dem mittleren und niederen Bürgerstande gestellt wurden, geschweige denn, daß sie vor der Einführung jener Veränderungen dazu hätten fähig befunden werden können. Sie gaben den gedachten jungen Leuten an gelehrtem Wissen zuviel, an Kenntnissen und Fertigkeiten, wie sie das höhere gesellschaftliche und das geschäftliche Leben verlangte, zu wenig. Aus dieser Erwägung und der Erkenntnis von der Unzulänglichkeit der Erziehung durch Hofmeister oder in Privatanstalten wurden die Pädagogien und Ritterakademieen einer- und die Realschulen andererseits ins Leben gerufen.

Die älteste Anstalt im preußischen Staat von der ersteren unter jenen beiden Arten war Franckes Pädagogium zu Halle, eröffnet 1695, es folgte 1706 die Ritterakademie zu Brandenburg a./H., sodann mit der Besitzergreifung Schlesiens die Übernahme der schon 1646 von Herzog Georg Rudolf von Liegnitz gestifteten und von Kaiser Josef I. reformierten Ritterakademie zu Liegnitz, 1762 die Eröffnung des von Steinbart gegründeten Züllichauer Pädagogiums und 1765 diejenige der vom König selbst geschaffenen Académie des nobles zu Berlin. Ein äußerer Unterschied zwischen den Pädagogien und Ritterakademieen besteht darin, daß diese letzteren lediglich junge

Adlige, jene zugleich auch Söhne anderer vornehmer Familien aufnahmen. Ferner besaßen die Ritterakademieen einen gewissen militärischen Zuschnitt, der sich schon darin zu erkennen gab, daß man daselbst Uniform trug. Davon, ihren Zöglingen die Befähigung zu Universitätsstudien zu verschaffen, sahen die Ritterakademieen ab, auf der Liegnitzer fehlte sogar das Latein noch ganz, auf allen das Griechische. Dagegen faßten die Pädagogien ihrerseits die Vorbereitung eines Teiles ihrer Zöglinge zur Universität ins Auge. Daher führte Francke auf dem seinigen zu Halle auch Unterricht in allen drei gelehrten Sprachen ein und richtete eine eigene Klasse, eine Selekta, für die zum Studium Bestimmten ein, in welcher die Beschäftigung mit der Theologie, Philosophie und Rhetorik zu derjenigen mit dem Lateinischen und Griechischen hinzutrat. Griechische Klassiker blieben auch hier wie auf den reinen Gelehrtenschulen zu gunsten des Neuen Testamentes und einiger moralisierenden Schriften ausgeschlossen. Eine gleich eifrige Beachtung fanden auf den Ritterakademieen wie auf den Pädagogien, wenn auch in etwas verschiedener Auswahl und Behandlung, die Realien und die lebenden Sprachen. Die hierher gehörigen Lehrgegenstände umfaßten: Rechnen, Arithmetik, Geometrie, (in Halle außerdem Astronomie), Naturgeschichte, Physik, Mechanik, Feldmessen, Bau- und Ingenieurkunst, Geschichte, insonderheit die neuere, Geographie, juristische (in Halle statt dessen medizinische) und philosophische Propädeutik, deutschen Stil, wobei auch auf die Einübung aller Formalien beim Brief sorgfältig geachtet wurde, deutsche Lektüre, französische Lektüre nebst Konversation, letzteres beides gewöhnlich unter französischen Maîtres. Zur Vertrautmachung mit den wichtigsten Tagesbegebenheiten las man außerdem in einer eigenen Stunde die Zeitungen, wobei man anfänglich auf die französischen sich beschränkt sah. Um dem Latein die Möglichkeit zur Wiedererlangung seiner alten erdrückenden Herrschaft im Klassenunterricht zu verschließen, bildete Francke für jeden der wichtigeren Unterrichtsgegenstände besondere Klassen mit selbständiger Versetzung, eine Einrichtung, die überall da im Lauf der Zeit nachgeahmt wurde, wo man den Realien eine starke, gesicherte Stellung zu verleihen unternahm. Dem auf den Gelehrtenschulen kaum bekannten Zeichnen mußte man auf den Pädagogien und Ritterakademieen schon behufs eines gedeihlichen Unterrichts in den Fächern der reinen und angewandten Mathematik Eifer zuwenden. Ein gleiches geschah hinsichtlich einer guten Handschrift. Was zu dem allen endlich diese Anstalten von sämtlichen anderen höheren Schulen ganz wesentlich unterschied, war die hier obwaltende Sorge für körperliche Bewegung. Fechten, Tanzen und Reiten sind auf den Ritterakademieen, ersteres beides und dazu mancherlei Handwerksthätigkeit, Tischlern, Drechseln, Modellieren, Glasschleifen auf den Pädagogien anzutreffen. Auch Locke empfahl Beschäftigungen der letzteren Art für die Jugend der höheren Stände als ein zweckmäßiges Gegengewicht gegen geistige Anspannung.

Zu einem ganz anderen Zwecke beschäftigte man sich mit solchen handwerksmäßigen Verrichtungen auf den Realschulen, Schulanstalten, wie sie seit der Begründung der Berliner im Jahre 1747 durch Joh. Jul. Hecker, Franckes Schüler, und nach deren Muster nunmehr häufiger entstanden. Stargardt in Pommern und Breslau gehören zu den Städten, wo solche errichtet wurden, und auch die Handelsschule in Magdeburg kann man der Sache nach hierher zählen. Nach ihrer ursprünglichen Bestimmung und ersten Einrichtung sollte die Berliner Realschule, unter Trennung der Schülerkategorieen hinsichtlich ihrer Beteiligung an den einzelnen Unterrichtsgegenständen, ebensowohl dem einfachen Handarbeiter das Nötige bieten, als dem künftigen Gelehrten dienen, als auch in Ausfüllung der bisher vorhandenen Lücke im Schulwesen dem nicht zum Studium bestimmten Bürgerssohn eine Ausrüstung an Kenntnissen für sein späteres Geschäft mit auf den

Weg geben. Der triviale und der gelehrte Unterricht unterscheiden sich nicht wesentlich von dem entsprechenden auf anderen Schulen. Die kurz zuvor gedachte neue Aufgabe wurde immer mehr dahin verstanden, daß es darauf ankomme, außer dem zur allgemeinen Bildung Unentbehrlichen dem jungen Menschen schon auf der Schule möglichst viele besondere Geschäftskenntnisse und -Fertigkeiten aus seinem späteren Berufszweige zu eigen zu machen, ihn gleichsam auf der Schule die Lehrlingszeit vorweg durchlaufen zu lassen, etwa wie es auf den Kadettenhäusern hinsichtlich der militärischen Diensterfordernisse geschieht. Daher wurden hier berufsmäßig Handwerksthätigkeiten und Geschäftsbetriebe aller Art durchgenommen und geübt. Da jeder nur das für sein demnächstiges Fach Erforderliche mitzunehmen Interesse und Zeit hatte, machte sich das Prinzip der freien Auswahl der Lehrgegenstände geltend, eine Freiheit, die unter dem jüngeren Hecker an der Berliner Realschule sogar den deutschen Unterricht zu einem fakultativen werden ließ. Späterhin verblieb nach Ausscheidung der Trivial- oder deutschen Schule und der Umwandlung der gelehrten Abteilung in ein eigenes Pädagogium, das nachmalige Friedrich-Wilhelms Gymnasium, der Name Realschule allein dem mit der zuletzt geschilderten Aufgabe betrauten Teil des ursprünglichen Schulorganismus. In Breslau war man dagegen von dieser Sonderbestimmung für die nicht gelehrten höheren Berufsfächer gerade anfänglich ausgegangen, sehr bald hernach aber bot man daneben auch hier den zum Studium Bestimmten Gelegenheit zur Erlangung der für sie erforderlichen Vorbildung, ohne daß darum der Name eine Realschule verschwand.

Umgekehrt erweiterten schon vom Beginn des Jahrhunderts an eine ganze Zahl alter Gelehrtenschulen ihren Lehrplan durch stärkere Aufnahme von Realien, um ebenfalls den Bedürfnissen beider Teile des höheren Bürgerstandes, des ungelehrten nicht minder als des gelehrten, und möglichst auch den Ansprüchen des Edelmanns gerecht zu werden. Das Geschick und das Glück, mit dem die hiermit verbundene Gefahr der Überladung und Sprengung des Schulorganismus vermieden wurde, zeigte sich bei den einzelnen Anstalten sehr verschieden. Das Graue Kloster in Berlin geriet dadurch anfänglich in einen gefährlichen Zersetzungsprozeß, bis das gestörte Gleichgewicht durch Büsching in ausgezeichneter Weise wiederhergestellt wurde. Ebenso glücklich ging schließlich nach anfänglichen Mißgriffen in den Ansprüchen an Zeit und Kraft die Umbildung am Stephaneum in Halberstadt unter Struensee von statten. Struensee gehörte ebenso wie Steinbart in Züllichau zu den Schülern des Abtes Steinmetz von Kloster Bergen, unter dem daselbst die gleiche, dort schon von länger her angebahnte Richtung in der erfolgreichsten Weise sich fortentwickelt hatte. Der Mehrzahl der Schulen hingegen erwies sich auch nach dem Urteil der damaligen Fachmänner die Erstrebung einer derartigen Verbindung von gelehrter und bürgerlicher Bildung schädlich, und in der That konnte hierbei, solange das System einer Einschulung auf den späteren Lebensberuf herrschend blieb, keine der beiden Seiten zu ihrem vollen Rechte gelangen.

Wiewohl nun die auf den unmittelbaren Nutzen gerichtete einseitige Verstandeskultur den größten Teil des achtzehnten Jahrhunderts hindurch der Grundzug der Geistesrichtung in Gesellschaft und Schule blieb, so machte sich doch schon vom vierten Jahrzehnt an eine ideale Gegenströmung in beiden Bereichen fühlbar. Ihren Ursprung nahm dieselbe von der Neubelebung des Humanismus und dem Aufschwung des dichterischen Genius unserer Nation. Als einer der ersten erweckte Joh. Math. Gesner wieder den Geist des klassischen Altertums und wirkte für seine Verbreitung als Schulmann in Weimar, Ansbach, Leipzig und zuletzt als Professor an der Universität Göttingen, in welcher Eigenschaft er das dortige philologische Seminar begründete und Grundlinien zu

einer neuen Schulordnung für Hannover entwarf. Klopstocks
Messias und Jugendboden aber ergossen eine belebende Wärme
des Gefühls in die erkalteten Herzen, begabten die erstorbene
Einbildungskraft mit neuen Schwingen und trugen die Seele
empor zu den lichten Höhen heiliger Begeisterung. Aus dem
Bunde des neu sich erschließenden Geistesreichtums und der
Formenschönheit des klassischen Altertums mit der wieder zu
Ehren gelangenden, vom Christentum geadelten Gemütstiefe
und sittlichen Feinfühligkeit des Germanen erwuchs unserem
Volke ein neues Bildungsideal. Harmonische Entwicklung
aller Seelenkräfte zur Beförderung des Guten, Wahren und
Schönen um seiner selbst willen wurde nach ihm der Inhalt
des Strebens.

In vertrauter Beziehung zu Klopstock stand der Mann,
der sich das Verdienst erworben, die ersten Linien vom Umriß
jenes neuen Bildungsideals in den Lehrplan einer preußischen
Schule eingezeichnet zu haben. Es war der Schweizer Joh.
Geo. Sulzer, der bekannte Verfasser der Theorie der schönen
Künste, welcher als Visitator des Joachimsthals zu Berlin
die Gelegenheit dazu erhielt. Er hatte von der Schule in
seiner Vaterstadt Winterthur einen gründlichen Ekel an dem
dortigen Lehrbetrieb mitgenommen, da er dort bis zu seinem
sechzehnten Jahre nur mit Erlernung der lateinischen, grie=
chischen und hebräischen Sprache und mit etwas kahler Logik
und Metaphysik gequält worden war und dabei „nichts als
unverständliche Wörter ohne Begriffe" in den Kopf bekommen
hatte, war darauf aber zu Zürich, wohin er sich zum Besuch
des akademischen Gymnasiums begeben, ohne auch hier von
dem Schulunterrichte sich angezogen zu fühlen, in dem Joh.
Geßnerschen Hause auf das lebhafteste für Wissenschaft und
Litteratur angeregt worden, sodaß ihm fortan wissenschaft=
liche Beschäftigung um ihrer selbst willen lieb und unentbehr=
lich wurde. „Mit gleicher Lust", sagt er darüber, „schrieb ich
Anmerkungen über mein hebräisches Lexikon, oder über Wolffs

mathematische Schriften und Linnés Systema naturae." Er hatte dann das Glück mit Bodmer, Haller und Klopstock in engere, zum teil freundschaftliche Verbindungen zu treten und in Berlin die nähere Bekanntschaft von Maupertius, Euler, dem Marquis d'Argens und dem englischen Gesandten Mitchell zu machen. Wiederholte Reisen ergänzten seine Kenntnisse vom Leben und verschafften seinem Kunstsinn dank dem ihm vermöge seiner vornehmen Verbindungen überall auch zu Privatsammlungen gewährten Zutritt reiche Nahrung. In der Schulpraxis hatte er sich als Mathematiker am Joachimsthal eine Zeit lang umgesehen und darauf noch eine andere Lehrthätigkeit als Vertreter der Methaphysik und Moral an des Königs Académie des nobles ausgeübt. Das war ganz der Mann, der Schule neue Ziele zu stecken! In den von ihm ausgearbeiteten „Erneuerten Verordnungen und Gesetzen für das Kgl. Joachimsthalsche Gymnasium" vom Jahre 1767 hat er es gethan. Mit Locke verlangte er an Stelle des toten Gedächtniswerkes eine Weckung der lebendigen Kräfte selbstthätiger Erkenntnis, ging über ihn aber hinaus, indem er damit eine edle Herzens- und Geschmacksbildung verbunden wissen wollte. Er führte die Verbannten unter den großen Alten, und das waren gerade die vornehmsten gewesen, wieder in die Schule ein, verlangte nach Gesners Vorgang reichliche, auf Inhalt und Darstellungsart gerichtete kursorische, neben beschränkterer, dem Grammatischen und Lexikalischen zugewandter statarischer Lektüre, gab deutsche Musterlesestücke heraus, stellte den Geschichtsunterricht unter den Gesichtspunkt des Verständnisses von dem ursächlichen Zusammenhange der Thatsachen und erhöhte die Anforderungen in der Mathematik. Ein Schulmann von praktischem Geschick war freilich Sulzer nicht, aber seine Bestrebungen sind darum nicht fruchtlos geblieben, da wenig später in dem Rektor Meierotto sich der geeignete Mann zu ihrer Durchführung und Vervollkommnung finden sollte.

Wenn auch mit der stärkeren Heranziehung der Realien und der Einfügung der lebenden Sprachen die Stundenzahl erst ihr Maximum erreichte, so würde doch die Annahme irrig sein, daß sie vordem eine geringe gewesen wäre. Schon im Jahrhundert der Reformation war vielmehr die Zahl von 2 am Vormittag und 3 bis 4 am Nachmittag, also von 5 bis 6 täglichen Lehrstunden die durchschnittliche. Am Grauen Kloster unterrichtete man gegen Ende des sechzehnten Jahrhunderts von Sexta bis Prima 33 Stunden wöchentlich. Der etwas spätere, älteste Lektionsplan des Joachimsthals kennt je 3 Stunden des Vor- und des Nachmittags mit Ausnahme vom Sonnabend Nachmittag. Treten im Lauf des siebzehnten Jahrhunderts mehrfach niedrigere Stundenzahlen auf den Lektionsplänen auf, so sind dabei die zu den ordentlichen oder öffentlichen hinzuzuzählenden Privatstunden nicht zu vergessen. Unter letzteren sind Schulstunden, oft in den wichtigsten Gegenständen, zu verstehen, für die bei nomineller Freistellung der Beteiligung eine Bezahlung entrichtet wurde, um damit den Lehrern, für welche die durch den dreißigjährigen Krieg verarmten Patrone noch weniger als zuvor aufbrachten, an Stelle des noch nicht Sitte gewordenen allgemeinen Schulgeldes eine Unterstützung zu verschaffen. So treffen wir am Grauen Kloster nach der Mitte des siebzehnten Jahrhunderts 26, am Joachimsthal zu Anfang des folgenden 30 Lehrstunden wöchentlich ohne die Privatstunden. Seit dem Ende des siebzehnten Jahrhunderts macht sich fast allerwärts ein beschleunigtes Steigen wahrnehmbar. Am Collegium Fridericianum in Königsberg nahm der ordentliche Klassenunterricht die Zeit von 7 bis 11 des Vor- und von 1 bis 4 des Nachmittags in Anspruch, letzteres außer Mittwoch und Sonnabend, auf welche Tage dafür von 1 bis 5 fakultative Lehrgegenstände gelegt waren. Auf der Ritterakademie zu Brandenburg war der Unterricht bis über die Mitte des Jahrhunderts hinaus sogar ein täglich zehnstündiger, nämlich von 7 bis 12 und von 2 bis 7. Und an der Latina zu Halle, sowie an der lateinischen Abteilung der Berliner Realschule füllten die Unterrichtsstunden, gar den ganzen Tag aus, von morgens 7 Uhr bis abends 7 Uhr mit nur einstündiger Unterbrechung um die Mittagszeit, ohne daß hier freilich ein jeder sie alle zu besuchen hatte. Ein Beispiel besonders auffallenden Emporschnellens der Stundenzahl durch die Umwandlung einer Anstalt aus einer alten Gelehrtenschule in eine Vorbildungsstätte für gelehrte und praktische Berufsfächer liefert das Stephaneum in Halberstadt. Bis zu jenem Zeitpunkt hatte man hier in Prima und Sekunda je 18 öffentliche und 9 private Lehrstunden, nachher dagegen 44, unter denen 36 öffentliche. Indessen wurde noch unter demselben Rektorat die Zahl doch wenigstens auf 38 im ganzen, darunter 20 öffentliche, wieder ermäßigt.

Zu dieser hohen Lehrstundenzahl gesellte sich ein beträchtlicher Zeitaufwand für die religiösen Veranstaltungen, erwachsend aus der Teilnahme am öffentlichen Gottesdienst, sowie aus der Inanspruchnahme durch die Andachten, Gebetsstunden und Katechisationen innerhalb der Schule. Am Königsberger Fridericianum weckte man die Schüler um 5 oder 6, hielt Tag für Tag vor dem um 7 Uhr stattfindenden Beginn des Unterrichts eine halbstündige Morgenandacht ab, versammelte außerdem noch zweimal in der Woche außerhalb der Unterrichtszeit alle Zöglinge zu einer einstündigen Erbauung, führte sie Sonntags, wie das auch auf anderen Alumnaten geschah, in die Vor- und Nachmittagspredigt und vergewisserte sich über das Gehörte durch nachherige am Mittag und am Abend angestellte Nachfragen und Durchnahmen. Am Joachimsthal würzte man mit diesen letzteren die Mahlzeiten selbst. Einem größeren Teil der Schüler verursachte außerdem die Zugehörigkeit zum Singechor bei dessen vielerlei kirchlichen und außerkirchlichen Verwendungen, zu denen in

Berlin auch die Mitwirkung im Chor des Kgl. Opernhauses gehörte, eine starke Einbuße an ihrer freien Zeit.

Jedenfalls war die Belastung der Zeit mit Unterrichtsstunden und anderen Beschäftigungen im allgemeinen eine so starke, daß für die häusliche Arbeitsthätigkeit der Schüler ein nur geringer Raum blieb. Nicht nur die Sicherung des Verständnisses, sondern auch die gedächtnismäßige Einübung des dargebotenen Stoffes war überwiegend Sache der Lehrstunden und nicht minder wurden alle größeren schriftlichen Ausarbeitungen von den Schülern in diesen selbst angefertigt.

Ueberdies kannte man an mehreren Orten keine eigentlichen Ferien, sondern pflegte, von den Festtagen abgesehen, nur an wenigen anderen einzelnen Tagen gelegentlich frei zu geben, doch war dies keine überall herrschende Sitte, sondern ein Versuch, der aus der Unvereinbarkeit der früheren Unterrichtszeit mit den neuen Ansprüchen hervorging. Im ganzen jedoch ging die Richtung auf eine möglichste Beschränkung der Ferienzeit.

Dagegen traten durch die sehr beliebten öffentlichen Schaustellungen häufigere und längere Unterbrechungen des regelmäßigen Unterrichtsganges ein. Dahin gehörten die dramatischen, oratorischen, deklamatorischen, musikalischen Akte und die öffentlichen Examen. Standen im siebzehnten Jahrhundert die scenischen Aufführungen am meisten in Gunst, so wandte sich der Geschmack des achtzehnten allmählich mit Vorliebe den anderen unter den genannten Veranstaltungen zu. So hatte man am Joachimsthal damals ein achttägiges öffentliches Examen und zwei regelmäßige oratorische Akte in jedem Jahre außer den ähnlichen Feierlichkeiten bei besonderen, zum Teil jährlich wiederkehrenden kirchlichen, patriotischen und anderen Anlässen. Am Grauen Kloster brachte man es in der Zeit vor Büsching dabei auf 100 bis 120 Reden im Jahre. Den Gewinn aus den Redeakten und Examen für die wirkliche Ausbildung kann man sich nicht sehr hoch vorstellen, wenn man sieht, wie nichtig viele der bei jenen Akten behandelten Themen waren und von den Angriffen der Zeitgenossen auf die bei den Examen unterlaufenden Unredlichkeiten, vorherige Abrichtung, Aufschlagen der Kommentare beim Übersetzen u. a. m. vernimmt und diese Examen als „Gaukelspiele und Betrügereien" deswegen bezeichnen hört, aus welchen Ursachen denn auch an mehreren Orten die Änderung Eingang fand, daß man es dem Publikum überließ, das Fragegebiet jedesmal zu bezeichnen.

Einrichtungen zur Erforschung des gesamten Kenntnisstandes jedes einzelnen Schülers behufs seiner Reife für eine bestimmte Stufe, also Aufnahme-, Versetzungs- und Abgangsprüfungen, finden sich, wo sie vorhanden, meistenteils nur sehr unvollkommen ausgebildet. Die Feststellung der Reife für eine bestimmte Klasse wurde durch die vielfach vorhandene Unbestimmtheit und das selbst innerhalb ein- und derselben Anstalt hervortretende Schwanken der Pensen erschwert. Erst Büsching und Sulzer haben, der eine an dem Grauen Kloster, der andere an dem Joachimsthal, diesem Übelstande wirksam gesteuert. Eine Vorschrift behufs der in die entsprechende Klassenstufe zu bewirkenden Aufnahme eines von einer Anstalt auf eine andere übergegangenen Schülers erwies sich bis dahin nun schon garnicht ausführbar. Es blieb in der Regel dem freien Ermessen der Lehrer, und unter ihnen, nach den bestehenden autokratischen Einrichtungen, demjenigen des Rektors allein die Bestimmung über die Bedingungen der ersten Aufnahme sowohl als über die späteren Versetzungen vorbehalten, und nicht selten sah der Rektor sich damit der Versuchung ausgesetzt, die Rücksicht auf die ihm zustehenden Inskriptions- und Translokationsgebühren den sachlichen Erwägungen voranzustellen. Gerade der Umstand, daß eine von früherer Zeit her vorhandene Verfügung betreffs der Abweisung derer von gelehrten Schulen, die zum Studieren untauglich, immer und immer wieder erneuert werben mußte, beweist am besten, wie wenig sie gefruchtet hat. Der Abgang zur Universität war höchstens bei solchen an eine Prüfung gebunden, welche in den Genuß von Benefizien, die der Schulpatron vergab, auf der Hochschule zu treten wünschten, im übrigen gab es nur eine allgemeine Verfügung aus der Zeit Friedrich Wilhelms I., welche bestimmte, daß niemand ohne ein Zeugnis über seine Kenntnisse die Universität beziehen solle; die Ausstellung desselben blieb aber wiederum dem freien Ermessen des Rektors allein vorbehalten, und da ein Minimalmaß der Reife in jener Verfügung nur in den allgemeinsten Ausdrücken und im besonderen auch nur für künftige Theologen und Schulmänner angegeben war, so stand die Entscheidung über den Abgang zur Universität thatsächlich großenteils bei den Schülern und ihren Angehörigen selbst. Kam es doch vielfach vor, daß selbst Sekundaner, ja zuweilen sogar Tertianer, unmittelbar zum akademischen Studium übergingen. Die von den Universitäten ihrerseits geforderten Aufnahmeprüfungen boten hiergegen eine nur geringe Schutzwehr, indem die Sache von jenen zumeist als eine reine Form behandelt wurde. Und viel mochte es auch nicht fruchten, wenn die Universitäten ihrerseits durch ein Vorgehen gegen die Schulvorstände Abhülfe zu schaffen suchten, etwa in der Art, wie die Königsberger, welche, von der ihr darin zustehenden Befugnis Gebrauch machend, gegen Inspektoren und Rektoren, welche bei der Ausstellung eines Abgangszeugnisses sich gewissenlos gezeigt hatten, eine Ordnungsstrafe von 5 Thlr. zu beantragen pflegte.

Gegen die Methode des Unterrichts bestand ein allgemeiner Vorwurf darin, daß man nicht genug auf die fortwährende lebendige Wechselwirkung zwischen Lehrenden und Lernenden in den Lehrstunden achte, zuviel doziere und zuwenig frage, oder doch sich auf einfaches Nachsagen des Vorgesprochenen und auf Antworten mit Ja und Nein beschränke, statt diskursivisch den Stoff zu verarbeiten und wenigstens in ben oberen Klassen das Behandelte in zusammenhängender Darstellung wiedergeben zu lassen. Noch fühlbarer machte sich jener Mangel dadurch, daß es bei der Beschränktheit der für die häuslichen Arbeiten zur Verfügung stehenden Zeit nur in geringem Grade möglich war, durch ebendieselben die Gewöhnung zur Selbstthätigkeit kräftiger zu entwickeln. In dem Maße, daß man auf die Selbstthätigkeit der Schüler ein höheres Gewicht zu legen begann, suchte man denn auch weiteren Raum für die häuslichen Arbeiten zu schaffen und geschah es zu dem Zweck, daß man mit der Zeit die größeren schriftlichen Arbeiten sowie alle Korrekturen aus den Lehrstunden hinauswies. Einen anderen Fortschritt in der Methode machte man damit, daß man darauf bedacht nahm, die einzelnen Lehrgegenstände in eine engere Wechselwirkung mit einander zu bringen.

Die vorherrschende Behandlung des Religionsunterrichts leistete der Gewöhnung der Schüler an eine mechanische Art großen Vorschub. Man begann ihn auf der untersten Stufe herkömmlicherweise mit dem Auswendiglernenlassen des Katechismus und setzte ihn mit der Einprägung einer großen Zahl von Bibelsprüchen und nicht selten dem Wortlaute nach einzuübenden biblischen Geschichten fort, um dann in den oberen Klassen eine ganze Last dogmatischer Stofffülle dem Gedächtnis aufzubürden. Bis an 11 Stunden in der Woche findet man diesem Unterrichtsgegenstand eingeräumt. Mußte das Denkvermögen notwendig leiden unter der ihm beständig widerfahrenden Zurücksetzung und Mißachtung, die darin enthalten, daß seine Mitwirkung bei der Aufnahme des Stoffes unterblieb, oder letztere geradezu gegen seinen Widerspruch erfolgte, so war die aus dem gedachten Verfahren ebenfalls sich ergebende Vernachlässigung der Belebung des Gefühls und der Bildung des sittlichen Willens von nicht geringerem Nachteil. Der herrschenden Orthodoxie galt die Ausrüstung der Zöglinge mit dem vollständigen Apparat der von ihr verfochtenen

Lehrsatzungen so sehr als die Hauptsache, daß sie darüber ganz vergaß, den Sinn für die thätige Ausübung der vom Christentum gelehrten menschlichen Pflichten zu wecken. A. H. Francke zuerst hatte es sich in seinen Erziehungsanstalten angelegen sein lassen, jenen Sinn zu befördern und der religiösen Erziehung, seinem ganzen System gemäß, die Richtung auf das handelnde Leben zu geben. Ein Teil von Franckes pädagogischen Nachahmern ergab sich jedoch, fortgetrieben durch den nämlichen Gegensatz gegen den orthodoxen Buchstabenstreit, einem mystischen Hange, der bei einigen, wie bei Steinmetz in Kloster Bergen, mit großer praktischer Tüchtigkeit sich noch vereinbar zeigte, freilich daneben auch Kopfhängerei und Heuchelei unter der Jugend aufkeimen ließ, bei anderen jedoch, wie bei seinem Nachfolger Hähn, in eine erschlaffende Andächtelei ausartete, die bei dem Genannten derartig die sich entvölkernde Schule bedrohte, daß er aus dem Amte entfernt werden mußte. „Der Abt Taugt nichts", lautete der Bescheid des Königs auf einen Bericht der Visitatoren, „Man Mus Einen Andern in der Stelle haben, Kein Mensch wil jeto Seine Kinder dahin Schicken, weil der Kerel ein übertriebener pietistischer Narr ist." Dementgegen traten aus der jüngeren Generation der Anhänger des Franckeschen Schulwesens eine Anzahl Männer hervor, die, wurzelnd in der Wolffschen Aufklärungsphilosophie und Gebrauch machend von der seit der Thronbesteigung Friedrichs des Großen gewährten Geistesfreiheit, Franckes praktische Religionsübung mit einer Befreiung von dem noch von ihm festgehaltenen Konfessionalismus zu vereinigen strebten. Steinbart in Züllichau und das Direktorium der von der reformierten Gemeinde in Breslau gestifteten Realschule hielten sich in den religiösen Belehrungen der Jugend an das Allgemeinchristliche, mit Vermeidung aller konfessionellen Parteinahme, gaben also dem Religionsunterricht einen interkonfessionellen Charakter, wobei die Unterweisung in den Unterscheidungslehren der Bekenntnisse auf Wunsch der Beteiligten durch die zuständigen Geistlichen erfolgte.

Im fremdsprachlichen Unterricht befolgte man gemeiniglich die Methode, mit der selbständigen Einübung der grammatischen Formen und Grundregeln und der Erwerbung eines Vokabelvorrats den Anfang zu machen und demnächst erst zur Lektüre der Schriftsteller überzugehen, neben ihr her aber die Erweiterung der grammatikalisch-lexikalischen Kenntnisse gesondert fortzuführen. Schriftliche Übungsarbeiten aller Art wurden dabei zur Prüfung und Sicherung der erworbenen Kenntnisse angewandt. Lockes Vorschlag, die fremden Sprachen sämtlich durch Lesen und Sprechen erlernen zu lassen, hatte bislang keinen Eingang gefunden.

Am ausgebildetsten zeigt sich das ganze Verfahren im Lateinischen. Solange hier die Rücksicht auf die Aneignung der Sprachfertigkeit der ausschließliche Gesichtspunkt blieb, also bis gegen Ende des siebzehnten Jahrhunderts, traten die Schriftsteller ganz in den Dienst der Grammatik und des Lexikons. Cicero herrschte nahezu allein unter den Prosaikern, den Terenz las man zur Bereicherung des Wortschatzes aus der Umgangssprache, Virgil, um an ihm den Bau der Hexameter zu üben, selten außerdem Horaz, sonst kaum einen anderen unter den Klassikern. Das Auswendiglernenlassen einer Summe von Sentenzen, manchmal auch ganzer ciceronischer Reden und die Einstudierung terenzianischer Stücke zur Aufführung wurde dabei zur Erreichung der bestehenden Absicht, firme Lateiner aus den Schülern zu machen, für sehr dienlich gehalten. Aber auch als mit dem seit Beginn des achtzehnten Jahrhunderts sich verbreitenden Realismus die Aufmerksamkeit sich wieder mehr auf den Sachinhalt der Schriftsteller lenkte, blieb der selbständig betriebene grammatikalisch-lexikalische Teil des Unterrichts im Übergewicht. Am Fridericianum in Königsberg verteilte man den Cornel auf drei Klassen, fing in Quarta mit ihm an, las ihn als einzigen Schriftsteller in

Tertia und behielt ihn neben einigen leichteren Briefen Ciceros auch noch in Untersekunda bei. Von den 18, von Sekunda aufwärts 16, auf der Anstalt erteilten wöchentlichen Lateinstunden blieb also in den gedachten Klassen für die rein sprachlichen Zwecke eine recht stattliche Zeit übrig. Täglich wurde hier denn auch ein Pensum aus dem Vokabularium und in den oberen Klassen dem Lexicon manuale überhört und, außer vielen anderen, jedesmal zum Semesteranfang eine grammatische Generalrepetition abgehalten. Die Menge der dortigen Exercitien verrät sich schon in der Fruchtbarkeit der Erfindung von Namen für sie. Da gab es in den oberen Klassen jede Woche ein exercitium ordinarium, je zwei exercitia subitanea oder extemporalia, dazu in Prima jeden Monat ein großes exercitium exploratorium, dessen Stelle in Sekunda ein wöchentlich einzuliefernder lateinischer Brief vertrat. Daß das Streben nach der Sprachfertigkeit noch lange ein leitendes Ziel blieb, ergiebt sich aus der Thatsache, daß erst ganz allmählich seit den dreißiger Jahren, und zuerst wieder nur mit Ausnahme der obersten Klassen, das Latein aufhörte, Unterrichtssprache zu sein, und die Schüler der Verpflichtung enthoben wurden, sich desselben auch außer der Schulzeit in ihrem ganzen Verkehr untereinander zu bedienen. Dagegen sprach sich die Steigerung des Interesses für den realen Bestandteil unserer Überlieferungen aus dem Altertum darin aus, daß man einmal einen besonderen Unterricht in den römischen Altertümern einschob, und fürs andere um der historischen Belehrung willen die Zahl der gelesenen Schriftsteller vermehrte und insbesondere eine Reihe von Historikern hinzunahm. So fanden nacheinander Aufnahme Cornel, Sueton, Curtius, Vellejus Paterculus, Justinus, Caesar, des Plinius Secundus Panegyricus, dessen Briefe und Eutrop. Livius, Sallust, Tacitus begegnen dagegen nur ganz vereinzelt und dann in der Regel, wie anfänglich unter den obigen die meisten auch, nur in den Privatlektionen.

Man sieht aus dieser Zusammenstellung, daß neben dem älteren, rein sprachlichen Interesse es ein vorwiegend stoffliches war, das hierbei seine Befriedigung suchte, man aber noch keineswegs darauf sein Hauptaugenmerk nahm, den Vollgehalt des im klassischen Altertum waltenden Geistes aus den besten der uns zu Gebote stehenden Quellen zu schöpfen. Die ersten Anzeichen eines hierauf sich richtenden Strebens der Schule geben sich zu erkennen in einer größeren Beschränkung auf die klassische Periode bei der Auswahl der Schriftsteller, in der Bemühung, in ihren Charakter und inneren Zusammenhang einzubringen, in der Aufmerksamkeit auf geschmackvolles Lesen und Übersetzen und gleichzeitig in einer Ermäßigung der rein grammatikalischen Beschäftigungen. Außerhalb Preußens gingen Gesner und Ernesti hiermit voran, in Preußen folgte zuerst darin Sulzers obengedachte Lehrverfassung des Joachimsthals vom Jahre 1767.

Der Unterschied in der Behandlung des Griechischen gegen das Lateinische war mehr ein solcher des Grades als der Art. Da es im Griechischen nicht auf Sprachfertigkeit ankam, so betrieb man die Grammatik, wenn auch ebenfalls selbständig neben der Lektüre, so doch in geringerem Umfange und begnügte sich ebendeswegen auch mit wenigeren und kleineren Exercitien. Die Lektüre ihrerseits beschränkte sich ganz allgemein, solange der Zeitgeist in realistischer Weise nur auf den unmittelbaren Gebrauchswert bedacht nahm, in der Hauptsache auf das Neue Testament, war also wesentlich auf den Nutzen für künftige Theologen berechnet, wie denn auch meistenorts Dispensationen der übrigen vom Griechischen gebräuchlich waren. Spener und Francke waren es vorzüglich gewesen, welche dem Griechischen diese Richtung gegeben hatten, als sie im theologischen Interesse seine und des Hebräischen stärkere Berücksichtigung nach seinem Darniederliegen seit dem dreißigjährigen Kriege gefordert hatten. Das Memorieren fand auch hier wie im Latein eine ausgedehnte Anwendung, indem die Erlernung der Beweisstellen der Heiligen Schrift als eine Sache von großer Wichtigkeit angesehen wurde. Seit Francke war es, daß eine längere Zeit hindurch, neben dem Neuen Testament, soweit man sich nicht mit diesem begnügte, nur untergeordnetere moralisierende Skribenten des Altertums und neuere Gräcisten mit ihren Erzeugnissen auf den Schulen Gnade fanden, unter den ersteren Cebes, Epictet, Apollodori Bibliotheka, Theophrasti Charakteres, Pythagorae aurea carmina, Phocylidae poëma admonitorium, unter den anderen Dies Leusdenii und Agapeti Scheda Regia. Wie ein Geist aus einer fremden Welt schaute nur ganz gelegentlich einmal einer oder der andere der großen Alten in dies Getriebe hinein, bis durch das Erscheinen und die Verbreitung von Gesners Chrestomathia Graeca das Auge zu jenen sich wieder zu erheben lernte und sie allmählich auf den Schulen eine neue Heimstätte erhielten. In den Programmen des Joachimsthals von 1729, des Stephaneums in Halberstadt von 1754 findet sich kein einziger klassischer griechischer Autor mehr angegeben; nach 1759 unter Struensees Rektorat las man jedoch auf diesem außer dem Neuen Testament und der Chrestomathie schon wieder den Homer, und auf jenem seit 1767 den Plutarch, Lucian, Herodot und Thucydides. Zugleich wurden die Dispensationen in ihrem Umfange eingeschränkt.

Durchweg nur für diejenigen, welche es künftig nötig hatten, wurde das Hebräische gelehrt, für diese aber in ziemlich ausgedehnter Weise und zuweilen in Verbindung mit dem Chaldäischen und Hellenistischen. Auf die Durchnahme der Formenlehre folgte das Exponieren des Alten Testaments. Am Königsberger Fribericianum gab es 3 hebräische Klassen, von denen in der untersten 2, in den beiden oberen je 4 Stunden dafür angesetzt waren, und brachte man es dort bis zur Lesung aller Bücher Mose mit Ausnahme der schwersten

Teile, desgleichen der übrigen historischen Bücher und der Psalmen.

Das Französische wurde erst nach der Mitte des Jahrhunderts, und auch dann nur teilweise, unter die ordentlichen Lehrgegenstände aufgenommen, bis dahin war es überall der freiwilligen Teilnahme überlassen geblieben und in der Regel den freien Nachmittagen überwiesen worden. Dem lebhaften Begehren des Publikums nach einer sicheren Ausbildung in der Modesprache der feinen Welt vermochte die Mehrzahl der Schulen jedoch nur ungenügend zu entsprechen. Es fehlte dazu namentlich an den geeigneten Lehrern. Nur als einen Notbehelf konnte man es mit Recht ansehen, wenn andere als geborene Franzosen den Unterricht erteilten, denn obwohl es sogar an der einen und der anderen deutschen Universität einen Lehrstuhl für Französisch gab, wie schon 1572 in Wittenberg ein solcher errichtet worden war, so machte, ganz abgesehen von der Beschaffenheit dessen, was die Universität darin bot, dazumal so leicht niemand aus den neueren Sprachen ein Hauptstudium und immerhin selten auch nur eine Nebenbeschäftigung während der akademischen Zeit. Als ein Nebenwerk, zu dem sich jeder höher aufgerückte Lehrer für zu gut hielt, wurde der französische Unterricht denn auch auf den Schulen betrachtet und den Kollaboratoren zugleich als eine Gelegenheit zu kleinem Mehrverdienst überlassen. Aber auch wo man französische Maîtres besaß, war der Unterricht darum doch nicht immer zum besten versehen. Vom Joachimsthal, wo man stets eigene Lektoren echt französischen Namensklanges gehabt, wird uns von der Zeit vor 1767 bezeugt, daß nur wenige Schüler sich am Schulunterricht in diesem Fache beteiligten und die meisten statt dessen lieber Privatstunden annahmen. Die zu geringe wissenschaftliche Bildung vieler Maîtres mag den Grund hiervon gebildet haben. Der Mangel einer solchen mußte sich aber auf den Schulen weit fühlbarer als im Privatunterricht erweisen, indem man dort allenthalben die Methode des altsprachlichen Unterrichts auch auf das Französische übertragen hatte, mit der Grammatik begann, vielfache Ausarbeitungen verlangte und die Lektüre in enger Verbindung mit beidem hielt, während in dem Privatunterricht die Sprachroutine zur Übertragung ebenderselben auf den Schüler ausreichte. Unter den Schulen brachten es die wenigsten bis zur Sicherung der Fertigkeit im mündlichen Gebrauch der Sprache, sondern begnügten sich meist damit, die Befähigung zu verleihen, einen leichteren Schriftsteller „ziemlich zu exponiren." Nur eine Minderzahl, insonderheit aus der Reihe der neueren, die Erlangung einer vielseitigeren Bildung bezweckenden Anstalten, darunter das Pädagogium in Züllichau, die Realschule zu Breslau und außerdem die Ritterakademieen erstrebten jenes weitere Ziel. Unter den Gegenständen der Lektüre stand Fénélons Telemach an Beliebtheit voran und folgte ihm darin Molière.

Der Wunsch der Zeit, auf den Schulen alles vereinigt zu sehen, was künftig einmal im Leben sich nutzbar verwenden ließe, bewirkte es, daß mancherorten auch Gelegenheit zum Erlernen des Englischen und Italienischen, im Osten auch des Polnischen geboten wurde.

Der deutsche Unterricht löste sich seit dem vierten Jahrzehnt des Jahrhunderts allmählich von den oratorischen und poetischen Übungen ab und gewann eine selbständige Stellung. Nur ganz vereinzelt hatte er schon vordem eine solche besessen: Der älteste Lehrplan des Joachimsthals kennt besondere deutsche Übungen, aber nur in Tertia, und Landgraf Moritz von Hessen (1592 bis 1627) hatte in seiner Schulordnung deutsche Grammatik sogar als Grundlage aller Spracherlernung gefordert. Die einzigen deutschen Lesebücher blieben jedoch allerwärts der Katechismus und die Bibel. Jene oratorisch-poetischen Übungen hatten sich stellenweise gänzlich, oder wo das nicht der Fall war, doch vorzugsweise dem Lateinischen angeschlossen. Im letzteren Fall wandte man dann nebenher, soweit es die Zeit erlaubte, die rhetorischen und poetischen Belehrungen außer auf lateinische Reden, Ausarbeitungen, Briefe, Versuche im Versbau, auch auf die Muttersprache an und begann auch von den Leistungen in dieser, wenngleich anfänglich etwas schüchtern und verschämt, bei den öffentlichen Akten Proben vorzuführen. Die zuerst seit dem Großen Kurfürsten unter den Impulsen seiner Großthaten in den Schulen des brandenburgisch-preußischen Staates gefeierten patriotischen Gedenktage boten hierzu vornehmlich eine schickliche Gelegenheit. Die Mahnungen Ratkes und seiner Anhänger, alles in der Muttersprache zu lehren, und die Einführung derselben in die Universitätsvorlesungen durch Thomasius eroberten ihr nach und nach auch in den Schulen die Stellung als Unterrichtssprache; die Bemühungen der Sprachgesellschaften um die grammatisch-lexikalische Reinigung des Deutschen nebst den sich anschließenden Arbeiten Gottscheds, sowie das Erwachen einer neuen klassischen deutschen Litteratur legten den Grund zur Entstehung eines selbständigen deutschen Unterrichts. Es kam dazu immer dann, wenn zu den rhetorisch-poetischen Übungen ein Pensum in der deutschen Grammatik und eine deutsche Lektüre hinzutrat. Beides zusammen bildete seiner Natur nach eine Beschäftigung für sich und stand nicht mehr wie Rhetorik und Poetik in gleicher Verwandtschaft zu irgend einer fremden Sprache. Bald nachdem die Erzeugnisse der Vorläufer unserer großen Schriftsteller erschienen, nahm die Wandlung ihren Anfang. Eine außerpreußische Anstalt, das Johanneum zu Hamburg, der Stadt, wo Brockes und Hagedorn lebten, ging 1732 mit der Ansetzung besonderer deutscher Stunden voran, 1734 folgte unter den preußischen zuerst das Graue Kloster nach, 1759 das Stephaneum zu Halberstadt, 1767 das Joachimsthal. Epochemachend für den deutschen Unterricht in der nächstfolgenden Zeit wurden die von Sulzer 1768 herausgegebenen „Vorübungen zur Erweckung der Aufmerksamkeit und des Nachdenkens", das erste gediegene deutsche Lesebuch, welches zugleich einen Ersatz bot für die nur mit großen Schwierigkeiten zu beschaffenden Ausgaben der Schriftsteller selbst und damit ein sehr gewichtiges Hindernis in der Betreibung deutscher Lektüre hinwegräumte. Der Verfasser wollte in seinem Buche zu einer denkenden Betrachtung der verschiedenen Gebiete der Natur und des Menschenlebens anregen, die Munterkeit des Geistes befördern, Liebe zum Guten erwecken und veredelnd auf den Geschmack einwirken. Mit Rücksicht hierauf beziehen sich die ausgewählten Stücke auf sehr verschiedene Gegenstände, Merkwürdigkeiten der Natur, Lebensart, Sitten und Gebräuche verschiedener Völker, Gewerbliches, Beispiele von Verstand und Unverstand, von Tugenden und Lastern, wie die Überschriften lauten. Hinsichtlich der Kunstformen wechselten Erzählungen, Beschreibungen, Schilderungen und Betrachtungen mit einander ab; die Poesie war durch Fabeln und Lieder vertreten. Der eigene Anteil des Verfassers an den aufgenommenen Stücken stellte sich verschieden; während die poetischen einfach übernommen waren, hatte er an die prosaischen als Übersetzer und Bearbeiter die eigene Hand angelegt, mehrfach auch sie selbständig verfaßt, überall als einen geschmackvollen Stilisten sich erweisend. Zum Gebrauch in allen Klassen bestimmt, zerfiel das Buch in je eine Abteilung für die Ober- und für die Unterstufe. Seine schnell erfolgende weite Verbreitung zeigte am besten, in welchem Grade es einem vielfach vorhandenen Bedürfnis entgegenkam.

Eigene oratorisch-poetische Lehrstunden blieben auch nach der Einführung eines selbständigen deutschen Unterrichts meistens noch bestehen, doch hielt man mehr Maß darin, als früher, begann der systematischen Behandlung die Einübung der Rhetorik am Cicero vorzuziehen und beschränkte mit der Zunahme des Sinnes für schöne poetische Form namentlich die lateinische und deutsche Versschmiedekunst beträchtlich, bei der man früher seinen Stolz darin gesehen, daß die Schüler die

Fertigkeit erlangten, Themata „zu halben und ganzen Bogen in Versen zu elaboriren".

Beim Unterricht in den „Wissenschaften", wie man damals denjenigen in den Sachkenntnissen im Unterschied zu dem in den Sprachen zu bezeichnen pflegte, befolgte man noch ziemlich durchgehends die Methode, ein Kompendium in der Klasse aufschlagen zu lassen und dazu nach wohlausgearbeiteten Heften einen Kommentar zu diktieren, oder auch, wenn geeignete Lehrbücher fehlten, oder ihre Anschaffung zu kostspielig war, sich auf umfassende Diktate zu beschränken. Die vorhandenen Hülfsmittel litten gemeiniglich an trockenem Schematismus und ermüdender Weitschweifigkeit. Letztere wurde befördert durch die nach dem Muster der Wolffschen Lehrart auch in die Schulbücher eingedrungene mathematisch-syllogistische Vortragsweise.

Seitdem der Realismus erfolgreich dem die Mitte des siebzehnten Jahrhunderts beherrschenden Formalismus entgegengetreten war, ging auch in der Stellung des philosophischen Unterrichts eine Veränderung vor sich. Der Geschmack an der Metaphysik verliert sich und werden statt ihrer neben Logik und Moral, welche ihren Platz großenteils behaupten, Geschichte der Philosophie und Naturrecht, späterhin auch wohl mancherorten natürliche Religion und Ästhetik herangezogen. Die gegen die Verstiegenheit des philosophischen Unterrichts der früheren Zeit notwendig eingetretene Reaktion hatte sich in der Zeit Friedrich Wilhelms I. allerdings zunächst in einer Abwendung von dem ganzen Gegenstand geltend gemacht, bis derselbe mit dem Regierungsantritt Friedrichs des Großen jenen neuen Aufschwung genommen, indem er an Wolffs Werken eine gesicherte Grundlage gewonnen hatte und von seiten des Königs selbst und der Behörden sich eingehender Aufmerksamkeit erfreute. Auf Anordnung des vorgesetzten Direktoriums wurde im Jahre 1741 im Joachimsthal ein Collegium philosophicum eingerichtet, in welchem man die ganze theoretische Philosophie nach Gottscheds, auf Leibnitzens und Wolffs Werken ruhenden „Ersten Gründen der gesammten Weltweisheit" durchnahm. In den letzten Jahren vorher hatte der dortige Professor Muzel zwei tabellarische Übersichten zur Geschichte der Philosophie herausgegeben, die eine allgemeiner gehalten und nach Völkern geordnet, die andere dagegen nach den einzelnen Zweigen der Wissenschaft gesondert, dazu eingehender und mit reicheren bibliographischen Angaben ausgestattet; beide für den Schulgebrauch bestimmt.

Wo man besondere Rechtswissenschaft betrieb, geschah es am liebsten nach den Werken von Grotius, Pufendorf und Cocceji; zur Selbstkritik dieses Unternehmens möchte aber die Notiz des Joachimsthalschen Programms vom Jahre 1724 gehören, daß Grotius' Völkerrecht beim 3. Buch wegen zu großer Schwierigkeit beiseite gelegt werden mußte.

Trotz der warmen Empfehlung Luthers war dem Geschichtsunterricht als selbständigem Gegenstande im sechzehnten und bis über die Mitte des siebzehnten Jahrhunderts hinaus entweder gar keine Stätte in den Lehrplänen bereitet, oder er fristete, wo er sich fand, nur ein kümmerliches Dasein. Seinen ersten Aufschwung hatte er zu verdanken zuvörderst dem frischen Geisteshauch, der von den Thaten des Großen Kurfürsten ausgehend, das Vaterlandsgefühl neu belebte und den Sinn von dem theologischen Transcendentalismus auf die politischen und gesellschaftlichen Zustände der Wirklichkeit hinüberlenkte, und sodann den unter den Einwirkungen dieses neuen Geistes erfolgten Fortschritten der Geschichtsforschung und -Darstellung. Hermann Conring und Cellarius brachten durch ihre Einteilung der Geschichte in die alte, mittlere und neuere an Stelle der bisherigen nach den vier Monarchieen den Charakterunterschied des Modernen vom Altertum und Mittelalter zum deutlicheren Bewußtsein. Pufendorf lenkte zuerst die Aufmerksamkeit auf die inneren Zustände der Staaten, Leib=

nitz stellte ein neues Muster der Quellenforschung auf, Mascov und Bünau bearbeiteten die deutsche Reichsgeschichte als ein selbständiges Ganzes, Mosheim lehrte in seiner Kirchengeschichte die Kunst pragmatischer Behandlung. Die Rückwirkung auf die Schulen zeigte sich zunächst in der seit der Mitte des siebzehnten Jahrhunderts häufiger, seit dem achtzehnten Jahrhundert allgemein gewordenen Einführung eines besonderen Geschichtsunterrichts und dem Steigen seiner Stundenzahl. Anfänglich meist auf die beiden obersten Klassen beschränkt und darin mit je einer Lehrstunde bedacht, findet er in der Folge an verschiedenen Anstalten auch auf einer tieferen Stufe Eingang und erhält mindestens 2, in den obersten Klassen bisweilen sogar 3 bis 4 wöchentliche Lehrstunden. Inhaltlich war der maßgebende Gesichtspunkt der, eine universalhistorische Übersicht mit besonderer Berücksichtigung des Vaterländischen zu bieten. Die Verteilung des Lehrstoffes auf die einzelnen Klassen erscheint dabei meist noch wenig durchgebildet. Man pflegte nämlich in jeder der aufeinanderfolgenden Klassen die ganze Universalgeschichte durchzunehmen, sodaß sie sich zwei- bis dreimal wiederholen konnte. Nicht selten geschah es bei dieser Einrichtung, daß man in keiner Klasse mit ihr zu Ende gelangte; behauptete ja doch Zedlitz, daß man in den meisten Stadtschulen bei Karl dem Großen gewöhnlich stecken bleibe. Auf den Anstalten realistischer Richtung schützte hiergegen besser die Bevorzugung der neueren Geschichte, für die Académie des nobles schrieb Friedrichs Instruktion ausdrücklich vor, eine größere Ausführlichkeit erst von der Zeit Karls V. ab eintreten zu lassen. Einen Fortschritt bildete es, wenn man, wie es eine Zeit lang auf dem Joachimsthal geschah, auf der untersten, der dritten Stufe, statt Universalgeschichte zu treiben, sich auf eine sogenannte Kaisergeschichte von Cäsar bis auf die Gegenwart beschränkte, oder wenn an anderen Orten dieser unterste Kursus für die biblische Geschichte, auf dem Joachimsthal wieder seit 1727 neben der

Universalgeschichte für die vaterländische verwendet wurde, allenfalls auch, wenn anderwärts der besondere Betrieb der letzteren neben dem der Universalgeschichte gerade umgekehrt in die oberste Klasse gelegt wurde. An einzelnen Anstalten verblieb man jedoch noch um die Mitte des Jahrhunderts bei der alleinigen Ansetzung von Universalgeschichte und begnügte sich damit, während des Vortrags derselben auf die gleichzeitigen vaterländischen Dinge etwas näher hinzuweisen. Übrigens verstand man den Begriff des Vaterländischen durchweg noch sehr eng und befaßte darunter in der Mark nur die märkischen, in Ostpreußen nur die ostpreußischen Angelegenheiten. Deutsche Geschichte als solche trieb man allerdings auch, da nämlich, wo juristische Vorträge gehalten wurden, zur Unterstützung derselben, aber nur bruchstückweise und unter lediglich staatsrechtlichem Gesichtspunkt. Ein Hemmnis für unbefangene Geschichtsauffassung bildete die noch herrschend gebliebene Gewöhnung, die Bibel als letzte Instanz in allen geschichtlichen Fragen zu betrachten. „Nullam esse", sagt der Rektor Heinius vom Joachimsthal noch 1742, „si a sacra scriptura discesseris, in historia gentium primaeva exploratam veritatem." Man verwarf in Übereinstimmung damit die Berichte von dem Altertum der Aegypter, Assyrier, Skythen, Chinesen als erlogen, weil ihnen die biblische Erzählung von den Begebenheiten bis zur Sündflut fremd wäre, dagegen wußte man, daß die gemeinsame Sprache des Menschengeschlechts vor der babylonischen Sprachverwirrung die hebräische gewesen war und hielt für wahrscheinlich, daß die Schöpfung der Erde in den Herbst gefallen sei. Von einem nicht gerade sehr tiefen Eindringen in den Zusammenhang zeugt es sicherlich, wenn dem Catilina Tib. Gracchus und Cromwell als ebenso abschreckende Beispiele von gefährlichen Aufrührern an die Seite gestellt werden. Von kleinen Zufälligkeiten große Ereignisse herzuleiten, nahm man wenig Anstand. Wunderliches leistete die Grille der Zeit in der genealogischen Anknüpfung von Herrscherfamilien an bekannte Personen aus der geschichtlichen und sagenhaften Vergangenheit und in der Konstruktion von eponymischen Königsnamen aus dem der Länder. Nicht nur, daß die Hohenzollern auf die fränkischen Hausmeier zurückgeführt wurden, man leitete den Namen Hispanien von einem Könige Hispanus ab und gab diesem zu Vorfahren den Hercules, Geryon, Setubal und Thubal, den Enkel Japhets. Stark ging die Neigung der Zeit ferner dahin, den geschichtlichen Unterricht dem in der Moral in dem Sinne dienstbar zu machen, daß man die geschichtliche Überlieferung wie eine Reihe von Fabeln behandelte, erdichtet dazu, bestimmte moralische Sentenzen zur anschauenden Erkenntnis zu bringen. Ein möglichst reiches Repertorium von Exemplis zu Nutz und Frommen der Moral dem Gedächtnis zu übergeben, bildete daher auf lange hinaus den vorwaltenden Gesichtspunkt. Erst um die Mitte des Jahrhunderts brach sich auch in den Schulen der rein historische Standpunkt Bahn, daß es vor allem ankomme auf ein Verständnis der im zeitlichen Wechsel sich vollziehenden Umbildung in den allgemeinen inneren und äußeren Angelegenheiten der Völker. Beckmann, Professor am Joachimsthal und Lehrer der Geschichte daselbst in der Prima, beweist eine Erkenntnis des Richtigen in der in einem Programm des Gymnasiums vom Jahre 1743 gegebenen Ankündigung der von ihm beendeten Märkischen Chronik seines verstorbenen gleichnamigen Vetters, wenn er dort sagt: „Cumque patriae intersit, rerum complexum habere, in quo omnia in certum ordinem digesta sint, et serie justa cohaereant: mirum sane est, in tanta litterarum atque artium fertilitate, opus ejusmodi in Marchia desiderari." Während man sich vordem mit einer Übersicht der territorialen Veränderungen und den dazu gehörigen genealogischen Zusammenhängen begnügte, nahm man fortan auf der oberen Stufe in steigendem Maße auch auf die inneren Zustände, insbesondere die kirchlichen und litterarischen, nähere Rücksicht. In einer von den beiden Predigern der evangelisch-reformierten Gemeinde zu Breslau im Jahre 1764 verfaßten Ansprache betreffs der von der genannten Gemeinde daselbst zu errichtenden Realschule wird für den Geschichtsunterricht ein sorgfältiges Eingehen auf die Wandlungen im gesamten geistigen und wirtschaftlichen Leben der Völker verheißen, „um", wie es dort heißt, „die Gemüther zum Nachdenken und zu künftigen nützlichen Unternehmungen anzureizen." Am vollkommensten spricht sich jedoch die erfolgte Veränderung des Standpunkts in den auf den Geschichtsunterricht bezüglichen Paragraphen der mehrfach erwähnten Sulzerschen neuen Schulverfassung des Joachimsthals vom Jahre 1767 aus. Nicht das Gedächtnis mit Begebenheiten anzufüllen sei die Aufgabe, sondern das Nachdenken über die Veränderungen in den politischen und gesellschaftlichen Zuständen der Völker zu wecken, „und dadurch das Gemüth zu Tugend und Weisheit zu bilden." Alles Sichverlieren in unbedeutende Einzelheiten ist streng zu vermeiden, der Blick immer auf die Hauptsache zu richten, auf die nach Ursachen und Wirkungen, oder wenigstens nach einer von beiden Seiten wichtigen Begebenheiten. Zu dem Zweck soll zunächst das Eigentümliche einer jeden Periode scharf hervorgehoben, demnächst eine Übersicht über die in jeder derselben neuauftretenden, sich zur Blüte entwickelnden und absterbenden Völker gegeben und darauf eine kurzgefaßte Darstellung vom ursächlichen Verlauf der Hauptbegebenheiten bei ihnen, eine Schilderung ihrer großen Männer und wichtigsten inneren Zustände geliefert werden. Denn es liege mehr daran, „daß die Jugend den Charakter eines Volks oder einzelner großer Männer begreife, als daß sie ihre Geschichte blos aus dem Gedächtnis zu erzählen wisse." Die Erkenntnis von der Wichtigkeit einer begleitenden Quellenlektüre war im Zunehmen, und betrieb man sie auch thatsächlich mancherorten, soweit die Schriftwerke dazu zu Gebote standen. Unter den Lehrbüchern erfreute sich der Grundriß der Weltgeschichte von Hübner der meisten Verbreitung, über dessen Dürre und Abgeschmacktheit freilich schon stark geklagt wurde; neben ihm benutzte man am häufigsten den Freyer. In etwas früherer Zeit behauptete des Cellarius noch nach den vier Monarchieen geordnete Weltgeschichte den ersten Platz, die ihrerseits die des Sleibanus verdrängt hatte. Für die preußische Geschichte fehlte es noch ganz an einem Lehrbuch. Dieser Mangel und die Unbefriedigung über die gangbaren Hülfsmittel veranlaßte manche Lehrer, zu eigenen Zusammenstellungen für die Zwecke ihres Unterrichts ihre Zuflucht zu nehmen und dieselben entweder zu diktieren oder auch drucken zu lassen, wie Professor Muzel am Joachimsthal mit seinen alle Kulturvölker umfassenden und daneben die Kirchen- und Gelehrtengeschichte noch besonders behandelnden Tabellen es that, bei denen man nur zweifelhaft sein kann, ob man mehr über den Bienenfleiß ihres Verfassers in der Zusammentragung von Einzelheiten, oder über die damit an seine Zuhörer gestellte Zumutung in Erstaunen geraten soll. Gewöhnlich jedoch beschränkte man sich auf das Diktieren, wobei man zuweilen, wenn es deutsch geschah, sich die schätzenswerte Übung der häuslichen Übersetzung ins Lateinische nicht entgehen ließ. Nach der älteren Methode verfuhr man mit den geschichtlichen Lehrbüchern insofern wie mit den alten Klassikern, als man sie in aller Form exponierte, woran sich die gedächtnismäßige Einprägung ihrer Daten schloß. Das Exponieren wurde indessen in der Folge durch eine dem Leitfaden sich anschließende, zusammenhängende freie Erzählung mehr und mehr verdrängt.

Der geographische Unterricht hat im Gefolge des geschichtlichen Eingang in die höheren Schulen gefunden und hauptsächlich nach des letzteren Bedürfnissen sich gestaltet. Nur das wachsende Sachinteresse an den alten Schriftstellern hat außerdem noch auf ihn stärker eingewirkt, infolge wovon man mancherorten in besonderen Stunden alte Geographie zu treiben anfing. Wie in der Geschichte die universale Richtung vorwog, so auch in der Geographie.

Der dort im Vordergrunde stehenden allgemeinen Übersicht über die Weltgeschichte entsprach hier diejenige über die vier Weltteile. Über die Stadtschulen wurde schon oben Zedlitz' Äußerung angeführt, daß sie sich ganz auf Globuserklärung und eine oberflächliche Bekanntmachung mit den vier Weltteilen beschränkten, von der Heimat aber, gleichwie in der Geschichte, nichts lehrten. An den größeren Anstalten trat einer, nach den einzelnen Staaten geordneten, ausgedehnteren Betrachtung der Weltgeschichte und derjenigen des Vaterlands eine nähere Durchnahme der geographischen Beschaffenheit der betreffenden Länder in eigenen Stunden zur Seite. Auch das kulturhistorische Interesse übertrug sich hier und da schon auf die Erdbeschreibung und wurden infolge hiervon Belehrungen über die inneren Zustände der Länder aufgenommen „zur Hebung der National=Vorurtheile und Bekanntschaft mit dem Guten des Auslandes," wie die Stifter der Breslauer Realschule sagen. Bei der ersten Aufnahme des neuen Lehrgegenstandes legte man ihn vorzugsweise nur in die obersten Klassen, wo man ja auch anfänglich allein nur Geschichte lehrte, späterhin dagegen schob er sich immer weiter nach unten hin und fiel auf den obersten Stufen mancherorten sogar ganz weg, oder wurde nur noch in einer einzelnen Wiederholungsstunde dort beibehalten. Die vorher erworbene Vertrautheit mit den ersten geographischen Kenntnissen bildete auf dem Königsberger Fridericianum nach Ausweis des Lehrplans von 1742 eine unerläßliche Vorbedingung für die Zulassung zum Geschichtsunterricht. Als das einzige Anschauungsmittel diente meistenteils der Globus, Landkarten waren noch sehr selten. Das verbreitetste Hülfsbuch, der Hübner, enthielt nur ein nach Ländern geordnetes, kahles Städteverzeichnis. Erst Büschings Arbeiten, seine Erdbeschreibung und seine Auszüge aus Achenwalls Statistik, schufen hier Besserung.

Obwohl Luther und Melanchthon beide mit Wärme das Studium der Mathematik auf Schulen empfohlen hatten, verschaffte ihr doch erst der Realismus des ausgehenden siebzehnten Jahrhunderts allgemeiner eine erhöhtere Geltung. Der Fall steht nicht vereinzelt da, wenn noch 1674 auf dem Stephaneum zu Halberstadt der ganze mathematische Unterricht in der Prima sich auf die Erlernung der vier Spezies beschränkte. Eine Ausnahme dagegen bildete es, wenn schon 1611 auf dem Joachimsthal, freilich nur fakultativ am Mittwoch Nachmittag, Lehrstunden für die Grundlagen der Geometrie angesetzt waren. Man verband dort hiermit in den nämlichen Stunden die Einführung in die Astronomie. Die dieser Wissenschaft bis tief ins achtzehnte Jahrhundert hinein von den Gebildeten zugewandte Vorliebe führte nicht nur zu einer weiten Verbreitung ihrer selbst auf den Schulen, sondern trug auch dazu bei, der Geometrie Aufnahme und Förderung zu verschaffen. Mehr geschah das allerdings noch durch die erwachende Rücksichtnahme auf die unmittelbare Anwendbarkeit des Schulunterrichts im praktischen Leben. Man bedurfte auf den nach diesem Gesichtspunkt eingerichteten Anstalten einer eingehenderen Beschäftigung mit der Geometrie, konnte neben der Planimetrie Trigonometrie und Stereometrie nicht gut entbehren, wenn anders der Unterricht im Feldmessen, in bürgerlicher Baukunst, Fortifikation u. s. w. ausführbar werden sollte. Aus dem gleichen Grunde und wegen ihrer Unentbehrlichkeit für jeden Geschäftsmann sah man sich in der Arithmetik auf ein erhebliches Hinausgehen über den Bereich der vier Spezies hingewiesen und nahm, zunächst auch wieder auf den Anstalten realistischer Richtung, Dezimalrechnung, Regel de Tri, die Lehre von den Wurzeln und quadratischen Gleichungen hinzu. Endlich brachten die utilitarischen Bestrebungen auch eine Berücksichtigung von Teilen der angewandten Mathematik mit sich, darunter der Statik und Mechanik, um von der Physik hier noch zu schweigen. Als einmal das Interesse für die Mathematik auf die angegebene Weise erweckt worden war, machte sich ihr innerer pädagogischer Wert zu stark geltend, als daß man in der Folge sie nicht schon um bessentwillen allein mehrerorten eifriger hätte betreiben sollen. In den Nachrichten von dem zur Hälfte auf realistischer Grundlage ruhenden Fribericianum zu Königsberg vom Jahre 1742 wird ausgesprochen, daß man das oberste Absehn bei ihr auf die Aneignung der mathematischen Denkweise genommen habe, damit „der Verstand dadurch zu andern Wissenschaften fähig und geschickt gemacht werde." Andererseits trug man ihr aus dem nämlichen Grunde nunmehr auch auf den reinen Gelehrtenschulen in höherem Maße Rechnung, stellte eigene Mathematici daselbst an und brachte es mancherorten, so auf dem Joachimsthal und dem Grauen Kloster zu Berlin, bis zur Trigonometrie, den quadratischen Gleichungen und den Grundlehren der angewandten Mathematik. Nur das Rechnen im engeren Sinne blieb demungeachtet nahezu allenthalben auf den gelehrten Schulen eine geringgeschätzte Nebensache. Bis in die dreißiger Jahre des achtzehnten Jahrhunderts legte man gemeiniglich eine Bearbeitung des Euklid dem Unterricht zu Grunde, seitdem verdrängten ihn Ch. Wolffs „Anfangsgründe aller mathematischen Wissenschaften."

Wo Physik getrieben wurde, geschah es nur kümmerlich und meist privatim in einer verlorenen Stunde mit den Schülern der obersten Klasse. Die naheliegenden Gründe dafür sind enthalten in dem Rückstand, in dem sich die Wissenschaft selbst darin in Deutschland damals noch befand, dem Mangel an geeigneten Lehrern und an den erforderlichen Apparaten. Man begnügte sich noch damit, irgend eine Bearbeitung der aristotelischen Physik zu erläutern, wiewohl der stolze Name Experimentalphysik schon auf manchen Lehrplänen prangte. Ganz vereinzelt und nur auf Anstalten mit praktischem Bildungsziel findet sich die Physik schon vor der Mitte des acht=

zehnten Jahrhunderts unter den öffentlichen Lehrgegenständen; erst nach diesem Zeitpunkt folgen hierin auch einige Gelehrtenschulen nach. Noch weniger ist von der Naturgeschichte zu melden, die bis dahin kaum wo anders, als an mehreren der erstgedachten Anstalten Berücksichtigung erfahren hatte.

Aus dem Kreise der technischen Lehrfächer ist seit der Mitte des Jahrhunderts zunächst ein entschiedener Fortschritt in der edlen Schreibkunst zu bemerken. Den Wert einer guten Handschrift hatte man, wiederum wegen ihrer Bedeutung fürs praktische Leben, angefangen höher zu schätzen und verbesserte demzufolge die Methode des Unterrichts. Beweis dafür ist die Veränderung der Handschriften seit jener Zeit. Während noch unter Friedrich Wilhelm I. die in den Akten aufbewahrten Schriftzüge der Beamten, von den Schreibern an bis zu den Männern in den höchsten Stellungen hinauf, sich durch die Schwerfälligkeit und Eckigkeit ihrer Formen allermeist übel empfehlen, wächst unter der folgenden Regierung die Zahl freier und gefälliger, ja selbst schöner Handschriften zusehends. Die Musik hatte auf den höheren Schulen wegen ihres Gebrauchs im Kirchendienst von alters her eifrige Pflege gefunden und erstreckte sich nicht nur auf die Aneignung einer Gesangesfertigkeit, sondern faßte auch mehrfach die Ausbildung auf verschiedenen Instrumenten und die tiefere Einführung in die Theorie ins Auge. Das Zeichnen dagegen war als Lehrgegenstand jüngeren Datums und verdankte seine Aufnahme derjenigen der Geometrie und ihrer angewandten Teile als eine für die Beschäftigung damit unentbehrliche Hülfsfertigkeit. Erst gegen die Mitte des achtzehnten Jahrhunderts fing man einigerorten an, es unter den Gesichtspunkt seines ästhetischen Wertes zu stellen.

Hinsichtlich der körperlichen Übungen blieb das alte Vorurteil von der Verwerflichkeit des Eislaufes und kalten Badens noch bestehen; mit einer gemessenen Bewegung im Freien, zumeist auf dem Schulhof, einem peripatetischen Umherwandeln der älteren Schüler und der Verstattung von möglichst ruhigen Spielen an die jüngeren meinte man der leiblichen Erfrischung für gewöhnlich genug zu thun. Nur etwa die Schulfeste brachten der Jugend dazwischen Gelegenheit, sich einmal, ohne dafür gestraft zu werden, munterer zu tummeln. Nur die Ritterakademieen mit ihren ritterlichen Übungen und einigermaßen auch die Pädagogien machten von dem beschriebenen Verfahren eine Ausnahme.

Bevor sich die Lehren Lockes und Wolffs im Schulleben Geltung verschafften, kannte man als Anfang, Mittel und Ende der sittlichen Erziehung nur die Einimpfung einer streng konfessionell kirchlichen Gläubigkeit. Als fremder Zwang, der Unterwerfung heischte, traten die sittlichen Anforderungen hiernach dem Schüler gegenüber, als eine Summe von Gesetzen und Lehren, deren Aneignung dem Gedächtnis aufgebürdet wurde, ohne daß Verstand und Herz dafür gewonnen worden wären. In ermüdender Ausdehnung schlossen sich den zahlreichen Religionsstunden die nicht minder zahlreichen geistlichen Übungen aller Art an. Da nun auch die Bewältigung des übrigen Lehrstoffes sich großenteils zu einem harten Frondienst des Gedächtnisses gestaltete, so war die natürliche Folge, daß man durch Strenge der Strafen zu ersetzen suchte, was man an Lust und Liebe zur Sache zu erwecken unterließ. Daraus erklären sich die vielfachen ehemals in Übung gewesenen peinvollen, oft bis zur Quälerei ausgearteten Schulstrafen, unter denen die verschiedenen Arten empfindlicher körperlicher Züchtigung obenan standen.

Von Montaigne auch darin wie in manchem anderen angeregt, hat sich Locke das Verdienst erworben, einer humaneren Behandlung der Schüler die Bahn gebrochen zu haben. Er wollte an Stelle der Furcht vor der Strafe das Ehrgefühl zu einem Haupthebel der Erziehung gemacht, körperliche Züchtigung aber nur im äußersten Falle angewandt wissen. Lob und Tadel und die Hinweisungen auf die Vorzüge, welche ein wohlgesitteter und kenntnisreicher Mann vor den übrigen im Leben genießt, sollten nach ihm die Haupttriebfedern zum sittlichen und geistigen Vorschreiten bilden. Damit ließ sich allerdings den behandelten Sachen ein größerer Reiz verleihen, aber freilich nur ein von außen hinzutretender, noch kein solcher, der aus der Beschäftigung mit ihnen an und für sich entsprungen wäre. Immerhin verloren damit jedoch die Anforderungen der Schule den Charakter von willkürlichen Zwangsgeboten, indem auf diese Weise der eigene Trieb des Schülers in Mitthätigkeit gesetzt wurde. Ward dadurch ein guter Teil der Strafen entbehrlich, so geschah dasselbe nicht minder durch die ebenfalls von Locke angebahnte Einsetzung des Verstandes in sein Recht bei der Jugendbildung. Denn lieber und leichter mußte der Zögling offenbar lernen, wenn er nur lernte, was er begriffen. Endlich hat Locke dadurch der sittlichen Erziehung neue Wege gewiesen, daß er ihr die Sittlichkeit als solche ohne Rücksicht auf das Kirchendogma als Ziel hinstellte und eine Heranführung zu ihr weniger durch Lehre als durch Vorbild verlangte. Auf diesem Wege ist ihm Chr. Wolff gefolgt, indem er den Inhalt der Sittlichkeit aus der Beschaffenheit der menschlichen Natur als ihrer alleinigen Quelle ableitete und den Wert der Religionen nach dem Maße bestimmte, in dem sie die Sittlichkeit beförderten, ihren sittlichen Gehalt also zur Hauptsache machte. In der eintretenden Veränderung des sittlichen Bildungsziels und dem in Verbindung damit sich verändernden Charakter der Schulzucht lassen sich die Einwirkungen beider Männer deutlich verfolgen. Wo Anhänger der Lockeschen und Wolffschen Lehren die Leitung der Schulen erhalten, wird nicht mehr die Erziehung zu kirchlicher Frömmigkeit, sondern zu sittlicher Tüchtigkeit als Hauptziel aufgestellt. Erst nach der Thronbesteigung Friedrichs des Großen durfte man aber damit hervortreten, nunmehr jedoch auch bei der Wahl der Lehrer das Bekenntnis außer Spiel lassen. Denn seitdem gab man an höchster Stelle selbst die Konfessionalität der Schule preis, indem an den Anstalten Königlichen Patronats nicht mehr nach dem Bekenntnis der Lehrer gefragt wurde. Als einmal im Jahre 1776 bei Gelegenheit der Berufung J. J. Engels an das Joachimsthal ein Zweifel sich erhoben hatte, ob dem in das bisher ausschließlich reformierte Lehrerkollegium Neueintretenden als Lutheraner auch das Recht zugesprochen werden könne, die Zeugnisse mit zu unterschreiben und das Direktorium kein Bedenken dabei gefunden hatte, äußerte der Minister v. Zedlitz: Dieser Beschluß sei ihm sehr lieb, „da, wenn des Königs Majestät den gemachten Unterschied zwischen der reformirten und lutherischen Poesie erführen, ich gewiß die unangenehme Bemerkung zu empfangen haben würde, wie es mir bei einer ähnlichen Gelegenheit in Frankfurt, wo ich die reformirte Religion bei einem Professor medicinae nur beiläufig erwähnte, ging". Gemäß dem Grundsatz, vornehmlich durch das Ehrgefühl auf die Zöglinge einzuwirken, nehmen die Körperstrafen in ihrer Härte und Häufigkeit ab oder verschwinden hier und da auch schon ganz, die Freiheitsstrafen werden auf eine kürzere Zeitdauer herabgesetzt und in schicklicheren Räumlichkeiten verbüßt, unter den reinen Ehrenstrafen wendet man nur noch seltener wirklich beschimpfende, wie das Umhängen einer Eselskappe und das Fiedeltragen an und wählt lieber statt ihrer nur beschämende. Dagegen nutzte man die in der Entziehung von Genüssen enthaltenen Bußen reichlicher als früher aus. Das Ehrgefühl unmittelbar zu heben war die Absicht, wenn man hier und da begann, das in der Anrede bisher übliche „Er" in den oberen Klassen durch das „Sie" zu ersetzen.

Die humanere Richtung der Zeit erhielt indessen einen gefährlichen Auswuchs in der zunehmenden Gewöhnung namentlich der höheren Stände an eine weichliche und genußsüchtige Lebensweise, und die steigenden Ansprüche an die Eleganz des gesellschaftlichen Verkehrs verliehen dem leeren Schein ein bedenkliches Übergewicht in der öffentlichen Aufmerksamkeit. Nachteilige Rückwirkungen auf die Jugenderziehung konnten dabei nicht ausbleiben. Sehr viele und gewichtige Stimmen aus den Kreisen der Schule sowohl als der Gesellschaft, darunter diejenige König Friedrichs selbst, erhoben sich zur nachdrücklichen Verurteilung der Verzärtelung und Verwöhnung der Kinder durch die Eltern, ihre Einschnürung in steife Anstandsregeln und die Ertötung des kindlichen Sinnes durch die Anerziehung falscher Affektiertheit seitens der Hofmeister.

Und während hauptsächlich bei den Kindern aus vornehmen Häusern solche üblen Folgen der modischen Politur sich bemerkbar machten, blieben unter der Masse der die höheren Schulen besuchenden Jugend Mißachtung guter Sitte und wüstes und rohes Gebaren noch vielfältig im Schwange. Halb komisch erscheint es noch, wenn aus dem Fridericianum in Königsberg berichtet wird, daß die Alumnen nicht nur mit struppigem Haar und unsauberer Wäsche, sondern sogar im Schlafrock in den Lehrzimmern zum Unterricht sich einzustellen pflegten; ernster nimmt es sich schon aus, wenn man von dem liederlichen Leben der Breslauer Gymnasiasten, ihrem Trinken, Spielen und Lärmen in den Wirtshäusern vernimmt, was freilich nicht Wunder nehmen kann, wenn der Rektor des dortigen Magdaleneums von seinen neunzig Primanern manche nicht einmal von Person kannte, „weil er sie blos beim Inscribiren gesehen hatte und sie anderen Geschäften nachgingen, ohne die Lectionen zu besuchen"; arg aber müssen es u. a. die Joachimsthaler in den Jahren vor dem 1775 erfolgten Rektoratsantritt Meierottos getrieben haben, wenn es von ihnen heißt: „Es herrschte in derselben (Periode) ein sehr roher und wilder Renommisten Ton. Die Neu-Ankommenden auf das gröbste zu mißhandeln, die Inspectoren zu verhöhnen und öffentlich zu beschimpfen, ja selbst manche Lehrer in den Klassen und im Speisesaale auszuzischen und auszutrommeln, Carcer und Arrest-Strafe für eine Ehre zu halten, war so ziemlich in der Regel. — Im Äußern zeichneten sich die Alumnen aus durch lange, bis weit über das Knie gehende, gewichste Stülp-Stiefeln, durch gelbe lederne Beinkleider und durch große Hüte, deren Seitenspitzen fast die Schultern berührten. — Die Schüler aus den untern Klassen mußten sich von den Primanern und Sekundanern Alles gefallen lassen, und die geringste Widersetzlichkeit zog ihnen körperliche Mißhandlungen zu. Fremde und vornehmlich die Vorbeigehenden wurden häufig beleidigt und gekränkt. Des Abends in großen Gesellschaften Taback zu rauchen — welches nach den Gesetzen durchaus verboten ist —, dabei Bier im Übermaß zu trinken und rohe Studentenlieder zu singen, oft ganze Nächte zusammen zu bleiben und Karten zu spielen, war nichts Ungewöhnliches; ja es kam selbst mehrmals zu wirklichen Ausbrüchen der wilden Rohheit. Die Gymnasiasten standen in der Stadt im übelsten Rufe und die Eltern und Vormünder fingen an, dem Institute ihr Zutrauen zu entziehen, wovon eine merkliche Abnahme der Zahl der Schüler die unmittelbare Folge war."

Abgesehen von den jedesmaligen besonderen Ursachen lokaler Natur, zu denen hinsichtlich der geschilderten Zustände auf dem Joachimsthal ein nach dem Rücktritt des despotisch strengen Rektors Heinius eingetretenes Interregnum gehörte, liegt der Erklärungsgrund für die in weiterer Verbreitung auftretenden sittlichen und disziplinarischen Ausschreitungen gröberer Art vornehmlich darin, daß es den Gebildeten unseres Volkes damals noch allzusehr an jener natürlichen Anmut der Sitten fehlte, welche nur der Ausdruck einer ebenso tüchtigen Charakter- als edlen Geschmacksbildung sein kann. Noch zeigte sich aber dazumal alte deutsche Kernhaftigkeit meist in rohem, bäurischem Gewande und feine Lebensart hinwieder mit sittlichen Gebrechen eng verbunden. Die Anhänger des französischen Modetons verachteten die ihm Ferngebliebenen wegen der Roheit ihrer Sitten ebenso, wie

sie von jenen wieder als Beförderer der Frivolität gehaßt
wurden. Bekannt ist Friedrich Wilhelms I. daher rührender
Haß gegen das ganze französische Wesen und dessen Freunde;
ein teilweises Seitenstück humoristischer Art bietet hierzu der
Inspektor Domsien vom Königsberger Fridericianum, derselbe, dessen „Collegiasten" mit Schlafröcken im Klassenzimmer erschienen, nach dessen Meinung nämlich Frisur und
Stiefel als ein untrügliches Kennzeichen der Lasterhaftigkeit
und Irreligion zu behandeln waren. Entsprechend dem Ge-
sagten vernachlässigte man bei der Jugenderziehung über die
Angewöhnung eines feinen Tones die Kräftigung des sittlichen
Willens und über die Einprägung solider Kenntnisse die Aus-
bildung eines geläuterten Geschmacks. Gewöhnung zur Leicht-
fertigkeit einerseits, und Mangel an Sinn für Maß und
Ordnung andererseits mußten die Folgen hiervon sein. Hierzu
kommen noch einige besondere Einrichtungen der Schulen zur
Erklärung der fraglichen Übelstände. Einmal wurde das
Ansehn der einzelnen Lehrer, abgesehen von ihrem eigenen
Betragen, bei den Schülern geschädigt durch die Vereinigung
aller wichtigeren Machtbefugnisse über die letzteren in den
Händen des Rektors, sodann forderten die Singechöre mit
ihren oft tagelangen Umzügen zu Zerstreuungen und Unge-
bührlichkeiten förmlich heraus, und endlich wirkte der Umstand
nachteilig ein, daß es an einer über die späteren Berechtigun-
gen entscheidenden Prüfung der Reife nach Vollendung des
Schulkursus gebrach, sodaß gerade je näher das Ende der
Schulzeit heranrückte, desto mehr in der Regel gefaulenzt und
Unfug getrieben wurde. Ohne Hebung der angeführten tieferen
Schäden konnten die zur Besserung der Ordnung mancherorten schon eingeführten neuen Disziplinarmittel, wie Klassen-
bücher, Entschuldigungszettel und Censuren, noch wenig
nützen.

Als eine ungesunde Erscheinung, die ebensowohl eine
Folge von Fehlern in der Lehrverfassung darstellt, als nach-

teilig auf Unterricht und Erziehung zurückwirken mußte, ist
es zu betrachten, daß um jene Zeit und etwas darüber hinaus,
insonderheit auf den Gelehrtenschulen, ein überaus starker
Altersunterschied unter den Schülern der nämlichen Klassen
sich vorfindet, beispielsweise auf dem Elisabethanum zu Breslau
1780 der jüngste Primaner 15, mehrere 16, der älteste hingegen 27 Jahre zählte, oder auf dem Stephaneum in Halberstadt 1772 einer von 14³/₄ und einer von 26 Jahren vorhanden war. Das hohe Alter der einen erklärt sich teils aus
dem Wunsche, möglichst lange die an den Schulbesuch geknüpften
Benefizien fortzugenießen, teils daraus, daß es zu wenig
Schulen gab, in denen der Unterricht nicht schon von der
untersten Klasse an hauptsächlich nur für den künftigen Gelehrten von Wert gewesen wäre, und daß daher gar manchem
Schüler inmitten all' der Gelehrsamkeit Lust und geeignetes
Lebensalter zum Eintritt in einen bürgerlichen Beruf dahin-
schwand und er nur deswegen sich nun die Befähigung zum
Universitätsstudium ersitzen wollte, weil er zu allem andern
zu alt geworden war. Die im Vergleich zu der früheren Zeit
größere Jugend des anderen Teiles läßt sich dagegen einmal
gewiß auf die verbesserte Methode zurückführen, fürs andere
aber auch auf den Mangel fester Bestimmungen über die Reife
für die Versetzungen und den Abgang zur Universität. Das
Durchschnittsalter der Primaner betrug indessen um die Mitte
des Jahrhunderts noch 20 bis 21 Jahr und nahm erst im
letzten Viertel desselben um zwei Jahre und darüber ab.

Die Frequenz stellte sich im allgemeinen so, daß in den
obersten Klassen der meisten kleineren Anstalten sehr wenige
Schüler sich fanden, in manchen Stadtschulen sogar die Prima
leer stand, der Besuch in den größeren Anstalten dagegen
hauptsächlich nach ihrem jeweiligen Rufe zwischen einer geringeren Ziffer und einem beträchtlichen, ja übergroßen Zu-
drang schwankte. In den mittleren und niederen Klassen der
meisten Schulen war die Schülerzahl schon damals im Ver-

gleich zu den oberen eine verhältnismäßig große, in[i] überwiegende Mehrzahl lange vor der Erreichung des Schulziels ins bürgerliche Leben übertrat.

Unter dem Eindruck der so zahlreich im Sch[hervorgetretenen Mängel und dem Einfluß der auf r[e Durchdenkung und Neugestaltung aller Lebensgebiete ger[Wolffischen Philosophie wurde der Ruf nach Refor[m Schulwesens von der Mitte des achtzehnten Jahrhund[immer allgemeiner und lauter. Universitäten, Schul[und Publikum waren über die Unzulänglichkeit des B[ben einig, sie waren es aber, gemäß der zum Durchb[r langten Auffassung von der Verpflichtung des Staat[Fürsorge auf allen Gebieten des öffentlichen Wohles[aller abweichenden Wünsche im einzelnen, auch in der[zeugung, daß eine gründliche Abhülfe nur vom Staa[t gehen könne, daß der Staat eine durchgreifende Ober[übernehmen, eine von der Kirche gesonderte oberste Unte[r behörde einsetzen, die Schulfinanzen verbessern, einen all[verbindlichen Normallehrplan entwerfen, Lehrer= und S[prüfungen in seine Hand nehmen müsse.

Diese Wünsche begannen in der Wirklichkeit Gest[alt gewinnen, als Friedrich der Große, zurückgekehrt aus[siebenjährigen Kriege, seine Aufmerksamkeit in höherem Maße auf die Hebung der Bildung seines Volkes lenken konnte, sich selbst eingehend litterarisch und praktisch mit pädagogischen Fragen zu beschäftigen unternahm und zur Ausführung seiner erleuchteten Absichten 1771 einen Mann an die Spitze der Unterrichtsverwaltung berief, der Entschlossenheit und Befähi= gung zum Werke der Schulreform in gleichem Maße in sich vereinigte, den Freiherrn Karl Abraham von Zedlitz-Leipe.

II.

Der Minister und sein Grundriß zu einer verbesserten Lehrverfassung.

Wenn aller Fortschritt im Schulwesen davon abhängig ist, daß immer die reifsten Geistesfrüchte einer Zeit für die Jugendbildung nutzbar gemacht werden, so konnte Friedrich kaum eine glücklichere Wahl treffen, als indem er dem Freiherrn von Zedlitz den für die Unterrichtsverwaltung wichtigsten Posten eines Chefs der lutherischen Abteilung des geistlichen Departements übertrug. Zedlitz gehört in die erste Linie derjenigen Persönlichkeiten, in welchen sich der Geist des Zeitalters Friedrichs des Großen am vollkommensten ausprägte, ja es tritt in dem Bilde des Freiherrn eine besonders genaue geistige Familienähnlichkeit mit den Zügen seines Herrn und Meisters ganz unverkennbar hervor.

Ein heller Kopf, lebendig und voll Geist, begabt mit vielseitig empfänglichem und feinem Gefühl, hat sich K. A. von Zedlitz zugleich als ein fester und mutiger Charakter bewährt. Fähigkeiten und Bildungstrieb sowie im Verein damit eine günstige äußere Lage und der Besuch einer trefflichen Unterrichtsanstalt wirkten zusammen, dem Jüngling einen reichen Schatz edler Geistesbildung mit auf den Lebensweg zu geben; Neigung und frühe Gewöhnung zu gewissenhafter Pflichterfüllung, die straffe Zucht des preußischen Beamtentums und das erhabene Vorbild des Königs haben dem Manne das gediegene, metallene Gepräge seines sittlichen Wesens verliehen.

Nachdem der junge schlesische Edelmann, — er war am 4. Januar 1731 zu Schwarzwalde bei Landshut geboren, — ein Jahr auf der Ritterakademie zu Brandenburg a./H. zugebracht, vertauschte er dieselbe im Jahre 1747 mit dem unter der Leitung des Abtes Jerusalem stehenden Carolinum zu Braunschweig. Hier war es, wo sein Geist die bestimmende Richtung für das Leben empfing. Bis zu seinem Ende hat der Minister „eine unaussprechliche Verehrung" für den Mann empfunden, unter dessen Führung er zum Jünglinge heranreifte. Ihrer Hauptbestimmung nach eine Übergangsstufe zur Universität, bot die Anstalt ihren Zöglingen in einem zweijährigen Kursus einen Kreis wissenschaftlicher Vorträge theologischen, philologischen, historischen, mathematisch-physikalischen, philosophischen Inhalts, leitete zur Lektüre deutscher und fremder Schriftsteller an, gab Gelegenheit zur Erlernung der neueren Sprachen, zur Übung in der Kunst und zur Ausbildung in der Gymnastik. Der Sinnesrichtung ihres Begründers und Vorstehers gemäß, der in England die Lehren Shaftesburys in sich aufgenommen, sollte alles den Anforderungen des gesunden Menschenverstandes entsprechen, doch war der Abt zu fein gebildet, um diese Tendenz in ein plattes Banausentum ausarten zu lassen, er verband vielmehr ausdrücklich mit der Erstrebung des praktisch Verwertbaren die Beförderung des Geschmacks an dem ästhetisch Wohlgefallenden. Seine Theologie war ein milder Rationalismus, bedacht auf den Erweis vom Dasein Gottes und von der Wahrheit der christlichen Religion als dem besten Rückhalt für ein erfolgreiches Streben nach innerer Glückseligkeit, unserem höchsten Ziele, zur Annäherung an welches er mit den ihm Gleichgesinnten „Mäßigung der Begierden, Aufklärung des Geistes, Wohlwollen, Rechtschaffenheit, Pflege der Freundschaft, Empfänglichkeit für alles Schöne und Edle" als die wirksamsten Beförderungsmittel empfahl. Verstand und Geschmack sollten gleichmäßig geübt, das Gedächtnis in eine dienende Stellung verwiesen werden. Einführung in den inneren Zusammenhang der behandelten Wissenschaften, in das Ganze der Komposition eines Schriftstellers, Ableitung der Regeln aus den besten Mustern, sorgsame Beachtung aller bei einem Werke sich darbietenden Schönheiten, das sind einige Hauptpunkte aus den dort beim Unterricht in Geltung gewesenen Vorschriften. Besondere Aufmerksamkeit wandte man der deutschen Sprache und Litteratur zu, wobei das Institut das Glück hatte, mehr als Einen unter seinen damaligen Lehrern zu besitzen, der später seinen Namen mit der Fortentwicklung unserer Dichtung unzertrennlich verbinden sollte. Ebert, Klopstocks Freund, Gärtner, der Herausgeber der Bremer Beiträge, Zachariae, der Verfasser des Renommisten, gehörten gleichzeitig damals dem Carolinum an. Unter besonderer Anleitung Zachariaes hat Zedlitz seine Studien in Braunschweig betrieben. Er verdankte dem Carolinum, so heißt es in dem von Biester, seinem nachmaligen Privatsekretär, verfaßten Lebensabriß, „Liebe zu den schönen Wissenschaften, Kenntniß des Englischen und Italienischen, Geschmack und Fertigkeit in Musik und Zeichnen", er legte dort aber auch, dürfen wir hinzufügen, die Keime zu den meisten Grundanschauungen seines späteren Lebens und Wirkens.

Von Braunschweig aus bezog Zedlitz die Universität Halle, um sich den Rechts- und Staatswissenschaften zu widmen. Er that dies mit Eifer und einem auf die Breite und Tiefe der Wissenschaft gerichteten Blick. Vom König selbst, dessen Aufmerksamkeit er, zumal als Schlesier, auf sich gezogen, als er ihm bei einem Besuch desselben in Halle vorgestellt worden war, wurde er zur Bereicherung seiner philosophischen Erkenntnis auf Locke hingewiesen. Er hörte demzufolge bei G. F. Meier ein Kolleg über den genannten englischen Denker, das auf unmittelbare Aufforderung des Königs an den Professor angekündigt, jedoch nur wenig befriedigte und im ganzen mit ihm nur noch drei Zuhörer auf die Dauer fesselte, da der Vortragende, der bisher ganz in das Wolff-Baumgartensche System aufgegangen war, es nicht zu einer genügenden Herrschaft über seinen neuen Gegenstand zu bringen vermochte. Dennoch ist darum die Hinführung zu Locke für den künftigen Minister nicht fruchtlos geblieben; manch' eine unter seinen späteren Maßnahmen im Unterrichtswesen gründet sich auf dessen Gedanken über die Erziehung. In der allgemeinen Theorie vom Staat verwarf dagegen der Verehrer Friedrichs die Lockeschen Lehren vom Grundvertrage zwischen Volk und Regierung, von der Teilung der Gewalten und der Beschränkung der Aufgabe des Staats auf Sicherung der Freiheit, des Lebens und des Eigentums und verharrte bei der Thomasius-Wolffschen Doktrin von dem Absolutismus des Fürsten und von der Staatsomnipotenz. Der allgemeinen Methodik seines Geistes nach zeigt sich jedoch der angehende praktische Geschäftsmann dem Engländer wiederum näher als seinem deutschen Landsmann Wolff verwandt, dem empirisch-induktiven Verfahren jenes mehr zugethan, als dem dogmatisch-deduktiven des letzteren.

Nach Beendigung der Universitätsstudien trat Zedlitz Michaelis 1755 als Referendar beim Kammergericht in Berlin in den Staatsdienst, seinen neuen Vorgesetzten vom König zu besonderer Beachtung hierbei empfohlen, wurde Anfang 1759 Oberamtsregierungsrat zu Breslau, fünf Jahre später Präsident der Oberschlesischen Oberamtsregierung, des Oberkonsistoriums und Pupillenkollegiums zu Brieg und von da Ende 1770 als Wirklicher Geheimer Etats- und Justizminister nach Berlin berufen, um am 18. Januar 1771 neben Beibehaltung des Kriminaldepartements aus den Händen des Freiherrn von Münchhausen, gegen Abgabe einiger anderen Teile der Justizverwaltung an diesen, die Leitung der Kirchen- und Unterrichtsangelegenheiten ihrem Hauptumfange nach zu übernehmen. Im einzelnen setzte sich sein neues Ressort zusammen aus: dem ganzen geistlichen Departement in lutherischen Kirchen- und Schulsachen, dem Präsidium des lutherischen Oberkonsistoriums, allen die Stifter und Klöster, auch die katholische Geistlichkeit angehenden Sachen, dem Präsidium des Kurmärkischen Staats-Kirchen-Revenüen-Direktoriums, dem Direktorium der Dreifaltigkeitskirche, dem Armen-Direktorium, dem Direktorium der Bibliothek, der Kunstkammer, des Medaillen-Cabinets und der Bibliotheks-Kasse, dem Oberkuratorium der Universitäten, der Konkurrenz mit dem Chef des reformierten Departements in den westfälischen und schlesischen reformierten Kirchen- und Schulsachen und in den Streitigkeiten zwischen Lutheranern und Reformierten. Hierzu kam noch einige Wochen später die Stellung als Präsident im Schuldirektorium des Joachimsthals. Gänzlich entzogen blieben der Kompetenz des Ministers die militärischen Bildungsanstalten und thatsächlich ebenso die römisch-katholischen Schulsachen. Auch als 1773 der Jesuitenorden aufgehoben worden war, wurde die obere staatliche Aufsicht über die zumeist in den Händen der Exjesuiten belassenen katholischen Schulen nicht der Centralstelle, sondern den Provinzialregierungen übertragen.

Der neue Leiter des Unterrichtswesens hatte soeben sein vierzigstes Jahr beendet, stand also im frischesten Mannesalter. Ein wahrer Enthusiasmus für menschliche Vervollkommnung beseelte ihn, Klarheit und Reinheit in der Atmosphäre des Geistigen und Sittlichen war seiner Seele ein gleiches Bedürfnis wie der Lunge des Menschen das Athmen in der frischen Luft. Wohlwollend und nachsichtig gegen jedes redliche Bemühen, konnte er ebenso bitter und hart werden, wo er eine absichtliche Verleugnung der besseren Einsicht zu erblicken glaubte. Haßte er schon an sich alles lichtscheue Treiben, so geriet er in den heftigsten Zorn, wo er die Werke der Finsternis aus selbstsüchtigen Zwecken entspringen sah. Aus seinem Heimatlande Schlesien kannte er die verderblichen Folgen geistlicher Tyrannei nur zu wohl, als daß er nicht gegen jede theologische Herrschbegier mit den schärfsten Waffen sich hätte wenden sollen. Für Geistesfreiheit und Wahrhaftigkeit trat er als kampfgerüsteter Anwalt auf gegen Unduldsamkeit und Gewissenszwang, gegen Frömmelei und Scheinheiligkeit. Mutig unternahm er den Versuch, den unheimlichen Gestalten, welche sich nach Friedrichs Tode an den Hof drängten, durch eine dem König übersandte offene Darlegung ihres Gebarens die Larve abzureißen; er hat an Friedrichs Seite tapfer mitgestritten, alles Nachtgezücht in gebieterischer Entfernung zu halten. Streitfertig, wo es galt, wertvolle Güter zu schirmen, war er doch darum am allerwenigsten streitlustig, vielmehr entsprechend dem sanfteren Charakter seiner Zeit und zufolge seines eigenen Naturells jeder unnötigen Gewaltsamkeit abgeneigt. „Ich halte es für Pflicht", äußert er einmal, „das Fersenstechen des Aberglaubens nicht zu achten, wenn ich den Weg über die Schlange nehmen muß; allein wenn ich vorbeigehen und doch an Ort und Stelle kommen kann, warum soll ich da das Beest erst zischen machen; es ist ja doch eine Teufels Musik." Alles „Lärmschlagen, Ankündigen, parturiunt montes" sei ihm „so ekligt", daß er es gar nicht sagen könne. Inmitten der Erregung des unaufhaltsam gegen die Feinde der Aufklärung zu führenden Kampfes ist es ihm aber auch wohl einmal begegnet, daß er über das Ziel hinausschoß und den Unschuldigen traf. Das läßt sich namentlich an den unglückseligen Bahrdtschen Händeln in Halle verfolgen, in deren Titelhelden der Minister lange Zeit nur einen Märtyrer der freien Überzeugung gegenüber pfäffischer Verfolgungssucht erblickte und dessentwegen er, da man denselben aus Halle zu entfernen wünschte, den würdigen, von ihm selbst bisher sehr hochgehaltenen Semler in herber Weise zurücksetzte und die ganze, durchaus nicht engherzig gesinnte Theologenfakultät wie eine Schar ungezogener Schulbuben abkanzelte, bis er, leider zuspät, erkannte, daß es hauptsächlich die eigene, in Lehre und Leben sich ausprägende sittliche Verkommenheit seines Schützlings war, welche demselben soviel Mißgunst und Feindschaft zugezogen.

Der einem so großen Teil der Theologen in den Gliedern steckende Obskurantismus, die Bequemlichkeit vieler geistlichen Herren und ihre hochmütige Geringschätzung der von dem Leben in dieser Welt gestellten Aufgaben konnte den Minister ebensowenig wie den großen König mit besonderer Vorliebe für die „Klerisei" erfüllen, doch hat sich Zedlitz ebenso wie sein Gebieter von einer Befeindung des ganzen Standes der Geistlichkeit durchaus ferngehalten; er bekämpfte mit Entschiedenheit, wo er dergleichen fand, den Fetischdienst des toten Buchstabens und die mystische Gefühlsüberschwenglichkeit, aber er wußte die klarbesonnen auf das allgemeine Wohl gerichtete Thätigkeit, auch wo sie im geistlichen Gewande erschien, nach Gebühr zu würdigen und zählte unter den Geistlichen und Professoren der Theologie mehr als Einen geschätzten Mitarbeiter an dem Werke der Volksbildung, so die Oberkonsistorialräte Spalding und Teller, den Konsistorialrat Steinbart in Züllichau, anfänglich auch Semler in Halle u. s. w. Die Kirche hatte zwar in seinen Augen nicht die Kraft, etwas blos dadurch ehrwürdig zu machen, daß sie ihm ihre Weihe gegeben, er hält „die öffentlichen gottesdienstlichen Handlungen" nur eben für eine feine äußerliche Zucht, über deren Wert erst ihre Wirkungen entscheiden können, und spricht von den „unerbaulichen und zum Theil lächerlichen" Liedern des alten Gesangbuchs; dagegen ist es ihm Ernst mit der Religion des Herzens und der That, bemütige Ergebung in den Willen der Vorsehung und werkthätige Nächstenliebe sind die Grundpfeiler seines religiösen Bewußtseins, Christi hohes sittliches Vorbild gilt ihm als der reinste Spiegel für ein edles menschliches Leben und Wirken. „Aber der, der ins Verborgene sieht" hören wir ihn einmal sagen, „der immer weise, und gewiß immer gütig ist, wenn wir Kurzsichtige auch nicht gleich in dem rechten Sehpunkt stehen, der wollte das (Gelingen) nicht! Auch hiebey verehre ich in der Stille seine Weisheit, und erlebe es gewiß noch, daß ich auch seine Güte hiebey erkennen lerne." Spricht sich hierin ein echtes Vertrauen auf Gott aus, so lernen wir aus der Handlungsweise des Mannes noch besser als aus seinen Worten seine Auffassung von den Pflichten des Menschen gegen sich und andere kennen. In selbstloser Hingabe rastlos arbeiten an der Vervollkommnung des Menschengeschlechts, auf daß es immer mehr heranwachse zu einem Ebenbilde Gottes, darin sah er den wahren Gottesdienst, die echte menschliche Pflichterfüllung. Das Trachten nach persönlicher Ehre verschmähte er, auf die Förderung der Sache, die Stiftung des Guten nur kam es ihm an, ausdrücklich verwarf er Montesquieus Ratschlag, die „Ambition" zum Haupthebel des Zusammenwirkens in Staat und Gesellschaft zu machen. Wenn nur das Gute bewirkt wird, so äußert er sich einmal, „so sey mein Name dereinst vergessen und mein Schutzgeist verwische mit einer menschenfreundlichen Thräne das Gemälde (von Stolz, das ein aschfarbener Gnome im Hintergrunde meines Herzens skizzirt hat,) wenn es der Generalfiscal des Menschengeschlechts an jenem großen Tage wider mich produciren wird."

In unermüdeter Ausdauer und Gewissenhaftigkeit lebte er den Pflichten seines Amtes und arbeitete an seiner eigenen Fortbildung. Voll würdiger Selbstachtung hielt er den Eigendünkel von sich fern, blieb unzugänglich für leere Schmeichelei, dachte bescheiden von seinen Verdiensten, machte kein Hehl aus seinen Unvollkommenheiten und war stets freudig bereit von anderen zu lernen und Rat anzunehmen.

Um 4 Uhr stand er regelmäßig auf und verwandte den ganzen Vormittag ununterbrochen auf seine Amtsgeschäfte. Staunen muß es erregen, wenn man allein das auf die Schulangelegenheiten, also doch nur auf einen Teil seines vielumfassenden Ressorts bezügliche Aktenmaterial, die Masse von Reskripten, Berichten, Denkschriften, Aufsätzen, Korrespondenzen, Schriftstücken aller Art überschaut, die teils den Hauptgedanken nach, großenteils aber auch in ihrem vollen Umfange von ihm eigenhändig konzipiert worden sind, und wenn man zudem noch berücksichtigt, welche Zeit die zahlreichen Sitzungen, Konferenzen, Audienzen, Inspektionen und die von den letzteren erforderten Dienstreisen ihm kosteten! Selbst von rastlosestem Fleiße kannte er keinen Frieden mit der Trägheit. Trotz der schmeichelhaftesten Billette von der Hand der Königin und der Prinzen lehnt er die Beförderung jemandes, obwohl er die Gaben desselben nicht verkannte, rundweg ab, weil der Betreffende zu säumig und vergnügungssüchtig, er aber nur einen ebenso arbeitsamen als geschickten Mann zu der Stelle gebrauchen könne, denn er verlange von seinen Räten „Arbeit und fleißige und gute Arbeit." „Könnte man alle Bierlümmel aus dem Chorrock peitschen, so hätten wir gewiß bessere Schulen", heißt es in einem Privatbriefe schneidend scharf von lässigen Pastoren. Gründlich zuwider ist ihm daher auch der „Berlinische Esprit de fainéantise", verächtlich aller mühelose, die Trägheit befördernde Gewinn; Lotterie und Aktienwesen nennt er deswegen den „Mehlthau" seines Zeitalters. Charakteristisch für die Gewissenhaftigkeit, mit welcher der Minister in den verschiedenartigen Zweigen seines Ressorts sich heimisch zu machen strebte, ist gewiß der Umstand, daß er es seiner Stellung als Chef des Kriminaldepartements und der ihm 1777 verliehenen als Präsident des Oberkollegium Medicum und des Medizinisch-Chirurgischen Kollegiums schuldig zu sein glaubte, sich angelegentlich mit Anatomie zu beschäftigen, und gehört es hierher auch, wenn er, um eine neue Methode im mathematischen Unterricht zu prüfen, sich einen Sommer hindurch ein eigenes, nach seinen Angaben zusammengestelltes Kolleg über den Gegenstand halten ließ.

Aus denselben Rücksichten, aber auch um sich den Genuß der Originalwerke zu verschaffen, lernte er noch als Minister

Griechisch, freilich in etwas unregelmäßiger Weise, indem er, wie er schreibt, seinen Anacreon bereits las, ohne beklinieren und konjugieren zu können. Seine von der Schule her nur unvollkommene Bekanntschaft mit den römischen Autoren erhob er durch stetig fortgesetzte Lektüre zu genauer Vertrautheit mit denselben, Horaz, Tacitus, Juvenal entbehrte er nur ungern in seiner Nähe. „Es war eine Lust, mit ihm die Klassiker zu lesen", bekennt sein Lehrer im Altklassischen, sein gelehrter Privatsekretär Biester, in dem Nachruf an den Hingeschiedenen. Mit der alten Litteratur wechselten Philosophie, Geschichte, Mathematik und Naturwissenschaften in seinen Studien. An Kant schreibt er scherzend: er höre jetzt bei ihm ein Kolleg über physische Geographie, er habe sich nämlich ein von einem Zuhörer nachgeschriebenes Heft darüber zu verschaffen gewußt, doch bäte er, womöglich ihm die Abschrift von einem sorgfältiger nachgeschriebenen zu übermitteln. Mit einer ihm zu Gebote stehenden guten Übersicht über den ganzen Stand der wissenschaftlichen Erkenntnis verband er das unausgesetzte Streben, sich keinen wichtigeren Fortschritt im Bereiche derselben entgehen zu lassen. Daneben fand er noch Muße für die neuere Litteratur, die deutsche und die fremde, und für die Beschäftigung mit der Kunst. Außer dem Zeugnis ihm Nahestehender gewähren besonders seine Briefe Beweise für seine Bekanntschaft mit den besten neueren Dichtungen und erweist er sich in jenen auch zugleich als einen recht gewandten und ansprechenden deutschen Stilisten. „Er besaß viel Einsicht in der Musik", sagt Biester am angeführten Orte, „und spielte die Geige für einen Liebhaber trefflich; er zeichnete sehr gut und erlernte noch in den letzten Jahren zu Berlin die Landschaftsmalerei. Richtigkeit und Feinheit des Geschmackes zeigte sich in Allem, was ihn umgab."

Freilich erhob sich auch Zedlitz' vielumfassender und hochstrebender Geist noch nicht siegreich über die allgemeine Schranke der Zeit, über die Schätzung aller Güter nach dem Grade ihrer unmittelbaren Brauchbarkeit fürs Leben, aber man verspürt dessenungeachtet bei ihm bereits mit voller Deutlichkeit ein Höheres, den Flügelschlag des in seinem ersten, jugendfrischen Aufschwung begriffenen Idealismus. Auch der große Königsberger Weise schätzte an Zedlitz diese abligere Geistesrichtung, sonst hätte er nicht in der Zueignung der ihm gewidmeten „Kritik der reinen Vernunft" sagen können: „Wen das speculative Leben vergnügt, dem ist, unter mäßigen Wünschen, der Beifall eines aufgeklärten, gültigen Richters eine kräftige Aufmunterung zu Bemühungen, deren Nutzen groß, obzwar entfernt ist, und daher von gemeinen Augen gänzlich verkannt wird."

In seiner Arbeit und in freier geistiger Thätigkeit fand Zedlitz den besten Genuß des Lebens; nimmer satt an den Quellen der Bildung sich zu laben und zu kräftigen, war er von anspruchslosester Einfachheit in seinen übrigen Bedürfnissen. Rauschende Festlichkeiten, die er seiner hohen Stellung wegen nicht ganz umgehen konnte, sind ihm zur Last, er beglückwünscht sich zum glücklich überstandenen Karneval, die Seele verliere dabei ihre ganze Springkraft. Eine lustige Jagd gefiel ihm schon besser, sein Garten an seinem Hause vor dem Königsthor in Berlin blieb ihm jedoch die liebste Erholung. „Aus Vogelheerd sind schöne Sachen angekommen", schreibt er an den Domherrn von Rochow, „und ich lebe im großen Berlin fast auf dem Lande. Wenn ich in meinem Garten manchmal einen Freund haben könnte, mit dem ich Weisheit pflegen könnte, und den ein bischen Thorheit nicht gleich Parasangen weit wegscheuchte, der die Kunst verstünde, die Paulus von sich rühmte, manchmal ein bischen thöricht mit seyn zu können — da wäre ich wirklich sehr glücklich." Ein Freund zwanglos heiterer, anregender Geselligkeit, hatte er die Einrichtung getroffen, regelmäßig an einem bestimmten Tage in der Woche einen Kreis von höheren Beamten, Gelehrten und Künstlern bei sich zum Mittagessen um seine runde

Tafel zu versammeln und lieferte er selbst alsdann eine nicht geringe Beisteuer an Geist und Witz zur Würze der Unterhaltung.

Für seinen Umgang wie bei der Besetzung von Ämtern mußte er mit treffendem Blick, der ihm nur selten versagte, seine Leute sich zu wählen, verschmähte es darum aber nicht, insbesondere wo es sich um wichtigere Posten handelte, die Meinung anderer, in Kirchen- und Schulsachen namentlich der Mitglieder des Oberkonsistoriums, zuvor darüber anzuhören. Konnte das bewährte Talent seiner Anerkennung, das aufkeimende seiner Aufmunterung sicher sein, so hatte er andererseits den faden Schwätzer bald erkannt, traf den Schmeichler sein Spott, wobei er auf begehrliche Überreicher schwülstiger Dedikationen gern einige Verse aus Popes Dunciade anwandte:

He chinks his purse, and takes his seat of state:
With ready quills the dedicators wait;

——— ——— ——— ——— ———

... his mouth with classic flattery opes
And the puffed orator bursts out in tropes.

Ebensowenig zeigte er sich für die Fehler solcher blind, die er sonst schätzte und begünstigte; so widerriet er ausdrücklich dem Konvente von Unser Lieben Frauen in Magdeburg die Berufung Bahrdts wegen der großen Selbstsucht und unerträglichen Affektion, die demselben eigen sei.

Ist es das Bemühen kleiner Seelen, sich durch Herabsetzung anderer Personen, mit denen der Wettlauf des Lebens sie gepaart, ein Air zu geben, so war dagegen niemand freudiger bereit, als Zedlitz, fremdes Verdienst zu schätzen. Ihn selbst am allermeisten ehrte die Verehrung, mit welcher er zu seinem Amtsvorgänger im geistlichen Departement, dem hochgesinnten Freiherrn von Münchhausen emporblickte, sowie sein daraus entsprungenes Streben, ein würdiger Nachfolger desselben zu werden. Seine Freiheit von jedem Eigendünkel ergiebt sich aus der Offenheit, mit welcher er die Lücken in seinen Kenntnissen und Fertigkeiten eingestand; sein Französisch reiche für einen in der Akademie zu lesenden Aufsatz nicht hin, erklärt er in einem Brief an Rochow, und müsse er daher für den deutschgeschriebenen einen Übersetzer sich beschaffen. Über Adelsstolz war er erhaben, seinen eigenen Sohn ließ er geraume Zeit die in der Nachbarschaft seiner Besitzung vor dem Königsthor von ihm errichtete Bürgerschule besuchen, wo die Kinder der Ackerbürger und kleinen Handwerker jenes Bezirks, Knaben und Mädchen, die armen unentgeltlich, unterrichtet wurden.

Ebensowenig hat er andererseits seiner Würde jemals etwas vergeben. Echten Männerstolz vor Königsthronen bekundete er seinen beiden Souveränen gegenüber. Als Friedrich Wilhelm II. aus Abneigung gegen Zedlitz' religiöse Grundsätze Schlesiens Schulwesen der Wirksamkeit desselben auf brüske Art entzogen hatte, wies der Schwergekränkte in dem Schreiben an den König, in welchem er seine Entlassung bot, mit gerechtem Selbstgefühl auf die vorteilhaften Veränderungen hin, die das Unterrichtswesen während seiner Amtsdauer erfahren, und schloß mit den Worten: „Sollte ich aber Ihnen gänzlich zu mißfallen unglücklich genug sein, so bin ich allemal bereit, einem Würdigern Platz zu machen, nur hoffe ich durch meine mehr als dreißig Dienstjahre soviel verdient zu haben, daß Ew. Majestät ohne neue Demüthigung und Beschämung vor dem Publico mir dero Entschluß auf eine nicht so ungnädige und wie ich glaube unverschuldete Art bekannt werden zu lassen allergnädigst geruhen werden." Und wie ein Held hatte er sich vordem Friedrich gegenüber erhoben, als es gegolten, für die bedrohte Unschuld einzutreten. Keine Bewunderung und keine Furcht hatte ihn abhalten können, in dem Müller=Arnoldschen Prozesse dem heftig erzürnten Gebieter die verlangten Unterschriften zur Bestrafung der unglücklichen Kammerrichter, von deren Schuldlosigkeit er sich überzeugt, zu verweigern.

Das war der Mann, dem Friedrich mit der Jugend die beste Hoffnung seines Staates anvertraute!

Pädagogik war der Lieblingsgegenstand der Zeit, und daß ein Mann von solchem Bildungseifer wie Zedlitz sich die Förderung der Jugenderziehung zu seiner Hauptaufgabe erkor, kann daher um so weniger überraschen. Sie wissen, sagt er in der bei seiner Einführung in die Akademie am 7. November 1776 gehaltenen Ansprache, daß meine Berufung im Einklang mit meinem Geschmack sich auf alles dasjenige bezieht, was die Erziehungswissenschaft, diesen meinen Lieblingsgegenstand, berührt. Von der Erziehung hauptsächlich, das ist seine Überzeugung, erhält der Mensch alles, was er ist. Als Ziel derselben stellt er es hin, die Menschen besser und in ihren besonderen Obliegenheiten geschickter zu machen.

Ersteres, die Bildung des sittlichen Willens, betrachtet er dabei als die wichtigste Aufgabe. Die Charakterbildung soll ruhen auf der Grundlage der Religion, der Religion nach der lauteren Moral Jesu Christi. Ohne Religion würde es keinen Halt gegen die Versuchungen geben, ohne sie keine Stärke in der Ertragung von Widerwärtigkeiten, keinen Trost im Unglück, keine Hoffnung für die Zukunft in diesem und jenem Leben. Ohne sie würde aber auch die bürgerliche Gesellschaft ihres einigenden Bandes entbehren, denn das richtige Verhältnis zu Gott lehrt erst die richtige Auffassung der Pflichten gegen die Obrigkeit. Es giebt keine Vaterlandsliebe ohne Religion; derjenige dagegen, welcher an die Vorsehung glaubt und sich mit Ergebung ihren Schickungen unterwirft, wird sicherlich auch ein vortrefflicher Bürger sein. Gehorsam gegen die Gesetze, Vertrauen auf die Weisheit und das Wohlwollen der Lenker des Staates, Fügsamkeit gegen ihre Anordnungen, geduldiges Ausharren in allgemeinen Notlagen, Dankbarkeit für die Wohlthaten, die das Gemeinwesen erweist und rüstige Thätigkeit eines jeden in seinem Kreise, das sind die Tugenden, die den Bürger in der Monarchie zieren. Selten und nur in außerordentlichen Zeitverhältnissen wird der Staat Handlungen von seinen Bürgern verlangen, zu deren Ausführung die Glut patriotischer Leidenschaft gehört, darum soll aber der einzelne im gewöhnlichen Lauf der Dinge nicht, wie es meistens geschieht, mit Gleichgültigkeit und Stumpfsinn von den öffentlichen Angelegenheiten sich abwenden, vielmehr soll das unermüdete Streben nach wahren Verdiensten um das allgemeine Wohl gleichwie ein ruhiges Feuer alle Herzen jederzeit erwärmen. Fern aber bleibe dabei der persönliche Ehrgeiz, das nach Gewinn und Auszeichnungen lüsterne Strebertum, der Todfeind alles echten Gemeinsinns. Die Krone wahrer Bürgertugend erlangt der, welcher es versteht, frei zu sein innerhalb der Gesetze, glücklich in der Erfüllung seiner Pflicht, dessen Leidenschaft die Begeisterung für das Gute ist. Diese Gesinnungen sind aber zugleich diejenigen, welche den Menschen als Weltbürger zieren.

Was kann die Erziehung hierfür thun, wie kann sie es bewirken, daß solche Gesinnungen, die nur wenigen bevorzugten Geistern eigen zu sein pflegen, in weiteren Kreisen eine Stätte finden? Es kommt bei der moralischen Erziehung auf zwei Hauptpunkte an: sie muß erstens darauf ausgehen, dem Kinde die Verpflichtungen des Menschen in den verschiedenen sittlichen Lebensgemeinschaften zu zeigen, indem sie von den nächsten Beziehungen des Kindeslebens ausgeht und dann allmählich zu den später auszufüllenden Kreisen der Wirksamkeit fortschreitet; sie muß aber fürs andere mit der Unterweisung die Übung in dem Gebrauch der moralischen Kräfte Hand in Hand gehen lassen. Als Voraussetzung gilt Zedlitz dabei, daß die menschliche Natur aus einer Mischung von guten und bösen Anlagen sich zusammensetzt, daß dagegen nicht, wie die alte Theologie lehrte, der Hang zum Schlechten der von Natur stärkere, aber auch nicht, wie Rousseau und seine Anhänger in Deutschland, die Philanthropisten behaupteten, jeder Mensch von Natur vollkommen gut geschaffen ist.

Zwei Stufen sind für den Gang der Erziehung zu unterscheiden, die erste umfaßt die Kindheit bis zu dem Zeitpunkt, wo die Wege je nach der künftigen Stellung im Leben auseinandergehen, und stellt allen Kindern gegenüber dieselben Aufgaben, die andere, auf sie folgende, findet die Kinder des niederen Volkes bereits im Dienste der Erwerbsarbeit, die Söhne der mittleren und höheren Stände auf den höheren Schulen und hat sich nach der Verschiedenheit der Ansprüche an beide Bevölkerungsschichten verschieden zu gestalten.

Auf der vorbereitenden Stufe nimmt der Religionsunterricht den wichtigsten Platz in den Unterweisungen ein. Er knüpft an das Verhältnis des Kindes zur Familie, zu Vater und Mutter und den Geschwistern an, weist darauf hin, wie hülfsbedürftig das Kind sei, wie unfähig, selbst für sich zu sorgen, und wenn es ihm nun doch so wohl ergehe, wieviel Dank es dafür seinen Eltern schulde. Nicht minder, so habe man fortzufahren, würden nun aber auch die Eltern ihrerseits unvermögend sein, dem Kinde soviel Gutes zu erweisen, wenn ihnen nicht der liebe Gott, der Spender aller guten und vollkommenen Gabe, Gnade dazu verliehen hätte, und habe somit das Kind auch Gott als den gütigen Vater seiner Eltern und aller Menschen zu ehren und zu lieben. Und wiederum, wie Gott für Alle sorge, so thue es der König für die Seinen, er schirme und schütze jeden, der recht thue und gewähre ihm Sicherheit und Frieden, daß er des Werkes seiner Hände froh werden könne, und gebühre dem König dafür ein freudiger Gehorsam, Treue und Ehrfurcht von seiten seiner Unterthanen. Auch hierbei möge das Kind, soweit irgend thunlich, auf seinen Vater als ein Vorbild in der Erfüllung dieser Pflichten hingewiesen werden. Sorgsam habe aber der Erzieher zu verhüten, daß aus den Gefühlen der Sicherheit und des Behagens nicht eine dumpfe Lethargie und kalte Gleichgültigkeit gegen das Geschick des Nächsten, aus den Gesinnungen treuer Ergebenheit nicht ein blöder und niederer

Knechtssinn erwachse. Ein Schutz hiergegen ist enthalten in der Vorführung von Bildern aus dem Völkerleben, aus deren Betrachtung die Tugenden am besten erhellen würden, auf deren Ausübung das Glück der menschlichen Gemeinschaft beruht. Es wäre daher sehr zu wünschen, daß auch die Dorfschulen mit entsprechenden einfachen Hülfsmitteln versorgt würden. Sehr empfehlenswert seien für den vorschwebenden Zweck die Tafeln aus Basedows Elementarwerk mit ihren Darstellungen aus einem wohleingerichteten Gemeinwesen, nur daß sie leider für eine weitere Verbreitung zu teuer zu stehen kämen. Alle auch vom besten Anschauungsmaterial unterstützte Unterweisung müßte aber unfruchtbar bleiben, wenn nicht von früh an die Gewöhnung an die eigene Bethätigung des Sittlichguten hinzuträte. Das beste habe hierbei das Vorbild der Erzieher selbst zu wirken, das im Gefolge von Liebe und Vertrauen leichten Eingang in die jungen Herzen finde. Die Gemeinschaft der Kinder sei so einzurichten, daß darin der Geist der Ordnung und der Thätigkeit, des Gehorsams und der herzlichen Zuneigung untereinander walte, und müsse die Jugend auch daran gewöhnt werden, den Gesetzen und Oberen, unter denen sie ihre Spiele veranstalte, eine gleiche Achtung entgegenzubringen, wie dem Lehrer und seinen Vorschriften bei den ernsten Beschäftigungen. Denn nicht auf die Aussicht auf Belohnung und die Furcht vor der Strafe sei der Gehorsam zu gründen, sondern derselbe vielmehr dadurch zu sichern, daß man Liebe zu ihm selbst zu erwecken wisse.

Auf der zweiten, der späteren Stufe der sittlichen Erziehung der Jugend, falle bei dem jungen Volk aus den niederen Ständen, das nun die Schule verlassen, dem Geistlichen vornehmlich die Aufgabe zu, die früher gelegten Keime weiter zu pflegen, und müsse er die Leute mit der Einsicht zu erfüllen suchen, daß nur in der gewissenhaften Verrichtung ihrer Dienstleistungen, in der bescheidenen Unterordnung unter die Befehle ihrer Herren ihre Ehre und ihr Glück enthalten sind. Anders bei den Söhnen der mittleren und höheren Stände. Sie sind als künftige Geschäftsleute, Landwirte, Beamte, Offiziere, Gelehrte, Künstler zu einer Thätigkeit berufen, welche größere Freiheit und Selbständigkeit der geistigen Bewegung voraussetzt und ihre Wirkungen in weitere Kreise erstreckt. Ihnen ist auf den höheren Lehranstalten an der Hand der Geschichte zu zeigen, wie Freiheit nur in der Ordnung, und Selbständigkeit nur in der freien Unterordnung unter das Ganze Bestand haben kann und ist ihnen die für sie bestehende und auf ihrer besseren Ausrüstung beruhende höhere Verpflichtung zu einer gemeinnützigen Thätigkeit zum lebendigen Bewußtsein zu bringen. Hierbei sind sie aber auf das ernsteste vor dem Fehler zu bewahren, eitlen Ruhm mit wirklichem Verdienst um die Beförderung des gemeinen Wohles zu verwechseln. Es könne nicht schaden, ihnen zu sagen, Wilhelm Beukel, der die Kunst gelehrt, die Heringe einzupökeln, habe sich besser um sein Vaterland verdient gemacht, als der Verfasser der Henriade um das seine. Auch der wohlgemeinte Thätigkeitstrieb könne aber, darauf sei ferner hinzuweisen, schädlich wirken, wenn man jedes bestehende Übel heilen wolle, Projekte mache, ohne ihre Ausführbarkeit zu überlegen, oder nicht berücksichtige, ob der Schaden des Neuen nicht dessen Nutzen überwiege. So seien mancherlei Maschinen nur zum Verderben erfunden worden, indem sie vielen tausend Händen die Arbeit entzogen hätten. Künstlerisches Talent dürfe nicht zur Beförderung leerer Kurzweil mißbraucht, sondern solle wirksam gemacht werden zur Erhöhung einer edlen und hochherzigen Gesinnung unter den Mitbürgern.

Die jungen Leute von Stande haben, da aus ihrer Mitte die Inhaber der höchsten Stellungen im Staate hervorgehen, ganz besonders hohen Ansprüchen an ihre Charakterbildung zu genügen. Impulse idealer Art sollen sie bewegen, die Ehre ihr Lebenselement, die Hingabe an

König und Vaterland ihren Stolz bilden, das Beispiel der Ahnen sie anfeuern. Wenn sie, wie es ihrer würdig, dem Wohle des Ganzen leben, werden sie auch die von dem Geringsten an seinem Teil bewiesene Tüchtigkeit zu schätzen wissen und vor Überhebung und Übermut sich bewahren.

Man sieht, das Ganze des Systems wird streng vom fridericianischen Staatsgedanken beherrscht. Der Staat ist der Mittelpunkt des Daseins, um ihn bewegen sich alle Kräfte des Volkslebens, er weist einer jeden unter ihnen ihre Wirksamkeit zu, nach ihrem Verhältnis zu ihm empfangen sie ihre Wertschätzung. Nicht dient hiernach der Staat als eines, wenn auch als eines der allervorzüglichsten unter den Mitteln zur vollen Entfaltung der edelsten menschlichen Kräfte, sondern eben diese Kräfte sind ihrerseits ausschließlich zum Dienst berufen für den Staat, zur Mehrung seiner Größe nach außen und innen. In dieser Anschauung gewann die Nützlichkeitstheorie der Zeit ihren schärfsten, aber zugleich auch ihren edelsten Ausdruck, denn nicht nach dem Nutzen des einzelnen, sondern nach dem des Staatsganzen war hiernach die Frage. So lange man indessen den selbständigen Wert der menschlichen Persönlichkeit, wie das durch diese Anschauungsweise bedingt war, noch nicht gebührend anerkannte, so lange konnte man auch in der Erziehung diejenigen Besitztümer nur unvollkommen würdigen, welche den Menschen nur als Menschen zieren.

In Übereinstimmung mit dem Dargelegten stehen Zedlitz' Grundsätze über den Unterricht. Ebenso entschieden wie er wünschte, daß jedes Kind vom fünften Jahre an in die Schule gehen müsse und die Bestimmung verlangte, daß kein Prediger die Konfirmation vollziehen dürfe, ohne daß von dem Konfirmanden ein bestimmtes Maß allgemeiner Kenntnisse nachgewiesen worden, ebenso lächerlich und verkehrt fand er es, wenn enthusiastische Kosmopoliten in der Weise verfahren wollten, als ob sie aus jedem Bauerjungen einen Philosophen zu machen gedächten. „Wenn der Schulunterricht den Endzweck haben

soll, die Menschen besser und für ihr bürgerliches Leben brauch=
bar zu machen, so ist es ungerecht, den Bauer wie ein Vieh
aufwachsen, ihn einige Redensarten, die ihm nie erklärt wer=
den, auswendig lernen zu lassen; und es ist eine Thorheit,
den künftigen Schneider, Tischler, Krämer wie einen künftigen
Consistorial=Rat oder Schul=Rector zu erziehen, sie alle Lateinisch,
Griechisch, Ebräisch, da die letzten diese Sprachen nur brauchen,
lernen zu lassen und den Unterricht in Kenntnissen, die jene
nöthig haben, ganz zu übergehen, oder auf eine Art zu er=
theilen, die jenen unverständlich oder unanwendbar ist. Daraus
folgt also, daß der Bauer anders, wie der künftige Gewerbe
oder mechanische Handwerke treibende Bürger, und dieser
wiederum anders, als der künftige Gelehrte oder zu höheren
Ämtern des Staats bestimmte Jüngling unterrichtet werden
muß. Folglich ergeben sich drei Abtheilungen aller Schulen
des Staats, nämlich 1. Bauer=, 2. Bürger=, 3. gelehrte
Schulen."

Gemeinsam müsse der Unterricht bei allen dreien die
Richtung auf die Entwicklung der Denkthätigkeit, als auf seine
hauptsächliche Bestimmung, nehmen. Denn ganz im Einklange
mit seinem königlichen Herrn, dessen Grundsatz es war: „Wer
zum besten raisonniren kann, wird immer zum weitesten kom=
men", erklärte auch Zedlitz die verständige Überlegung für den
schätzbarsten Vorzug eines Menschen und fertigt einmal die Ur=
heber einer dagegen gerichteten und in bezug auf des Königs Aus=
druck sehr anzüglichen feindseligen Kundgebung mit den derben
Worten ab: „„Derjenige Unterthan", meint Ihr, „sei der beste,
welcher am meisten glaubt, und derjenige der schlechteste, welcher
am meisten raisonnirt." So gut sich auch gewisse geistliche
und bürgerliche Vorgesetzte dabei zu stehen vorstellen mögen,
so ist doch eine solche auf Dummheit gegründete Sicherheit
nicht nur schädlich, sondern auch höchst ungewiß. Denn wenn
es nur darauf ankömmt, wieviel und nicht was man glaubt:
so steht ja der Eindruck auf die Gemüther der Unterthanen

jedem Schwärmer offen, und der Bürger müßte nach Euren Grundsätzen einem Münzer und dergleichen Anführern folgen, weil es bei denen noch mehr zu glauben giebt." Jeder Bürger im Staat müsse eigenes Urteil innerhalb des Kreises seiner Thätigkeit zeigen, über politische und militärische Einrichtungen, oder über gelehrte Spekulationen zu räsonnieren sei jedoch darum nicht jedermanns Beruf. Bloßer Glaube möchte überdies auch nicht viel zur Beförderung der Tugend helfen. Also Unterricht für alle, aber nicht in gleichem Umfange für alle.

Bei seinen Vorschlägen zur Reform der Dorfschulen schwebten dem Minister die von ihm hochgehaltenen Einrichtungen des Domherrn Frd. Eberh. von Rochow auf Rekahn vor, von deren trefflichen Erfolgen auf dessen vier Dörfern bei Brandenburg er sich durch den Augenschein überzeugt hatte. Den ersten Platz im Lehrplan behielt nach wie vor die Religion. Es war dies auch ganz in Friedrichs eigenem Sinne. Der König erwartete von einem Religionsunterricht nach der reinen Lehre Christi die besten Wirkungen für die Moral. „Darum müssen die Schulmeister sich Mühe geben", so lautet sein Befehl in der Kabinettsordre vom 5. September 1779, „daß die Leute Attachement zur Religion behalten." Er verurteilte es nachdrücklichst, durch Skeptik und Spott das Volk um seine Religion zu bringen. Außer Religion, Lesen, etwas Schreiben und Rechnen, namentlich Kopfrechnen, forderte Zedlitz: einige Erfahrungssätze aus der Mechanik, vom Hebel, von der Winde, vom Keil; die Mitteilung der leichtesten Art Flächen ohne Instrumente abzumessen und gegeneinander zu vergleichen, Kenntnis der gangbaren Maße und Münzen des Landes; etwas Naturgeschichte und Naturkenntnis, um dem Bauer anzugewöhnen, bei mißlungenen Ernten oder Pflanzungen, beim Sterben seines Viehes, beim Versiegen seiner Kühe u. s. w. die Ursachen anderswo, als in der vermeintlichen Hexerei zu suchen und zweckmäßigen Mitteln nachzuspüren, dergleichen Unfälle inskünftige zu vermeiden; wenige diätetisch-medizinische Regeln, damit er den ihm oft töblich werdenden Branntwein nicht für eine Universal-Medizin ansieht, und damit er mit Vorbeigehung der Quacksalber die Fälle kennen lernt, wo er die Hülfe eines Arztes suchen muß, oder durch geänderte Lebensordnung sich und den Seinigen selbst helfen kann; einige Kenntnis der Landesverfassung, insoweit er deren bedarf, folglich der auf ihn bezug habenden Gesetze und der Landes-Dikasterien, bei denen er in vorkommenden Fällen Schutz und Hülfe suchen muß. Endlich müsse aber auch in den Dorfschulen als Nebenbeschäftigung „Industrie" getrieben werden, sie bestehe nun im Spinnen, im Flechten von Strohwaren, wie Hüten und Körben, oder anderem, denn das schütze vor manchem aus dem Müßiggang entspringenden Laster, befördere den Thätigkeitstrieb und gebe eine geschickte Hand.

Der Minister machte selbst die Probe auf seinen Entwurf, indem er eine derartige Schule in Friedrichshagen hinter Köpnick errichtete und empfing dabei die Genugthuung, daß in dem bisher wegen der schlechten Sitten seiner Kolonistenbevölkerung übel berüchtigten Dorfe die Leute sich wohlanständig zu führen begannen und mehrere Jahre hintereinander die Prämien in der Industrie erhielten. Der Abgang des ersten, tüchtigen Lehrers, und sein nicht zu vermeiden gewesener Ersatz durch einen Invaliden bewirkte dagegen später einen Rückgang der Schule, denn der Invalide kannte keine andere Methode, „als auf jedes fehlende Wort beim Hersagen des Katechismus eine Anzahl Schläge auszutheilen." Dadurch, daß der König auf den Vorschlag des Geh. Rats Brenkenhof die Besetzung der Schulstellen mit Invaliden zum System erhob, wobei nur Westpreußen eine Ausnahme machte, und daß es unter seiner Regierung zu der Errichtung von neuen Landschullehrerseminaren sowie der Umbildung der bestehenden, des Stettiner und des katholischen in Culmsee nicht mehr kam, sah sich der Minister verhindert, seinen Ideen eine allgemeinere Verwirklichung zu geben, und blieb das alte Verfahren im wesentlichen erhalten, obwohl der König mit großen Kosten eine beträchtliche Zahl neuer Dorfschulen, sogenannte Gnadenschulen, namentlich in den Provinzen Brandenburg, Pommern und Westpreußen begründete. Und wenn dann auch König Friedrich Wilhelm II. eine Summe für die Seminare anwies, so blieb dieselbe doch viel zu gering, und des Ministers fernere Amtsdauer zu kurz, als daß er noch hätte Tiefergreifendes zur Ausführung bringen können.

In der Form, welche der Minister den Bürgerschulen zu geben wünschte, bricht sich der Gedanke der Mittelschulen Bahn. Indem er die Bürgerschule ausschließlich für den kleineren Bürgerstand bestimmte, verfolgte er ein anderes Ziel, als man es auf den Realschulen bei der Abteilung für die Vorbereitung zu den praktischen Berufsfächern im Auge hatte. Denn nach der Absicht der Begründer der Realschulen sollten alle, welche nicht studieren wollten, gleichviel ob sie für das höhere geschäftliche Leben oder für den Handwerkerstand bestimmt waren, in jener Abteilung ihre Ausbildung erhalten. Auch Frd. Gabr. Resewitz, dessen 1773 erschienenem Buche „Die Erziehung des Bürgers zum Gebrauch des gesunden Verstandes und zur gemeinnützigen Geschäftigkeit" Zedlitz vielfache Anregung und Belehrung verdankte, forderte noch neben den „Handwerksschulen" eine besondere Erziehungsanstalt für den nichtgelehrten höheren Bürgerstand. Von unseren heutigen Mittelschulen weichen die Zedlitz'schen Bürgerschulen nur in den Stücken ab, daß einmal, entsprechend den damaligen geringeren Ansprüchen an die Bildung eines kleinen Gewerbtreibenden, das gesammte Niveau etwas tiefer angesetzt wurde, woher fremde Sprachen ganz fehlten, und daß sodann neben dem Erwerb der erforderlichen allgemeinen Bildung auch derjenige von einigen spezifisch technischen Vorkenntnissen vorgesehen wurde. Außer Religion, Lesen, Schreiben, Rechnen sollten folgendes die Gegenstände des Unterrichts sein: Vorlesung und Beurteilung von Stücken aus einem geeigneten Lesebuch zur Übung in der Denkthätigkeit, die Elemente der praktischen Meßkunst und Mechanik, Naturkunde zur Einführung in die Warenkunde, die Grundbegriffe der Physik zum Verständnis der gewöhnlichen Naturerscheinungen, Geographie der Heimat und der angrenzenden Länder unter Hinweis auf die für die mittleren Stände wichtigsten gesetzlichen Einrichtungen, vaterländische Geschichte vom westfälischen Frieden an und außer derselben nur das Allerhervorragendste aus der allgemeinen Weltgeschichte, Zeichnen, Vorbegriffe von dem Betrieb der Handwerke und Bekanntmachung mit ihren Werkzeugen, womit sich außerhalb der Lehrstunden eine praktische Beschäftigung mit der Seiden= und Wollenspinnerei, der Weberei u. a. m. zu verbinden habe. Jede Stadt sollte eine Bürgerschule dieser Art erhalten, die Masse der kleinen lateinischen Stadtschulen sich aber durch Auswerfung des gelehrten Ballasts in solche Bürgerschulen verwandeln, denn jene lieferten doch nur eine der Allgemeinheit zum Schaden gereichende Überproduktion an mißvergnügten Halbgelehrten. Den für die Bürgerschulen erforderlichen Bedarf an geeigneten Lehrkräften hoffte der Minister durch eine Fortentwicklung des an der Berliner Realschule schon vorhandenen Seminars allmählich beschaffen zu können.

Einen glücklichen Versuch mit der Errichtung einer seinen Grundsätzen im allgemeinen entsprechenden Bürgerschule machte der Minister mit der von ihm in seinem Stadtviertel vor dem Königsthor errichteten. Sie hatte jedoch das Besondere, daß sie auch von Mädchen besucht wurde, indem ihrem Stifter die Verbesserung der bis dahin noch arg verwahrlosten Schulbildung des weiblichen Geschlechts sehr am Herzen lag, ohne daß er an die Eröffnung eigener neuer Schulen für dasselbe vorerst hätte denken können. Zur Gründung einer Mehrzahl von Bürgerschulen der gedachten Art ist es unter Zedlitz, obwohl der König die Idee der Teilung der Schulen nach

den brei Hauptschichten der Bevölkerung gutgeheißen, nicht
gekommen, da während der Lebzeiten Friedrichs des Großen
bei den knappen Mitteln des Staats an die Bewilligung eines
auch nur kleinen Fonds für die Erweiterung des Seminars
an der Berliner Realschule nicht zu denken war, nach des
Königs Tode aber der bald darauf erfolgte Rücktritt des
Ministers die Sache einstweilen einschlafen ließ. Als Not=
behelf nahm Zedlitz während seiner Amtsführung dagegen
darauf bedacht, daß auf der Unterstufe der gelehrten Schulen
der Unterrichtsgang zu einem befriedigenderen Abschluß als
bisher für die schon von dort aus ins praktische Leben Ein=
tretenden führte.

Im Bereich des Unterrichts auf den höheren Schulen
ist es die entscheidende That des Freiherrn von Zedlitz, daß
er gebrochen mit dem System der Einschulung auf bestimmte
Berufsarten und der höheren Schule statt dessen die Aufgabe
zugewiesen hat, die Grundlagen zu der allgemeinen Geistes=
und Charakterbildung zu legen, welche den Männern aus
allen höheren Ständen gleichmäßig ziemt. „Es kommt bei
jedem (höheren) Unterricht", so sind seine eigenen Worte,
„auf drei Dinge an: 1. auf die allgemeine Entwickelung des
Verstandes und aller ihm untergeordneten Vermögen des
Geistes; 2. auf Einflößung rechtschaffener praktischer Grund=
sätze der Sittlichkeit; 3. auf die Fundamentalbegriffe und
Beobachtungen, worauf jeder besondere Theil der Wissen=
schaften und der Litteratur sich gründet." Bei der Wahl
und Wertschätzung der Unterrichtsgegenstände müsse der Grad
ihrer Wichtigkeit für die gesamten höheren Lebensinteressen den
Ausschlag geben. Die Zöglinge der höheren Schulen sollen
daher tüchtig gemacht werden, in alle diejenigen Gebiete, welche
die Aufmerksamkeit der gebildeten Kreise in Volk und Staat
beschäftigen, mit einem zu selbständiger Fortbildung aus=
reichenden Maß an Wissen und Verständnis einzutreten.

In diesem Sinne ist es zu verstehen, wenn Zedlitz in

der von ihm in der Akademie der Wissenschaften am 5. Juni 1777 gelesenen Abhandlung: „Betrachtungen über den gegenwärtigen Zustand der öffentlichen Schulen und über die Möglichkeit, sie für das bürgerliche Leben angemessener und brauchbarer zu gestalten", die ihm zufolge damals noch weitverbreitete Gelehrtenzüchtung auf den höheren Schulen einem scharfen Tadel unterwirft. Ebendahin zielt es aber auch, wenn umgekehrt der Minister und nicht minder der König selbst gegen eine nur die nächsten Bedürfnisse des praktischen Lebens verfolgende Tendenz in der Schulbildung energisch in die Schranken traten.

In der an Zedlitz gerichteten Kabinettsordre vom 5. September 1779 sagt der Monarch: „Lateinisch müssen die jungen Leute auch absolut lernen, davon gehe Ich nicht ab ...; wenn sie auch Kaufleute werden, oder sich zu was anderm widmen, wie es auf das Genie immer ankommt, so ist ihnen das doch allezeit nützlich und kommt schon eine Zeit, wo sie es anwenden können." „Die Rhetorik nach dem Quintilien und die Logik nach dem Wolff, aber ein bischen abgekürzet, und das Lateinische nach den Auctoribus classicis muß mit den jungen Leuten durchgegangen werden, und die Lehrer und Professoren müssen das Lateinische durchaus wissen, sowie auch das Griechische; das sind die wesentlichsten Stücke mit, daß sie das den jungen Leuten recht gründlich beibringen können und die leichteste Methode dazu ausfindig zu machen wissen." „... die jungen Leute mögen hiernächst auf einen Juristen, Professor, Sekretär, oder was es ist, studiren, so müssen sie das alles, auch Lateinisch wissen." Und in demselben Sinne hatte der Minister seinerseits schon früher sich dahin ausgesprochen, daß die auf den lateinischen Schulen von alters her gepflegten Wissenschaften, die einst nur die Gelehrten etwas angingen, jetzt eine solche Beziehung zum Leben gewonnen hätten, daß sie für jeden Gebildeten unentbehrlich geworden wären. Wie hoch er den Wert humanistischer Studien für die allgemeine Bildung schätzte, dafür legt nichts ein besseres Zeugnis ab, als die Begünstigung, welche das Griechische von ihm erfuhr. Er hat es, von den Ritterakademieen abgesehen, überall, soweit seine Macht reichte, für alle obligatorisch gemacht, die Stundenzahl dafür verdoppelt und verdreifacht und, unter Ausschluß der Lektüre des Neuen Testaments in den sprachlichen Lehrstunden, die Meisterwerke der klassischen Zeit auf den Lehrplan gesetzt. Er hat damit das Griechische aus seiner Stellung als Magd der Theologie zu der einer Fürstin im Reiche freier Geistesbildung erhoben. Das Latein ließ er dem Umfange nach im großen und ganzen unangetastet, Hebräisch dagegen als ein Fach, das hauptsächlich nur zur Präparation von Theologen bestimmt, strich er zwar nicht ganz, beschränkte es jedoch auf ein Minimum, auf alles in allem 2 Stunden in der Prima. Daß dem Französischen eine nicht geringe Gunst zugewandt wurde, versteht sich bei dem damaligen Einfluß Frankreichs auf das Leben unserer höheren Kreise von selbst, der Minister wünschte darum aber keine Ausschließung anderer neuerer Sprachen, vielmehr je nach Gelegenheit und örtlichem Bedürfnis eine Hinzunahme von Englisch, Italienisch, Polnisch, ja er hat sogar zu gunsten eines dieser drei das Französische in der Prima des Elisabethanums zu Breslau ganz vom Lehrplan abgesetzt, da es schon hinlänglich in den voraufgehenden Klassen bedacht worden sei. Am allerwenigsten ging aber die Meinung des Ministers und ebensowenig die des Königs selbst dahin, unter der Pflege des Französischen die der Muttersprache leiden zu lassen. Ein gleich lebendiges Gefühl für deren Ehre beseelte beide. „Wir werden unsere klassischen Schriftsteller haben", ruft der König aus am Schluß seiner Abhandlung über die deutsche Litteratur vom Jahre 1780, „jeder wird sie, um sich innerlich zu bereichern, zu lesen wünschen; unsere Nachbarn werden das Deutsche lernen; die Höfe werden es mit größter Lust sprechen, und es wird noch dahin kommen, daß unsere Sprache, verfeinert und vervollkommnet, dank unseren guten Schriftstellern, sich ausbreitet von dem einen Ende Europas bis zum andern. Diese schönen Tage unserer Litteratur sind noch nicht angebrochen, aber sie nahen heran. Ich kündige sie an, sie sind im Anzuge: Ich meinerseits werde sie zwar nicht mehr sehen, mein Alter verbietet mir die Hoffnung darauf. Mir geht es wie Moses: Ich erblicke von ferne das gelobte Land, aber ich werde es nicht mehr betreten." Wohl unterschätzte der König die litterarische Gegenwart seines Vaterlandes, aber seinem sehnsüchtigen Verlangen nach der Erhöhung des Ansehns deutscher Sprache und deutschen Schrifttums konnte er kaum in wärmeren Worten Ausdruck leihen. Und ganz wie er sein Minister: „Vielleicht kömmt noch die Zeit, wo es keine Schande ist, seine Muttersprache zu kultiviren, zumal in der Akademie, die soviel ich weiß die einzige ist, welcher die Ausbildung der deutschen Sprache zum Gesetz gemacht ist, und wo kein deutsches Wort gehört oder gelesen wird." Was er aber vor dem König noch voraus hatte, war seine bessere Kenntnis und Würdigung der schon vorhandenen deutschen Litteratur. So trafen denn beide in dem Bestreben zusammen, in der jungen Generation durch eingehende Unterweisung einen Eifer für die Vervollkommnung der Muttersprache und ihrer Litteratur zu entzünden. „Eine gute deutsche Grammatik", schreibt der König vor, „die die beste ist, muß auch bei den Schulen gebraucht werden, es sei nun die Gottschedsche oder eine andre, die zum besten ist." Und der Minister säumte nicht, in allen seiner Einwirkung unterstehenden Anstalten dem deutschen Unterricht einen selbständigen Raum von beträchtlicher Ausdehnung anzuweisen. In den oberen Klassen sollte aus diesem Unterricht, ohne daß er darum für sein Teil aufzuhören brauchte, die Rhetorik erwachsen. Den übertriebenen Umfang des Religionsunterrichts beseitigte Zedlitz, indem er alles fachmäßig Theologische, das Polemische und alles tote Gedächtniswerk ausschied, doch hinderte das nicht, daß er dementgegengesetzt zur weiteren Vertiefung in die Wahrheiten der christlichen Religion auch wieder, wo es not that, in den oberen Klassen die Stundenzahl für den Gegenstand erhöhte, und war er es auch, der in der Ritterakademie zu Liegnitz den bis dahin daselbst ganz fehlenden Religionsunterricht einführte. Auf Geschichte und Geographie legte er einen ganz besonderen Wert, bei der reinen Mathematik steigerte er die Anforderungen nicht über die auf den besseren Anstalten bisher schon darin gestellten, indem er hierbei, abgesehen von seinem eigenen zurückhaltenden Standpunkt, mit einer geradezu spöttisch ablehnenden Haltung des Königs zu rechnen hatte, dagegen nahm er es sehr ernst mit der Fertigkeit im Rechnen, verschaffte der angewandten Mathematik und Physik durchgehends ein größeres Gewicht im Lehrplan und führte die Naturkunde allgemein ein. Das gleiche geschah mit dem Zeichnen, und zwar als einem ebenfalls obligatorischen Lehrgegenstand, auch hielt er streng auf eine gründliche Befestigung im guten Schreiben. Indem er es sich angelegen sein ließ, genauere Grenzen zwischen dem Schulbereich und dem der Universität zu ziehen, hob er die Rechtswissenschaft, wo er sie auf den Gymnasien vorfand, gänzlich auf und drang da, wo sie auf einer Ritterakademie erhalten blieb, wenigstens darauf, streng den propädeutischen Charakter dabei zu wahren. Kameralwissenschaften als besonderen Unterrichtsgegenstand schloß er durchweg aus und verwies das daraus Erforderliche in die geschichtlich-geographischen Lehrstunden. Aus der Philosophie verbannte er alle spekulativen Teile von der Schule und behielt von ihr hauptsächlich nur Logik und eine Übersicht über die Geschichte der Philosophie bei. Daß es damit nicht auf eine Herabdrückung des philosophischen Unterrichts abgesehen sein konnte, würde sich schon daraus ergeben, daß Zedlitz der Minister des Philosophen von Sanssouci und der Verehrer Kants war. Das Notwendige und leichter Verständliche aus der Philosophie sollte, das war seine Absicht, gerade durch die getroffene Beschränkung zu einem um so festeren Besitz sich gestalten. Auch der König selbst hielt die erwähnten beiden Teile der Wissenschaft für die der Jugend förderfamsten; er kommt immer und immer wieder auf die außerordentliche Wichtigkeit der Logik zurück und verlangte außerdem eine historische Durchnahme aller philosophischen Systeme, wogegen unter keinen Umständen ein selbstgemachtes neues darunter sein dürfe, und um überhaupt die Objektivität der ganzen Betrachtung zu sichern, forderte er, daß die Philosophie „von keinem Geistlichen gelehrt werde, sondern von Weltlichen, sonsten ist es ebenso, als wenn ein Jurist einem Offizier die Kriegskunst lehren soll".

Da die höheren Schulen nur für diejenigen bestimmt sein sollten, welche künftig die höheren Stände ausmachten, so hielt es der Minister für hinreichend, wenn, von dem Mehrbedarf der größten Städte abgesehen, etwa in jedem Kammerbezirk sich Eine gelehrte Schule, ein Gymnasium befände. Diese Anstalt würde dann von allen denen insgesamt zu besuchen sein, welche für höhere Lebensstellungen irgendwelcher Art in Aussicht genommen wären, von dem künftigen Großhändler und Industriellen ebensowohl, als dem Gelehrten und Beamten, von dem Landwirt und Techniker, dem Künstler und Schriftsteller, dem Offizier und dem vornehmen Privatmann. Eine Hofmeistererziehung kam hiernach gerade so in Wegfall wie eine Mehrheit von Schulsystemen, sei es, daß diese letzteren sich auf verschiedene Anstalten verteilten, oder in einer und derselben zusammengekoppelt waren. Für die Eine allgemeine höhere Bildung schien dem Minister auch nur Ein und dasselbe Schulsystem tauglich. Wenn er demungeachtet wünschte, daß es in jeder Provinz neben den gelehrten Schulen noch eine Ritterakademie gäbe, so geschah dies nicht aus dem Grunde, weil er für einen Teil der Jugend der höheren Stände eine von der der übrigen abweichende Vorbildung für das Bessere gehalten hätte, sondern aus ökonomischen Rücksichten für den armen Adel. Wenn nach dem fridericianischen System der Staat vornehmlich auf die Schultern des Adels die schwersten und verantwortungsvollsten Pflichten des öffentlichen Dienstes legte, so erschien es als ein Gebot des Interesses und der Billigkeit, daß er dem ärmeren Teil desselben eine Unterstützung bei der Erziehung seiner Söhne leistete. Indem er aber nicht in der Lage war, den Unterhalt derselben während der langen Dauer der Gymnasial- oder gar der Universitätszeit zu übernehmen, durfte es als ein zweckmäßiges Auskunftsmittel betrachtet werden, wenn es Anstalten gab, in denen jene jungen Leute, sei es kostenfrei, sei es gegen eine mäßige Pension, in einem kürzeren Kursus das Notwendigste aus einer wissenschaftlichen Vorbildung sich aneignen konnten.

Wenn Zedlitz beschuldigt worden ist, ein blinder Anhänger Basedows gewesen zu sein, so ergiebt sich dementgegen aus dem Vorstehenden vielmehr, daß er zunächst in der Zielbestimmung für die höheren Schulen recht selbständig neben ihm dasteht. Gegenüber dem von Basedow bis an die Grenze des Materialismus befolgten Nützlichkeitsprinzip geht durch Zedlitz' Grundanschauungen unverkennbar ein idealerer Zug hindurch. Basedow stand kühl bis ans Herz hinan dem klassischen Altertum gegenüber, schloß auf dem Philanthropin das Griechische ganz aus und lehrte das Latein eingestandenermaßen nur deswegen, weil es die Welt nun einmal noch so verlangte. Zedlitz, selbst ein Kenner und Liebhaber humanistischer Studien, ließ es gerade umgekehrt sein eifriges Bestreben sein, dem Geist des klassischen Altertums einen breiten Zugang zu den höheren Schulen zu verschaffen. Unberührt ist Zedlitz darum jedoch keineswegs geblieben von dem neuen pädagogischen Evangelium, das Basedow als Rousseaus Apostel in Deutschland verkündigte. Wie hätte es auch bei Zedlitz' lebhaft empfänglichem Geiste anders geschehen sollen, da doch die Rousseau-Basedowschen Reformideeen ganz allgemein eine so epochemachende Wirkung hervorbrachten und gerade auf die besten Köpfe, u. a. auf Herder, Goethe, Kant, wenigstens zu Anfang mit besonders starker Anziehungskraft wirkten! Namentlich die Methode war es, welche mit ihrer Losung: Rückkehr zur Natur! ganz in Übereinstimmung mit der seit dem Anfang der siebziger Jahre allenthalben eben hierauf gerichteten allgemeinen Bewegung der Geister enthusiastische Aufnahme fand. So gewann denn auch Zedlitz eine hohe Meinung von den methodischen Grundsätzen Basedows, studierte eingehend dessen Schriften, nahm die Einrichtungen am Dessauer Philanthropin persönlich in Augenschein und äußerte darauf über die dem neuen Unternehmen zu Grunde liegende Idee seinen ungeteilten Beifall. Das hinderte ihn jedoch nicht, einen scharfen kritischen Blick auch für die Schwächen und Gebrechen der neuen Methode und eine selbständige Haltung bei Aufstellung der seinigen sich zu bewahren.

Als das Grunderfordernis jedes Unterrichts betrachtete Zedlitz in voller Übereinstimmung mit Basedow die Erweckung und Erhaltung der Lernlust. In der Wahl der dazu anzuwendenden Mittel zeigt sich aber sofort ein Unterschied. An denen, deren man sich auf dem Philanthropin bediente, fand der Minister in Gemeinschaft mit vielen anderen Beurteilern zu tadeln, daß durch die Art, wie dort das Lernen zum Spiel gemacht würde, es in Spielerei und Tändelei ausarte, und man damit, weit entfernt davon, die Geisteskräfte zu stärken, vielmehr erschlaffend auf dieselben einwirke und am Ende nur große Kinder herangebildet habe, die nur zu spielen, aber nicht mit Ernst und Selbständigkeit zu arbeiten verstünden. Er habe nichts dagegen, wenn man bei den Kleinen an den Spielsinn anknüpfe, nur müsse rechtzeitig in eine ernstere Bahn eingelenkt werden, wo jedoch dieser Übergangspunkt bei Basedow liege, vermöge er nicht zu erkennen; das Philanthropin weise wohl eine muntere, mit Lust und Eifer lernende Kinderschar auf, ob es aber auch aus diesen Knaben geisteskräftige Jünglinge zu machen fähig sei, erscheine ihm zum mindesten fraglich.

Ein großes und nachahmenswertes Verdienst Basedows erblickt er hingegen wiederum in dem Bestreben desselben, dem Kinde den frohen Genuß seiner Kindheit zu sichern, ihm die Möglichkeit zu gewähren, sich frei und ungezwungen in der frischen Natur zu tummeln, um dabei seinen Körper zu kräftigen, Herz und Sinn zu öffnen und gesund zu erhalten. Sehr zu billigen sei die in Verbindung damit erfolgte Einführung einer leichten und bequemen Kleidung an Stelle des bisher üblichen steifen Toilettenzwangs, der aus den Kindern Karrikaturbilder der Salons gemacht. Ebenso sei die Abstreifung aller tanzmeisterlichen Etikettenregeln sehr zu rühmen, nur solle man darum nicht gleich aus den Kindern kleine Wilden machen wollen, sondern besser unterscheiden zwischen den manierierten Sitten der Salons und dem, was der gebildete Ton der guten Gesellschaft erfordert.

Frisch und gesund an Leib und Seele müsse das Kind geblieben sein, das sei die erste Vorbedingung, wenn es mit Lust und Liebe an die neue Aufgabe des regelmäßigen Lernens herangehen soll. Wie ist nun aber, entsteht die weitere Frage, die Freudigkeit beim Lernen zu erhalten? Des Ministers Ansicht geht dahin, es komme darauf an, die verschiedenen Geisteskräfte, unter Beobachtung des gehörigen Maßes bei ihrer Anspannung, in eine harmonische Wechselwirkung miteinander zu versetzen. Die einseitige Inanspruchnahme einer einzelnen Kraft auf Unkosten der übrigen erweckt den gleichen Überdruß, wie die Überanspannung aller. Nur ein Gleichgewicht in der Bethätigung der verschiedenen Kräfte verleiht Behagen und Lust zu erneuter Thätigkeit. Die Anschauung soll das Gedächtnis unterstützen, dieses selbst dem Verstande dienstbar sein, während die Erkenntnisse des letzteren zur Berichtigung und Reinigung der Phantasie, des Gefühls und der sittlichen Willenskraft verwertet werden müssen. Auf diese Weise wird nun aber nicht nur am sichersten und vollkommensten der Lerntrieb wachgehalten, viel besser als durch das künstliche und sittlich schädigende Mittel, den Ehrgeiz anzufachen, von dem auch Basedow sich nicht fernhielt, sondern es wird auch dem höchsten Beruf des Unterrichts, auf eine reiche und gesunde Entfaltung aller Geistes- und Gemütskräfte hinzuwirken, damit am besten entsprochen.

Betrachtete der Minister die Auswahl der Lehrgegenstände als bedingt durch den Interessenkreis der Zeit, so sollte dagegen für ihre Behandlung die Rücksicht auf eine allgemeine Geistesgymnastik maßgebend sein. Am schwersten hatte sich die alte Pädagogik gegen die Regeln einer naturgemäßen Kräfteentwicklung durch die Überladung des Gedächtnisses versündigt. Allem toten Wortkram wird demgegenüber der Krieg erklärt. Ganz im Einvernehmen mit Basedow wird verlangt, daß der Schüler mit keinem Worte belastet werde, wofür ihm die Anschauung mangelt. Daher die Empfehlung der Basedowschen Kupfer, der Anschaffung von Modellsammlungen, Landkarten u. s. w., ebendaher die Anweisung, bei allem Geschichtlichen genau auf die geographischen Grundlagen zu achten, kartographische Umrisse aus dem Kopf zeichnen zu lassen, mit dem Nächsten und Bekanntesten in der Erdbeschreibung zu beginnen, ebendaher die Forderung, beim geometrischen Unterricht auf die Anfertigung sauberer Figuren zu halten, und mit daher endlich auch die hohe Wertschätzung eines tüchtigen Zeichenunterrichts. Die Überladung des Gedächtnisses rührte zugleich aber auch von der Zurückdrängung des Verstandes beim Unterricht her. In der Vermeidung dieses Fehlers ließ es dem Minister auch das Philanthropin trotz aller darauf gerichteten Bemühung noch zu sehr an sich fehlen, indem es nach seiner Auffassung sich damit begnügte, daß das Wort durch das Bild allein sich dem Geiste einpräge. Um der Verstandesthätigkeit einen weiteren Raum und freiere Bewegung zu schaffen, befahl der Minister die Beschränkung des

Auswendiglernens und des Diktierens auf das knappste Maß. Für die Gewöhnung an eigenes Betrachten und Nachdenken gab es ihm kein besseres Mittel, als die Anwendung der sokratischen Kunst der Mäeutik auf den Unterricht. Es müsse das Bestreben darauf gerichtet sein, den Schüler alles selbst finden zu lassen. Die grammatische Regel ist aus dem Beispiel abzuleiten, der Wortgebrauch aus der Vergleichung der vorkommenden Fälle festzustellen, in den physischen Wissenschaften führt die Demonstration und das Experiment auf das Gesetz, in den ethischen sind die Erkenntnisse soviel wie möglich aus der Lektüre zu gewinnen. So bieten sich zur Bekanntmachung mit den Altertümern die Klassiker dar, die Logik ist an platonischen Dialogen, die Rhetorik an den alten Rednern mit Benutzung Quintilians, die Geschichte der Philosophie aus Ciceros Schriften zu erlernen. Darauf eingerichtete Lehrbücher werden in Aussicht genommen. Der Lehrer soll das ganze System seiner Wissenschaft im Kopf haben, es dem Schüler darum aber nicht in seiner ganzen Ausführlichkeit übermitteln. Er soll in der Vorführung der wissenschaftlichen Erkenntnisse auch nicht den Weg einschlagen, der in systematischen Werken der übliche ist, den der Abhandlung an langer syllogistischer Schlußkette, sondern empirisch verfahren, berichterstattend über das fertige Ergebnis unter Hinweis auf dessen Wichtigkeit im Geistesleben der Gegenwart. Während er aber das schwere Rüstzeug der wissenschaftlichen Forschung beiseite zu lassen hat, da seine Aufgabe nicht darin bestehen darf, Fachgelehrte in seiner Disziplin heranzubilden, muß er andererseits alle Oberflächlichkeit gänzlich ausschließen. Was der Schüler lernt, soll er ganz lernen, es soll dieses Was aber nur nicht eben das Ganze der Wissenschaft sein. Dagegen muß der Schüler soweit in den Zusammenhang einer Wissenschaft eingeführt werden, daß er ihre Elemente einschließlich ihrer Terminologie sicher beherrscht, ihren allgemeinen Wert richtig zu würdigen versteht, in ihr zu denken gelernt und mit dem allen die Befähigung gewonnen hat, sich später selbständig in ihr fortzubilden. Als Aufgabe in der Lektüre ergab sich dem leitenden Grundsatz zufolge das Eindringen in das Ganze der Komposition eines Schriftwerks, die Betrachtung seiner Bestimmung, seines logischen Gliederbaus, seines sprachlichen Charakters, seines wissenschaftlichen und ästhetischen Wertes. Zur Ausnutzung der Lektüre für die Geschmacksbildung werden im besonderen anempfohlen: Achtsamkeit auf ein gutes Lesen, geeignete Hinweisungen auf die in dem Schriftwerke sich darbietenden Schönheiten, Deklamationen, eine den ästhetischen Ansprüchen genügende Übersetzung oder freiere Nachbildung der Vorlage. Überhaupt sollten behufs innerer Aneignung des behandelten Lehrstoffs und der Gewinnung einer sicheren Herrschaft über die Form häufig sowohl mündliche Vorträge in der Klasse gehalten, als auch häusliche Ausarbeitungen aufgegeben und diese letzteren, als worauf der Minister höheren Orts noch ausdrücklich angewiesen worden war ein besonderes Gewicht zu legen, auch fleißig korrigiert werden. Die gleiche Sorgfalt wie bei den Korrekturen verlangte er von dem Lehrer bei der Vorbereitung auf eine jede Unterrichtsstunde. Desgleichen schrieb er vor, daß der Schüler über das in der Klasse Vorgetragene sich kurze Aufzeichnungen zu Hause machen, das Gedächtnismäßige genau lernen, und daß jedesmal in der nächsten Stunde das in der vorhergegangenen Besprochene durchgefragt werden sollte. Auch wegen des sittlich erziehenden Momentes des Unterrichts machte er dem Lehrer strengste Gewissenhaftigkeit und Wahrhaftigkeit zur Ehrensache. Wo der Lehrer nach sorgsamer Kenntnisnahme vom Stande der Wissenschaft eine sichere Auskunft zu geben nicht in der Lage wäre, erheische es seine Pflicht, dieses unumwunden auszusprechen, und wo nur sein eigenes Wissen unzulänglich, auch daraus kein Hehl zu machen. Ich weiß, daß ich nichts weiß, diese sokratische Maxime könnten Lehrende und Lernende nicht genau genug beherzigen, sie werde ebenso vor eitlem und verlogenem Gelehrtthun bewahren, als den Trieb nach dem Erwerb soliber Kenntnisse beförbern. Neben biesen aus ber Form der Behanblung sich ergebenben heilsamen Einflüssen auf ben Charakter bes Zöglings bürfte aber keine bei der Durchnahme des Lehrstoffs sich barbietenbe Gelegenheit verabsäumt werben, bie in ihm ruhenben moralischen Schätze in maßvoller und ungezwungener Weise für Herz und Gemüt ber Jugend wirksam zu machen, auf baß ihr eine ebenso starke als bauernbe Neigung für bas Wahre und Gute eingepflanzt werbe.

Einen allgemeinen Normallehrplan entwarf ber Minister nicht, aus seinen an die verschiebenen Anstalten erlassenen Instruktionen über die Einrichtung ber Lehrpläne tritt jedoch eine Einheitlichkeit in ben Grundzügen mit voller Deutlichkeit hervor.

Im Religionsunterricht blieb bie Zahl der Lehrstunden ziemlich reichlich bemessen, in ben unteren unb mittleren Klassen auf 4 bis 6, in ben oberen auf 3 bis 4 bie Woche. Eine breisache Stufenfolge läßt sich beim Lehrgang unterscheiben. Auf der unteren liegt ber Schwerpunkt in ber Erweckung der allgemeinen natürlichen Religionsvorstellungen, womit allenfalls einige Erzählungen aus der biblischen Geschichte und die Vorlesung und Erklärung einiger Stellen des Neuen Testaments zu verbinden sind, während der Katechismus hier noch auf alle Fälle ausgeschlossen bleibt. Jene allgemeinen Unterweisungen sollten ausgehn von ber täglichen Erfahrung und in die Moral münben, baß wir, wenn wir Gott lieben wollen, tugendhaft sein müssen, ohne Tugend aber auch keine Glückseligkeit für uns besteht. Damit im Verein sollten Belehrungen über bie Natur in einer sogenannten physikotheologischen Stunde einen ersten Begriff von der Weisheit bes Schöpfers und ber Zweckmäßigkeit ber Welt für bas Wohl ber Menschen verschaffen. Diese eubämonistische Religionsauffassung lag nun einmal ben Zeitgenossen im Blut, unb nahm ber Minister baher auch keinen Anstoß baran, baß sie in dem von ihm den Religionslehrern angelegentlich empfohlenen Buche, in Trapps „Versuch einer Pädagogik", sogar in sehr zugespitzter Form vorgetragen wurde. Der Minister hat sich selbst der Mühe unterzogen, Skizzen zu einer nach den vorstehenden Grundsätzen zu haltenden Religionsstunde zu entwerfen, Elaborate, die nicht gerade zu seinen glücklichsten gezählt werden dürfen. Er machte sich darin des allgemeineren Fehlers der Zeit und besonders der Basedowianer teilhaftig, im Vertrauen auf die Kraft des reinen Gedankens da selbstschöpferisch aufzutreten, wo nur eine dichterische Begabung den Erfolg verbürgen konnte. Wie das unter Zedlitz' Mitwirkung 1780 erschienene neue „Gesangbuch zum gottesdienstlichen Gebrauch in den Kgl. preußischen Landen", so litten auch seine Entwürfe zu einer Religionsstunde auf der unteren Stufe an einer gewissen phantasielosen Dürre. Es folge hier einer derselben als Beispiel:

„Was meint Ihr wohl, lieben Kinder, giebts wohl mehr Gutes oder Böses in der Welt?

Antwort. —

Nenne mir mal Einer etwas Gutes her!

— Spazierengehen, Essen, gute Freunde besuchen.

Ganz recht. Aber um spazieren zu gehen, was gehört dazu?

— Gesunde Füße.

Um was zu sehn, was uns gefällt, was angenehmes zu essen, was gehört dazu?

— Man muß nicht blind sein, gute Zähne und Mund haben, was zu essen haben.

Um Freunde zu besuchen?

— Welche haben!

Alles ganz recht, diese Dinge nun, die uns soviel Vergnügen machen, nennen wir gut. Wie heißt wohl das Gegentheil davon?

— Böse.

Nennen Sie auch solche einzelne Dinge. Gerade die jenen entgegengesetzten!

— Krank sein, nicht seine gesunde Gliedmaßen haben, keine Eltern, Brüder, Freunde haben, so arm sein, daß man nichts zu essen hat.

Gut! Sind Sie wohl eher krank gewesen? Manche gar nicht. Sie Andere, sind Sie öfterer krank, als gesund? Giebt es mehr Leute, die blind, taub, lahm sind, oder die alle Gliedmaßen haben und brauchen können?

— —

Einigen von Ihnen ist Vater, Mutter, Geschwister abgestorben. Aber giebts wohl mehr Menschen, die alle Freunde verloren haben, oder die sie noch besitzen? Und giebts wohl Einen Menschen auf Erden, der Niemand hätte, der sich um ihn bekümmerte, keinen Rathgeber, Helfer, Lehrer, Freund? Giebts viele so arm, daß sie kein Brod zu essen haben? Kennen Sie schon Leute, die verhungert sind?

— Nein! Es sind mehr Gesunde u. s. w. Man ist öfterer gesund u. s. w.

Also sehen Sie, es ist doch wohl mehr Gutes in der Welt als Böses. Von wem kömmt nun wohl die Welt her?

— Von Gott.

Ganz recht. Wir wollen noch nicht weitläuftiger davon sprechen. Von wem kömmt nun aber alles das viele Gute: Eltern, Gesundheit, Nahrung?

— Auch von Gott.

Was sind wir ihm also nicht schuldig? Haben Sie Ihre Eltern wohl lieb, oder jeden, der Ihnen immer freundlich ist, Ihnen Gutes thut, Ihnen was giebt?

— Ja.

Nun sehen Sie, Gott giebt Ihnen noch mehr als Ihre Eltern. Ja diese Eltern selbst hat er Ihnen gegeben. Müssen Sie ihn also nicht auch lieb haben?

— Ja.

Ja freilich recht sehr. Nun aber nenne mir Einer noch recht was Hübsches, Schönes, Angenehmes her!

— Eine schöne Wiese u. s. w.

Kann man die Wiese hören, schmecken?

— Nein.

Was dann?

— Sehen, auch wohl riechen.

Wie heißt das Werkzeug, wodurch wir sehen?

Ein Tischler macht einen Schrank; dazu braucht er allerlei Geräthschaften; man nennt so was Instrument, Werkzeug, z. B. den Hobel; nehmen Sie ihm den weg, so kann er nichts machen, ob er gleich es zu machen versteht.

Also was ist wohl ein Werkzeug?

— Das, wodurch man was macht und ohne das man es nicht machen kann.

Gut genug. Also ist da immer dreierlei: 1. ein Mensch oder Thier, das was machen soll. 2. Ein Ding, was soll gemacht werden, als ein Schrank beim Tischler und 3. das Instrument, nicht?

— Ja.

Können Sie mir mehr Instrumente nennen?

— Zangen, Keil, Ambos, Scheeren u. s. w.

Gut, was wird vorräthig damit gemacht?

— Nägel ausziehn, spalten, daraufschlagen, schneiden u. s. w.

Recht so. Und da gehören auch immer dreierlei dazu?

— Ja.

Können Sie Feuer anschlagen?

Was brauchen Sie dazu —, was ist nun das Instrument zum Feuer anschlagen?

Nun zurück auf unsere Fragen!

Ich fragte, wie heißt das Werkzeug, wodurch einer sehen kann? Da sind also auch Drei: ich der ich sehen will; das Ding, was ich sehen will und nun auch das Werkzeug, wodurch ich sehe. Haben Sie wohl ehe von Leuten gehört, die nicht sehen können? Wie heißen die?

— Blind.

Wo fehlts den Leuten? Am Fuße, an der Hand?

— Nein an den Augen u. s. w. u. s. w.

Auf menschliche Sinne als Werkzeuge des Leibes übergegangen. Aufgezählt mit Verwendung.

Schluß: Wer hat uns nun alles das gegeben?

— Gott."

Auf der mittleren Stufe trat die Erklärung des Katechismus und die Bibellektüre, bei welcher eine Auswahl der Stellen nach bestimmter Ordnung, etwa nach einer Reihe von Tugenden oder Pflichten, gewünscht wurde, in den Vordergrund. Die obere Stufe endlich erhielt die Bestimmung, neben der erweiterten Bibelkunde die Einsicht in die Wahrheit der christlichen Religion und die genauere Bekanntschaft mit ihrer Moral zu bewirken. Zur Vertiefung des Unterrichts in der natürlichen Religion werden dem Lehrer Reimarus' „Abhandlungen von den vornehmsten Wahrheiten der natürlichen Religion" empfohlen, ein Buch, in dem der Materialismus und Pantheismus bekämpft, der Glaube an die Vorsehung und Unsterblichkeit festgehalten, und dessen Inhalt auch sonst von der Art war, daß die Übereinstimmung desselben mit dem Kern des Christentums bei den Zeitgenossen nicht in Frage gezogen wurde. Gegen Basedows Verfahren gehalten, zeichnen sich Zedlitz' Vorschriften vorteilhaft aus durch die Fernhaltung von allen Phantastereien und Anstößigkeiten, durch ein zarteres Gefühl für die Bewahrung der kindlichen Herzensunschuld und durch die bestimmtere Forderung der Bibellektüre.

Dem Lateinischen gegenüber nahm der Minister im wesentlichen den Gesner-Ernestischen Standpunkt ein. Das Schwergewicht fiel hiernach in die Lektüre und zwar diejenige der besten klassischen Muster. Die Grammatik wurde keineswegs verbannt, sondern sollte nur fortan auf den Wert herabgesetzt werden, der ihr für das sichere Verständnis der Schriftsteller zukommt. Ebensowenig hatten schriftliche Übungen zu unterbleiben, nur daß auch sie in engen Anschluß an die Lektüre zu bringen waren. Der Gegensatz zu Basedow, der durch Sprechen und Lesen unter Fortfall aller schriftlichen Übungen das Latein erlernen lassen wollte, springt in die Augen. In den ersten Jahren ist der Unterricht auf die Übung im richtigen Lesen und Nachschreiben des an die Tafel Geschriebenen, sowie auch einzelner diktierter Wörter, auf sparsames Vokabellernen und auf die Aneignung einiger weniger Sentenzen zu beschränken. Grammatisches darf nur ganz vereinzelt und auch nur soweit beigebracht werden, als es aus der Muttersprache leicht verständlich wird. Die genaue Verdeutlichung des Sinnes, mit der bei jedem Wort der Anfang zu machen, soll durch Aufweisung der wirklichen Gegenstände oder ihrer Abbildungen unterstützt werden, wobei der Gebrauch von Basedows Kupfern empfohlen wird. In der folgenden Klasse wird mit dem Übersetzen und der zusammenhängenden Formenlehre angefangen. Eine Chrestomathie aus guten Schriftstellern, etwa Büschings Liber latinus, ist hierbei zu benutzen, oder auch allenfalls ein ganz leichter Autor. Das mechanische Auswendiglernen der Paradigmata hat aufzuhören, sie sind einzuüben durch Anschreiben an die Tafel unter Trennung der Endungen vom Stamm und Zusammenstellung verwandter Formen, sowie durch vielfach wiederholtes Vorsagen des Lehrers und Nachsagen des Schülers. In der Tertia ist Cornel der Hauptschriftsteller im Prosaischen, die dichterische Lektüre besteht in den Metamorphosen Ovids. In dieser Klasse hat die Syntax zu beginnen, die so zu betreiben, daß aus mehreren Beispielen der Lektüre die Regel abstrahiert und dann ein deutscher Text zu einem häuslichen Exercitium diktiert wird, in welchem die durchgenommenen Regeln ihre Verwendung finden. Das Auswendiglernen derselben ist verboten.

In der Sekunda treten Livius und Virgil in den Mittelpunkt, daneben kann Gesners ciceronische und plinianische Chrestomathie gebraucht, auch Sallust oder einiges aus Terenz gelesen werden. Die schriftlichen Übungen haben hier am besten in Rückübersetzungen ins Lateinische zu bestehen. Wenn auf der untersten Stufe die Zahl der Lehrstunden eine nur geringe sein sollte, so erschien dem Minister dagegen für Sekunda und Prima eine desto größere, eine solche bis zu 12 notwendig, teils behufs einer umfangreichen Lektüre, teils wegen der in der Prima mit dem Lateinischen zu verbindenden Rhetorik, Ästhetik und Geschichte der Philosophie. Gelesen sollten in der obersten Klasse werden vorzüglich Cicero, Tacitus, Horaz, daneben einige Stücke des Plautus, z. B. die Aulularia, die Captivi und der Amphitruo. Von den eingeführten Schriftstellern hatte der König selbst auf Livius, Sallust, Tacitus, Cicero, Virgil und Horaz hingewiesen; wenn er aber von allen diesen zugleich deutsche Übersetzungen in den Händen der Schüler sehen wollte, so findet man nicht, daß der Minister bei den Gymnasien darauf zurückgekommen wäre.

Bei der Rhetorik sind Ciceros Reden und einige von Demosthenes zu Grunde zu legen; aus den ciceronischen werden besonders pro Milone als Muster der Erzählung und pro lege Manilia als eines für die Kunst der Beweisführung namhaft gemacht. Die Behandlung der vorgelegten Muster hat nach dem Grundsatze zu geschehen, daß Beredsamkeit im Grunde nichts anderes ist, „als die Fertigkeit, gründlich und stark zu denken und das, was man denkt, mit großer Klarheit, Nachdruck und allem der Sache angemessenen Anstand zu sagen." Demgemäß soll zuvörderst der Gedankenzusammenhang klargelegt, hierauf die Stilgattung betrachtet und im Anschluß daran auf den Schmuck der Rede die Aufmerksamkeit gelenkt, nicht aber, wie es in schlechten Rhetoriken zu geschehen pflegt, aus dem letzteren, den Tropen und Figuren, die Hauptsache gemacht werden. Dabei muß der Quintilian stets in den Händen des Schülers und im Kopfe des Lehrers sein, um ihn sofort bei allen vorkommenden Fällen aufschlagen und die Stelle lesen und erklären zu lassen. Ein anderes Hülfsmittel ist nicht zu benutzen, wie denn auch keine systematische Theorie der Rhetorik gegeben werden soll, ohne daß dies jedoch den Lehrer von der Verpflichtung entbände, sich mit dem Ganzen derselben genau vertraut zu machen. Themata mannichfacher Art zu freien häuslichen Aufsätzen in lateinischer und deutscher Sprache haben sich an die rhetorischen und stilistischen Belehrungen anzuschließen. In sehr eindringlicher und eingehender Weise hatte der König sich selbst über den Unterricht in der Rhetorik geäußert. Wie sich erwarten läßt, entspricht Zedlitz in seinen Anweisungen in allem wesentlichen der königlichen Willensmeinung, jedoch weicht er insofern davon ab, als der König den Quintilian in einer Übersetzung benutzen zu lassen gedachte, der Minister dagegen den Gebrauch des Originals auf den Gymnasien voraussetzt.

In ähnlicher Weise wie in der Rhetorik sind die Grundbegriffe der Ästhetik oder vielmehr des die Poetik umfassenden Teils derselben zum Bewußtsein zu bringen. Auch hier kein Vortrag einer Theorie, sondern Ableitung der Einsichten aus den klassischen Dichtwerken alter und neuer Zeit; zum Poeten soll niemand erzogen werden, die „Versmacherei" wurde sogar aufs strengste verpönt, indessen muß darum doch jeder Gebildete ein Verständnis mindestens für die Verschiedenheit des Wesens der einzelnen Dichtgattungen, für die prosodischen und metrischen Erfordernisse sich erwerben. „Die Hauptsache ist aber immer, daß er (der Lehrer) den Zuhörern die Sache wirklich zu empfinden zu geben wisse."

Dem lateinischen Unterricht hatte sich endlich zufolge ihrer Anlehnung an Cicero die Geschichte der Philosophie anzugliedern. Der Minister ließ zur Ausführung seiner Absichten von Gedike, dem Direktor des Friedrichs-Werderschen Gymnasiums, ein besonderes Hülfsmittel herstellen. Gedike nahm aus Cicero alle philosophischen Abhandlungen nebst den auf die Philosophie bezüglichen einzelnen Stellen und verband sie unter Zugrundelegung einer nach den Völkern des Orients sowie den Griechen und Römern geordneten und innerhalb derselben wieder chronologisch verfahrenden Disposition und unter Hinzunahme von Ergänzungen aus anderen Schriftstellern zu einem Ganzen, wobei er seine eigenen zur Herstellung der Verbindung nicht zu vermeiden gewesenen Einschaltungen durch abweichende Schrift kenntlich machte. Das Buch hat durch mehrere Auflagen, von denen die letzten erst lange nach Zedlitz' Tode erschienen, seine Nützlichkeit bewährt, doch leidet es, abgesehen von der Frage nach dem Wert der ciceronischen Philosophie, an der durch alle Kunst in der Anwendung der Bindemittel doch nicht ausgeglichenen Buntartigkeit seiner einzelnen Bestandteile. Der Minister hatte Cicero deswegen am geeignetsten gehalten, den Gegenstand an ihn anzulehnen, weil von ihm der meiste Stoff dargeboten wird, und es auf eine möglichst vollständige Übersicht über die alte Philosophie abgesehen war.

Die Methode des lateinischen Sprachunterrichts fand unter Einschränkung des im Grammatischen und Stilistischen geforderten Maßes auch auf das Griechische ihre Anwendung. Der dem Gegenstande von ihm entgegengebrachten hohen Wertschätzung entsprechend erstrebte der Minister für denselben einen dreiklassigen Kursus mit je 6 wöchentlichen Stunden. Auf der untersten Stufe sollte nach den allernotwendigsten Vorbereitungen, nach der Erlernung des Schreibens und Lesens, der Anfänge der Formenlehre und einiger Vokabeln, zu der Übersetzung kleiner Sentenzen geschritten werden. Lehranstalten reicher entwickelter Art können auch schon auf dieser Stufe zu Xenophon und Lucian übergehn und schriftliche Übertragungen ins Deutsche anfertigen lassen. Jedenfalls soll es in der folgenden Klasse geschehen und außerdem daselbst Aelian, Anacreon oder aus der Gesnerschen Chrestomathie, welche Abschnitte aus

Herodot, Thucydides, Xenophon, Theophrasts Charakteres ethici, Aristoteles, Plutarch, Sextus Empiricus, Lucian, Herodian enthielt, Geeignetes herangezogen werden. Außerdem ist hier neben der Lektüre her die Kenntnis der Formenlehre zu erweitern. Der Syntax wird hier sowenig, wie in der Prima gedacht, sie bleibt auf die Erläuterung von Fall zu Fall beschränkt. Die Schriftsteller der obersten Stufe sind Homer und Theokrit, wo es angeht auch Sophocles, unter den Prosaikern Plato an erster Stelle, Demosthenes fällt den rhetorischen Stunden zu, Thucydides wird nicht erwähnt, wohl deswegen nicht, weil der König kein rechtes Verhältnis zu ihm hatte gewinnen können, wogegen er die Einführung des Xenophon, insonderheit seiner Cyropaedie und des Demosthenes ausdrücklich vorgeschrieben hatte.

Mit Plato ward der besondere Zweck verbunden, den Unterricht in der Logik an ihn anzuschließen. Mit der Abfassung eines eigens darauf eingerichteten Hülfsmittels wurde J. J. Engel, der Verfasser des Philosophen für die Welt, damals Professor am Joachimsthal, vom Minister beauftragt. Sein Werkchen führt den Titel: „Versuch einer Methode, die Vernunftlehre aus Platonischen Dialogen zu entwickeln", und ist dem Freiherrn von Zedlitz gewidmet. Am Menon wird gezeigt, wie die Sache anzufangen ist, und wies der Minister in seinen späteren Instruktionen über den Gegenstand stets auf das daselbst eingeschlagene Verfahren als auf ein vorbildliches hin. Zuerst wird der Dialog kursorisch im Zusammenhange gelesen mit kurzer Beifügung der nötigen Erläuterungen aus der Geschichte der Philosophie, demnächst eine Übersetzung des Ganzen oder besser der Hauptabschnitte daraus vom Lehrer diktiert, woran sich eine Betrachtung des Grundrisses und der Ergebnisse der Untersuchung unter Berücksichtigung des heutigen Standes der Erkenntnis schließt; das Durchgenommene wird zu eigenen Ausarbeitungen der Schüler verwertet. Es folgt eine kurze Übersicht über die Hauptstücke der Logik unter

Vorausschickung einer Belehrung über Wesen und Bestimmung dieser Wissenschaft. Demnächst wird der Stoff des Dialogs dazu verwandt, die Hauptstücke in der bei der vorläufigen Übersicht befolgten Ordnung auf diskursivischem Wege zu näherem Verständnis zu bringen. Dabei muß die kleine Logik von Wolff oder noch besser die auf Wolff fußende von Reimarus zum Nachschlagen stets zur Hand sein. Wolff oder besser ein Abrégé aus ihm beim Unterricht in der Logik zu Grunde zu legen, hatte der König selbst ausdrücklich angeordnet. Dem Schüler verbleibt dann noch die Aufgabe, die vorgekommenen Fälle wieder in der nämlichen Anordnung in einem Hefte sich zusammenzustellen und so eigentlich „selbst eine Logik (zu) schreiben." In jedem Semester sollte ein Dialog in der angegebenen Weise behandelt werden, und wurde zu dem Zweck eine besondere Ausgabe von vier Dialogen, vom Menon, beiden Alcibiades und dem Kriton, veranstaltet. Neben dem Logischen sollten bei den drei letzten Dialogen auch andere Zweige der Philosophie einige Berücksichtigung finden; beim ersten Alcibiades Psychologie und die Lehre vom Staat, beim zweiten natürliche Religion, beim Kriton Moral, Natur- und Sozialrecht.

Für das nur für Theologen obligatorische Hebräisch erteilte der Minister weiter keine Instruktion als: So wenig wie möglich; nur für Primaner, in zwei Abteilungen, in der unteren Lesen und Paradigmen, in der oberen Übersetzen.

Beim Französischen erschien Zedlitz der Unterricht eines geborenen Franzosen, namentlich für die oberen Klassen, unerläßlich. Grammatisches sollte zum Beginn nur soviel gelehrt werden, als zur Betreibung der Lektüre erforderlich, für diese selbst müßten recht anziehende Sachen ausgewählt werden, darunter einige Molièreschen Lustspiele, der Telemach, verschiedenes von Voltaire. Deutsche Diktate zu Übersetzungen ins Französische dürften nicht fehlen, in den obersten Klassen auch nicht die Einführung in eine „Grammaire raisonnée." Geeignete Hülfsmittel hierzu werden angegeben.

Im Bereich des Deutschen steht der sprachliche Gesichtspunkt noch voran; nicht die Litteraturdenkmäler werden in den Mittelpunkt gerückt, um aus ihnen alles, was sie an Inhalt und Form Bedeutendes und Schönes besitzen, auf die Jugend wirken zu lassen, sondern die Beherrschung der Sprache ist es, auf welche das Hauptaugenmerk genommen wird. Die Kunst darin soll freilich an der Hand von Musterstücken und nicht an der von Regeln erworben werden. Vorzuarbeiten hat dem eigentlichen deutschen Unterricht derjenige in der Religion in bezug auf die Gewöhnung an ein richtiges Sprechen und derjenige im Schreiben durch Diktate zur Übung in der Orthographie. In den unteren und mittleren Klassen sollen Sulzers „Vorübungen" gebraucht werden, in der Weise, daß der Lehrer die ausgewählten Abschnitte vorliest, erklärt und vorlesen läßt, Fragen darüber stellt und die Nacherzählung des Inhalts verlangt, außerdem aber Aufgaben daraus zu schriftlichen Darstellungen giebt. Welche Reihenfolge bei denselben im Fortgang des ganzen Unterrichtskursus einzuhalten, darüber giebt Trapps Pädagogik Auskunft: Mit Beschreibungen einfacher Gegenstände ist anzufangen, zu denen eines zusammengesetzten Ganzen von da überzugehen, hieran haben sich Fragen nach der Entstehung allgemein bekannter Dinge anzureihen, dann folgen Nacherzählungen, unter welchen der Minister auch auf Wiedergabe des Inhalts eines Gedichts, etwa eines Gellertschen, Wert legte, hernach kommen Versuche in eigener Erfindung, in Form von Dialogen, Fabeln, Briefen, den Schluß machen Betrachtungen moralischer Art, wenn anders man solche überhaupt zulassen will, und Reden. Die Aufsätze und Redeübungen der älteren Schüler gehen von dem rhetorischen Unterricht aus. Nichts darf behandelt werden, ohne daß der Schüler zuvor mit dem Stoff ausreichend vertraut gemacht worden ist. Während in den unteren Klassen nur das Allernotwendigste aus der Grammatik beigebracht werden darf, so etwa, daß der Lehrer nach Erklärung des Wichtigsten vom Numerus, Tempus, der Flexion u. s. w. absichtlich Fehler dagegen in seinen Sätzen unterlaufen läßt, die dann die Klasse entdecken und berichtigen muß, soll dagegen auf der obersten Stufe ein wissenschaftlicher Unterricht in der Grammatik erteilt werden. Behufs der Herstellung eines geeigneten Lehrbuchs hatte sich der Minister mit Joh. Christoph Adelung in Verbindung gesetzt, und dieser der Aufforderung entsprechend, seine „Deutsche Sprachlehre für Schulen" geschrieben, der wegen ihres zu großen Umfangs ein Auszug daraus unmittelbar folgte, während der Verfasser in seinem wenig später erschienenen grammatischen Hauptwerke, dem „Umständlichen Lehrgebäude der deutschen Sprache", die tiefere Begründung seiner Lehrsätze gab. Die Bücher zerfielen in einen historischen und einen systematischen Teil, von denen jener eine Geschichte der Sprache zu geben versuchte, dieser auf eine scharfe Bestimmung, sowie logische und psychologische Begründung der zur Geltung gelangten Sprachgesetze sein Absehn richtete. Auch auf der obersten Stufe blieb jedoch neben den den rhetorischen Stunden zufallenden Stilübungen und der Behandlung der Grammatik eine Lektüre deutscher Schriftwerke keineswegs ausgeschlossen, im Gegenteil entsprach es ganz dem Wunsche des Ministers, wenn von dem immer glänzender sich erhebenden Gestirn der deutschen Dichtung mehr und mehr auch in die Schule helle Strahlen fielen, und hat er denn auch in späteren Instruktionen nachdrücklichst das Seine dazu gethan.

Schärfung des Urteils und Veredelung des Charakters galten dem Könige als der Erfolg, den ein gut geleiteter Geschichtsunterricht hauptsächlich zu erstreben habe. Namen und Zahlen besitzen nach ihm nur insoweit Wert, als sie zur sicheren Erfassung des inneren Zusammenhanges wichtiger Begebenheiten dienen. Die wichtigsten für die Schule sind ihm die der neueren, insbesondere der vaterländischen Geschichte, doch sollte auch für eine Kenntnis vom allgemeinen Gang der alten gesorgt werden. Alle Begebenheiten sind in stetiger Verbindung mit den sie umfassenden Kulturzuständen vorzutragen. Freiere Besprechungen haben das Vorgetragene zu festem geistigem Eigentum zu gestalten. Im Anschluß an diese Gedanken hat der Minister den Unterrichtsgang bestimmt. Dem Bedürfnis einer genau abgegrenzten Pensenverteilung wurde Rechnung getragen, eine Folge von drei Stufen eingerichtet. Auf der unteren handelt es sich nur um eine Auswahl einzelner Darstellungen leicht faßlicher Art aus dem ganzen Gebiet der Weltgeschichte. Der mittleren Stufe fällt die zusammenhängende Durchnahme der allgemeinen Weltgeschichte zu, bei welcher die eine Hälfte der Zeit auf die alte Geschichte, besonders die der Griechen und Römer nebst der Geographie der alten Welt, und die andere auf die neuere zu verwenden ist. Der obersten Stufe verbleiben griechische und römische Altertümer, die auch mit den alten Sprachen verbunden werden können, und neuere europäische Staatengeschichte, diese unter besonderer Berücksichtigung der brandenburgisch-preußischen, doch würde auf den märkischen Gymnasien die letztere schon der Mittelstufe zu überweisen und genauer als anderwärts durchzunehmen sein, wofür dann neuere Universal- und europäische Staatengeschichte mit einander zu verbinden wären. 4 bis 6 wöchentliche Geschichtsstunden hielt der Minister nicht für zuviel, ohne darum doch wirklich auf eine derartige Erhöhung ihrer Zahl zu bestehen. Doch wurden 4, wenigstens auf der obersten Stufe und einschließlich der Altertümer, nicht ungewöhnlich. Wenn auch anbefohlen wurde, Maß in den chronologischen Daten zu halten, so sollten doch die unter ihnen ausgewählten und ebenso die erforderlichen geographischen Momente, welche beiden Dinge als die „Augen der Historie", zu betrachten seien, auf das sorgsamste behandelt werden. Die wichtigsten Daten müssen nach vorläufiger orientierender Übersicht über das zu durch-

messende Gebiet und ihrer eigenen Erklärung zum genauen
Erlernen aufgegeben werden, die Karte soll stets beim Unter=
richt zur Hand sein zur Aufweisung aller einschlägigen geo=
graphischen Verhältnisse. Im übrigen eignet sich der Minister
die von Sulzer in den Verordnungen über das Joachimsthal
vom Jahre 1767 gegebenen methodischen Anweisungen an.

Als zweckdienliche Lehrmittel auf der unteren Stufe
werden Schlözers „Weltgeschichte für Kinder" sowie eine zu
Zürich erschienene Sammlung kleiner geschichtlicher Erzählungen
besonders namhaft gemacht. Auf der zweiten Stufe und für
die brandenburgische Geschichte ist zu Grunde zu legen Joh.
Matth. Schröckhs „Lehrbuch der allgemeinen Weltgeschichte
zum Gebrauch bey dem ersten Unterrichte der Jugend — nebst
einem Anhange der Sächsischen und Brandenburgischen Ge=
schichte." In der That eine vortreffliche Wahl! Der Verfasser
bekundet darin neben seinem wohlbekannten Freisinn zugleich
richtige pädagogische Besonnenheit und neben seinen hohen
wissenschaftlichen Gaben zugleich das Geschick, den für die
Jugend angemessenen Ton in der Darstellung zu treffen. Er
weiß sehr wohl, daß es eine Hypothese giebt, nach der die
mosaische Schöpfungsgeschichte nur von der „Umschaffung der
weit älteren Erde" berichte, aber da hier keine anerkannte
wissenschaftliche Thatsache vorliegt, zieme es sich nicht, davon
für die Jugend Gebrauch zu machen. So steht er auch in
der ganzen Religionsüberlieferung auf positivem Boden; ge=
treu nach der Bibel erzählt er die Geschichte des Volkes Israel,
als des auserwählten Volkes, das bis zum Jahre 4000 der
Welt allein unter allen eine göttliche Offenbarung über die
Religion empfangen habe, während die anderen in Abgötterei
versunken geblieben seien, und hält in gleich bestimmter Weise
an dem Kirchenglauben von Christi Person und Leben fest.
Demungeachtet verleugnet er jedoch keineswegs den moderneren
Zug in seiner Auffassung. Zunächst freilich auch den nicht,
in dem die Beschränkung seiner Zeit lag, die Beziehung alles

Göttlichen auf die menschliche Glückseligkeit, daneben aber auch die anderen um nichts weniger, in denen der Fortschritt enthalten, den Ekel vor dem dogmatischen und rituellen Gezänk und den Haß gegen jede Glaubenstyrannei. Nicht Rechtgläubigkeit und Werkgerechtigkeit ist ihm das höchste in der Religion, sondern ein rechter Wandel zur Förderung segenbringender Werke; die Papstherrschaft des Mittelalters bezeichnet er wegen ihrer fanatischen Verfolgungswut als das fürchterlichste Reich, das Menschen jemals gekannt hätten; die konfessionellen Unterschiede zwischen Lutheranern und Reformierten erscheinen ihm so geringfügig, daß er es nur dem verhängnisvollen Ungestüm der beiderseitigen Reformatoren zuschreiben kann, wenn beide Kirchen soweit auseinandergegangen sind; als schönsten Vorzug der Gegenwart in kirchlicher Beziehung preist er die Toleranz. Neben dem festen religiösen Sinn durchweht ihn ein warmer patriotischer Hauch; er beklagt tief die deutsche Nachahmungssucht, die dem Vaterlande soviel Schädigung gebracht habe, er erhofft, wie so manche der edelsten Geister der Zeit mit ihm, für das darniederliegende deutsche Reich eine neue Morgenröte von dem im Aufgang begriffenen Gestirn Kaiser Josephs II. Trotzdem und trotz seiner Eigenschaft als kursächsischer Professor in Wittenberg hat er doch eine durchaus gerechte Würdigung für die Thaten und Verdienste Friedrich Wilhelms I. und Friedrichs des Großen, wie denn überhaupt Unparteilichkeit und Milde im Urteil sich nirgends verleugnen, es müßte denn da sein, wo der Verfasser gerade diese Eigenschaften bei geschichtlichen Persönlichkeiten vermißt. Zu diesen auf dem Charakter und Taktgefühl des Verfassers beruhenden Vorzügen seines Lehrbuchs gesellen sich diejenigen, welche er ihm als ausgezeichneter Gelehrter verliehen. Umfangreiches Wissen, kritischer Sinn in der Forschung und philosophischer Geist in der Betrachtung erscheinen hier in engem Bunde. Möglichst aus den gleichzeitigen Denkmälern, so erklärt er in der Einleitung, müsse der Stoff geschöpft werden, die weltgeschichtliche Betrachtung sich gleichmäßig über alle Epochen und alle Seiten des Völkerlebens, über das politische und soziale oder bürgerliche, wie er es nennt, das kirchliche und geistige Gebiet erstrecken und den ursächlichen Zusammenhang der Erscheinungen klarlegen. So behandelt und vorgetragen biete die Weltgeschichte die Gelegenheit zu einer vortrefflichen Gymnastik des Geistes dar, indem sie an eine bedächtige Prüfung des Vernommenen und an eine umfassende, objektive Art in der Beurteilung der Dinge gewöhne. Nur so behandelt könne sie aber auch ihrer eigensten Bestimmung nachkommen, den Fortgang zu melden, „den der menschliche Verstand in der Untersuchung und Anwendung des Wahren, Schönen und Nützlichen gewonnen hat." Nach diesen Grundsätzen ist, soweit es die Rücksicht auf die jugendliche Fassungskraft erlaubte, der Stoff bearbeitet worden. Alles wird in zusammenhängender, lebendiger Darstellung vorgeführt, denn auch zur Vervollkommnung in dieser kann und soll der Geschichtsunterricht dienen. Eine Wiedergabe in zusammenhängender Rede wird von dem Verfasser erst dann gefordert, wenn der Inhalt des frei Erzählten durch Einzelfragen gesichert worden ist, und giebt das Lehrbuch für diese letzteren in den Anmerkungen geeignete Winke. Seinem Grundriß nach zerfällt es in einen „Vorläufigen Begriff" und die „Allgemeine Weltgeschichte", von denen jener eine Übersicht über die wichtigsten Völker, zuerst nach ihrer Berühmtheit, dann nach der Zeitfolge giebt, während der Hauptteil, der letzteren Anordnung folgend, das Ausführlichere darüber darbietet. Christi Geburt scheidet die ganze Geschichte in die alte und neuere, innerhalb jeder der beiden Hälften erfolgt die Gliederung nach je sechs Zeiträumen. Am Schluß eines jeden derselben sind „Vermischte Anmerkungen" hinzugefügt, die zu der näheren Betrachtung des in ihm besonders Lehrreichen einladen sollen; so wird z. B. im Anschluß an den Zeitraum von Moses bis Romulus über die vorbildliche Stellung des

Volkes Israel, die Gesetze und Gebräuche der Aegypter, die Religion der Griechen u. s. w. gesprochen. Im Text ist eine moralisierende Betrachtung ausgeschlossen, die Darstellung vielmehr so eingerichtet, daß der Lehrgehalt von selbst sich daraus ergiebt. In der ersten Hälfte des „Vorläufigen Begriffs" fehlen die Jahreszahlen noch ganz, indem die Bekanntschaft mit dem Jahrhundert für den ersten Zweck als genügend betrachtet wird, später sind sie nach Bedarf an den Rand gesetzt. Auch Schröckh will beim historischen Unterricht die Landkarte immer in Benutzung sehen. Diesem einbändigen, kleineren „Lehrbuch", das im Jahre 1774 erschienen, folgte aus der Feder desselben Verfassers in den Jahren 1780 bis 1782 eine ebenfalls zu weiter Verbreitung gelangte „Allgemeine Weltgeschichte für Kinder" in vier Teilen, eingehender, sonst aber nach den gleichen Gesichtspunkten bearbeitet.

Als Grundriß für die Vorträge über die neuere Staatengeschichte empfahl Zedlitz Joh. Geo. Meusels „Anleitung zur Kenntniß der Europäischen Staatenhistorie nach Gebauerscher Lehrart." Dieses mit Verwertung von Achenwalls statistischen Arbeiten aus einer Umarbeitung des stark begehrten Gebauerschen Grundrisses entstandene, 1775 erschienene Hülfsbuch des Erfurter Professors gab unter fortlaufender Bezugnahme auf Quellen und Hülfsmittel in kurzgefaßten Paragraphen eine Übersicht über den politischen Entwicklungsgang der modernen europäischen Staaten, Deutschland und Österreich ausgenommen. Die griechischen und römischen Altertümer sollten nach des Ministers Willen mit Benutzung der Lehrbücher von Bos und Nieupoort im engen Anschluß an die altklassische Lektüre betrieben werden. Für den historischen Memorierstoff wies er auf Gatterers synchronistische Tabellen hin.

Daß der geographische Unterricht mit besonderem Nachdruck betrieben werde, erschien dem Minister um so notwendiger, als die Geographie auf den Universitäten keine Lehrstühle besaß. Der Unterricht in derselben hat seinen Gang so zu nehmen, daß die Anfänger nur mit der Provinz des Schulortes bekannt gemacht werden, indem man von dem letzteren selbst dabei ausgeht, worauf er alsdann zu einer erst ganz allgemeinen, hernach näher eingehenden Bekanntmachung mit dem preußischen Staate, mit Deutschland und Europa und endlich zu einer kurzen, nur die europäischen Kolonieen genauer berücksichtigenden Übersicht über die fremden Erdteile vorschreitet. Zuvörderst ist zu erstreben, daß das Kartenbild in seinen allgemeinen, charakteristischen Umrissen und seinem wichtigsten Inhalt sich genau dem Kopfe einpräge. Hierzu empfiehlt sich als das zweckdienlichste Mittel, Karten nach ihren Grundlinien mit wenig Eintragungen aus dem Kopfe freihändig nachzeichnen zu lassen, nachdem vor aufgeschlagener Karte auf alle Hauptpunkte der Gestaltung hingewiesen worden ist. Zu Anfang eignen sich für diese Übung kleinere, bekanntere Gebiete am besten, für Königsberger Schüler z. B. das Samland. Die Angaben über die natürliche Beschaffenheit der Länder sind abzumessen nach dem letzten Ziel des ganzen Unterrichtsgegenstandes, das darin zu suchen, eine statistische Übersicht über die gegenwärtige Verfassung der menschlichen Gesellschaft, nach den Hauptseiten hin, zu geben. Um auch auf die wichtigsten darin weiter vorsichgehenden Veränderungen die Schüler rechtzeitig aufmerksam zu machen, sollen mit ihnen hier in den geographischen oder in den Geschichtsstunden die Berichte der Zeitungen darüber durchgegangen werden. In den Kursus der obersten Stufe ist mathematische und physikalische Geographie aufzunehmen. Als Lehrbuch soll vornehmlich Büschings Erdbeschreibung benutzt werden. 4, ja 6 Stunden finden sich für den Gegenstand angesetzt.

Auf das gemeine Rechnen ward ein großes Gewicht gelegt, außer den vier Spezies die Bruchrechnung einschließlich der Dezimalbrüche, Regel de Tri, Gesellschaftsrechnung verlangt, aus dem Bereiche der Mathematik aber, deren allgemein bildenden Wert König und Minister unterschätzten, genügte letzterem in der Arithmetik die Geleitung zu den leichteren Teilen der Algebra, etwa den Quadratwurzeln, allenfalls den Gleichungen zweiten Grades und Logarithmen, und zu den Reihen, während die reine Geometrie mit der Trigonometrie ihr Ende erreichen konnte und auch vorzüglich als Vorstufe zur angewandten und zur Physik behandelt werden sollte. Feldmessung, Mechanik, Optik, Astronomie, Meteorologie, Elektricität u. s. w. bilden die bevorzugten Gegenstände des mathematisch-physikalischen Unterrichts auf der obersten Stufe. Über die in der Mathematik im einzelnen zu befolgende Methode hatte der Minister Sulzers Rat eingeholt. In der Naturgeschichte wird eine Übersicht über die wichtigsten Erscheinungen in ihren drei Reichen gefordert, wobei die Rücksicht auf die Verwendbarkeit des Gelernten im Leben den Maßstab bildet. Der Stundenzahl nach wurde die Mathematik mit der Naturwissenschaft gleichgestellt, und jedes der beiden Fächer mit je 2 wöchentlichen Lehrstunden bedacht, was für erstere unzweifelhaft eine ebenso ärmliche, als für letztere eine, gegen früher gehalten, recht günstige Lage darstellt. Die Naturwissenschaften verdankten das dem hohen Begriff, welchen der Minister von ihnen hegte, als einer Erkenntnisquelle, welche Licht gäbe, „über die wunderbare Ordnung und über die unwandelbaren Gesetze der Natur," und zugleich als der Grundlage aller Technik. Die in Deutschland noch immer verhältnismäßig niedrige Stufe ihrer wissenschaftlichen Entwicklung und die andauernde Verlegenheit hinsichtlich der Anschaffung der erforderlichen Apparate mußten jedoch die Erwartungen von den seitens der Schule in ihnen zu erzielenden Leistungen einigermaßen dämpfen.

Über die Methode in den technischen Lehrgegenständen finden sich keine näheren Vorschriften des Ministers, nur daß er den Zeichenunterricht neben dem, daß derselbe seine praktische

Aufgabe erfülle, vom künstlerischen Gesichtspunkt aufgefaßt wissen wollte.

War die Einführung des Fachklassensystems als eine Gegenmaßregel gegen den einseitig gelehrten Charakter der alten Lateinschulen schon vor Zedlitz' Amtsantritt mehrfach erfolgt, so entsprach es dem Prinzip, die höheren Schulen als allgemeine Vorbildungsanstalten zu organisieren, wenn der Minister die Ausdehnung jenes Systems für heilsam hielt. Er hat nicht geradezu eine Anordnung darüber ergehen lassen, aber die Umwandlung da, wo sie sich vollzog, als eine Verbesserung begrüßt. Trotz der damit verbundenen Mängel war in der That dies Radikalmittel eine Zeit lang nicht zu entbehren, wenn man den neuen Anpflanzungen auf dem Felde der höheren Schulen Licht und Luft zum Gedeihen neben dem Latein gewähren wollte. So ziemlich alle namhafteren Anstalten gingen denn auch, falls sie es vorher noch nicht gethan, während Zedlitz' Amtsführung dazu über. Nahm der Minister in dieser Frage eine beifällig zuwartende Haltung ein, so forderte er dagegen mit Entschiedenheit eine genaue Abstufung und Umgrenzung der Klassenpensen. Ließen sich doch auch erst auf dieser Grundlage feste Normen für Aufnahme- und Versetzungsbedingungen schaffen, und sich, wie es nun geschah, strenggeregelte Prüfungen hierfür einrichten.

Trotz der Erhöhung der Stundenzahl in verschiedenen Fächern machten Zedlitz' Entwürfe zu einem neuen Lehrplan doch keine Steigerung in der Gesamtheit der Lehrstunden erforderlich, im Gegenteil, die Einschränkungen an anderen Stellen, die mittels engerer Verbindung mehrerer Wissenschaften mit der Lektüre und des Wegfalls nicht schulmäßiger Disziplinen durchgeführte Konzentration des Unterrichts und die Beseitigung verschiedener bisher stattgehabter Unterbrechungen des regelmäßigen Lehrgangs ergaben die Möglichkeit, mit nicht über 30 wöchentlichen Lehrstunden, also einem geringeren Zeitaufwand als nach dem bisherigen Durchschnitt, ohne fernere Zuhülfenahme von Privatlektionen allen Anforderungen der Schule, einschließlich des Zeichnens und nur ausschließlich der Musik und der etwaigen Leibesübungen, zu genügen. Die feierlichen, zeitraubenden Disputationen wurden durch anspruchslose, inmitten der gewöhnlichen Lehrstunden nach sokratischer Art veranstaltete Unterredungen ersetzt; die dramatischen Aufführungen fielen ganz weg, der König war kein Freund davon und hatte sie auch auf den Universitäten gänzlich verboten; oratorische Akte wurden nicht mehr in Gestalt von selbständigen Feierlichkeiten angesetzt, sondern statt dessen an den Examentagen von einigen der vorgeschrittensten Schüler Vorträge über Themata aus dem behandelten Lehrstoff gehalten. Die auf das jährliche öffentliche Examen verwandte Zeit wurde erheblich vermindert, am Joachimsthal von der Dauer einer Woche auf die von drei Tagen für gewöhnlich. Über die Gesamtdauer und Verteilung der Ferien hat der Minister keine allgemeinen Anweisungen ergehen lassen, er hat nur auf die Einhaltung einer mäßigen Ausdehnung und pünktliche Beobachtung der Anfangs- und Endtermine gedrungen. Sie beliefen sich, verschieden nach den Anstalten, auf vier bis acht Wochen jährlich. Alle einzelnen freien Tage nicht feierlichen Charakters, beispielsweise zur Zeit der Jahrmärkte und zu Fastnacht fielen weg, von den kirchlichen Feiertagen blieben nur bestehen, und dies auf Grund einer für das ganze Land erlassenen Verordnung, die jedesmaligen beiden ersten Feiertage an den drei großen Festen, der Karfreitag, der Neujahrstag und der Buß- und Bettag Mittwoch nach Jubilate; in Werkeltage wurden dagegen verwandelt die dritten Feiertage, die zeitherigen vierteljährlichen Bußtage, der Gründonnerstag und Himmelfahrtstag, und die kirchliche Feier der beiden letzteren auf den nächsten Sonntag verlegt. Außer durch die Ermäßigung der täglichen Lehrstundenzahl wurde für die häuslichen Beschäftigungen und für die Erholung Zeit gewonnen durch die Einschränkung der religiösen Übungen auf ein bescheideneres Maß; die besonderen Erbauungsstunden in den Wochentagen könnten künftig entweder ganz wegfallen, oder auf besondere Veranlassungen beschränkt werden, entschied der Minister.

Sollte auch der Gewinn an Zeit außerhalb der Lehrstunden von Lehrern und Schülern zuvörderst für die Arbeit benutzt werden, so war doch der Minister zugleich darauf bedacht, einen hinlänglichen Teil der schulfreien Zeit für geistige und leibliche Erfrischung offen zu halten und daraufzielende Einrichtungen zu befördern. Dahin gehörten die geselligen Belustigungen und die Leibesübungen auf den Ritterakademieen, dahin die in der Wohnung eines Lehrers abgehaltenen wöchentlichen Konzertabende und das im Winter im „Refectorium" sich versammelnde litterarische Kränzchen der älteren Schüler des Joachimsthals, Veranstaltungen, die der Minister um so lieber sah, als dabei zum großen Nutzen für die Gewöhnung der jungen Leute an feinere Umgangsformen außer den Lehrern der Anstalt auch angesehene Personen aus der Stadt als Zuhörer und Teilnehmer zu erscheinen pflegten.

Überhaupt brachte der hohe Leiter des Schulwesens der Jugend das herzlichste Wohlwollen entgegen und äußerte sich dasselbe manchmal in geradezu rührender Weise; so bemerkt er bei der Beurteilung eines Planes zu einem neuen Alumnat: „Aber wo ist Taschengeld, ein nöthiger Artikel; wärs auch nur, um sich mit einem Pfefferkuchen einen frohen Tag zu machen, Ausbrüche der Wohlthätigkeit zu befriedigen u. s. w." Jeder Ungebundenheit der Schüler trat der Minister dagegen als ein ebenso strenger Feind entgegen, den Besuch der Kaffee- und Weinhäuser und das von den Universitäten her hier und da herübergedrungene Ordenswesen verbot er aufs entschiedenste. Als Grundsatz in der Handhabung der Disziplin wird der Appell an das Ehrgefühl vorangestellt; es ist ganz nach Zedlitz' Sinne, wenn die Schüler der oberen Klassen jetzt allgemein mit „Sie" angeredet werden. Ausgelassenheit und

Übermut sind von Unehrenhaftigkeit und Schlechtigkeit sehr bestimmt in der Behandlung zu sondern. Muß im ersteren Falle bei den Rügen es ja recht sorgsam vermieden werden, daß durch sie nicht die natürliche jugendliche Munterkeit und Unternehmungslust geknickt werde, so ist in dem anderen mit einschneidender Energie ohne jede Rücksicht vorzugehen. Denn wiewohl liebevolle Nachsicht eine Haupttugend des Erziehers bilde, so sei doch andererseits Strenge am geeigneten Platze unerläßlich, zumal, — und genau ebenso urteilte auch der König, — in „unserm Zeitalter des Interesses und der Frivolität" der Verweichlichung und Verzärtelung. Doch sind die Strafen der Regel nach Ehren= und Freiheitsstrafen, und wird, wo sie nicht zulänglich, die Entfernung verfügt. Die Anwendung von körperlicher Züchtigung hat Zedlitz freilich nicht durch ausdrückliche Erklärung prinzipiell ausgeschlossen, aber ebensowenig sie andererseits irgendwo angeraten. In Sachen der einzelnen disziplinarisch=pädagogischen Kunstmittel erschien dem Minister mit Recht Frd. Gedike vorbildlich, der am Friedrichs=Werder die Technik in diesen Dingen bis zur Virtuosität ausbildete, Versetzungsprüfungen, Klassentagebücher, Entschuldigungszettel einführte und dem Censurwesen eine systematische Entwicklung gab, indem er neben einer im großen Hörsaale jeden Monat vom Direktor vorgelesenen Beurteilung schriftliche Quartalzeugnisse in vier Graden erteilte: der vorzüglichen Zufriedenheit aller Lehrer, der Zufriedenheit, der Mittelmäßigkeit und der Unzufriedenheit.

Entgegen der Tendenz der früheren Zeit zeigte sich der Minister bestrebt, das kollegiale Prinzip in den Lehrkörpern gegenüber dem autokratischen zu stärken. Dem gesamten Lehrerkollegium wollte er außer der Entscheidung über die Versetzungen nicht nur die höhere Disziplinargewalt, sondern auch das Mitbestimmungsrecht über die jedesmalige Aufstellung des Lektionsplans übertragen sehn. In regelmäßig einzuberufenden Konferenzen sollte das Lehrerkollegium aus den Berichterstattungen der Beteiligten in genauer, fortlaufender Kenntnis über alle Angelegenheiten der Schule, namentlich über Leistungen und Betragen der Schüler erhalten werden, um überall auf Grund genauer Information seine Entscheidungen treffen zu können.

III.
Die neuen Maßnahmen.

Bei der Aufstellung seiner Entwürfe zur Verbesserung der Lehrverfassung der höheren Schulen hatte dem Minister ein eingehendes Studium ihrer bestehenden Einrichtungen als Vorarbeit gedient. Um zu erkennen, wo ein Eingreifen möglich, mußte er wissen, wo der Staat zu den Unterhaltungskosten beitrug, oder sie allein bestritt, und forderte er daher im Jahre 1774 genaue Berichte ein über die Etats der höheren Schulen. Über die innere Einrichtung der Anstalten und ihre Personalverhältnisse suchte sich der Minister, soweit irgend möglich, persönlich durch Abstattung von Besuchen zu unterrichten. Er erschien zu dem Zweck nicht nur bei feierlichen Gelegenheiten, Prüfungen, Einführungen von Lehrern u. s. w., sondern wohnte auch mit Vorliebe den regelmäßigen Lehrstunden bei. Am meisten konnte das der Natur der Sache nach in Berlin geschehen. Hier war es wieder das Joachimsthal, das er am häufigsten, darunter fast regelmäßig zum großen Examen vor Ostern aufsuchte, ja er sprach sogar die Absicht aus, den litterarischen Abendgesellschaften der älteren Schüler einmal beiwohnen zu wollen. Ein nicht seltener Gast war er auch im Friedrichs-Werderschen Gymnasium, wo er mehrfach bei den öffentlichen Examen Abschnitte zur Prüfung auswählte und selbst Fragen stellte. Vielfach bereiste er außerdem die Provinz, war beispielsweise Herbst

Vorbereitungen und nächste Absichten. Die Geldfrage.

1771 in Halle, 1774 in Liegnitz, 1776 nach einem Abstecher über Dessau in Kloster Bergen und Magdeburg, das Jahr darauf in Halberstadt und wieder in Halle, ein ander' Mal in Neu-Ruppin u. s. w.

Als diejenigen Maßnahmen umfassenden Charakters, auf die es zur Durchführung seiner Absichten in erster Linie ankommen müsse, ergaben sich dem Minister: die Reorganisation einer Anzahl von höheren Schulen, die Heranziehung eines besser vorgebildeten eigenen Lehrerstandes und als vorzüglichstes Mittel hierzu die Gründung von Seminaren für denselben, endlich die Errichtung einer selbständigen obersten Schulbehörde mit entsprechenden Unterinstanzen.

Indessen blieb die Ausführung der Schulverbesserung leider noch von einem sehr wesentlichen anderen Umstande abhängig, der Geldfrage. Der Minister wußte jedoch nur zu bestimmt, daß auf lange hinaus noch nicht daran zu denken war, die Einstellung einer größeren Summe für die Zwecke der höheren Schulen in den Staatshaushaltsetat zu erlangen, daß daher zum mindesten die neue Behördenorganisation bis auf weiteres vertagt werden müsse und er sich glücklich schätzen könne, wenn er in einzelnen Fällen besonders bringender Art eine Staatsunterstützung zu gewähren sich im stande sehen würde. Gegenüber der die Regel bildenden Ablehnung von Gesuchen um Zuschüsse lassen sich die wenigen Ausnahmen zählen, in denen Zuwendungen erfolgten. Der vereinigten Bürger- und Gelehrtenschule zu Neu-Ruppin gewährte der König 1785 aus seiner Schatulle den einmaligen Betrag von 4000 Thlr.; dem Joachimsthal überwies er auf Antrag des Ministers aus dem Besitz der Akademie der Wissenschaften „alle in der Civil- und Wasser-Baukunst auch Mechanique bei ihr vorräthige Modelle, deren sie nicht mehr nöthig hat, oder deren Aufbewahrung sie für unnöthig hält." Außer solchen ganz gelegentlichen unmittelbaren Zuwendungen nahm der Staat höchstens nur noch indirekt einige Mehrleistungen auf sich, nämlich durch die Gründung von Versicherungsanstalten, einmal der 1776 eröffneten allgemeinen Witwenverpflegungs-anstalt, deren Oberleitung ein Staatsminister erhielt, und für welche die Kgl. Bank und die kurmärkische Landschaft Garantie leisteten, und sodann 1779 einer für sämtliche „Schulbediente" in den Städten der Kurmark obligatorischen Mobiliarfeuerversicherung auf der Basis der Einzahlung von Beiträgen der Teilnehmer nach jedem einzelnen Unglücksfall.

Wenn bei einer derartigen Zurückhaltung von Staats-mitteln die Aufmerksamkeit sich in höherem Maße auf die Erträge aus dem Schulgeld lenken mußte, so bewegte sich auch der Minister in dieser Richtung, wenn er eine zuerst am Joachimsthal eingeführte Einrichtung, die der sogenannten Lehrkasse, zur Nachahmung empfahl, eine Einrichtung, die darauf beruhte, daß das bisher für die Privatlektionen ge-zahlte Geld nach der Verwandlung derselben in öffentliche Lehrstunden forterhoben, aber nunmehr in eine gemeinsame Kasse fließen und nach Verhältnis ihrer Stellen unter die Lehrer verteilt werden sollte. Auch half Zedlitz ein Hindernis hinwegräumen, welches vordem der Staat selbst gegen die Be-nutzung einer den Schulen zugänglichen Einnahmequelle er-richtet hatte. Es war nämlich im Jahre 1753 das Verbot an die Universitäten und öffentlichen Schulen ergangen, Ver-mächtnisse über 500 Thlr. anzunehmen. Auf eine Vorstellung des Ministers von Münchhausen vom Jahre 1766, zu gunsten der Kirche und Realschule der reformierten Gemeinde in Breslau eine Ausnahme davon zu machen, hatte der König damals noch den abschlägigen Marginalbescheid erteilt: „Das gehet weillen denen Catolischen nicht, an Sonsten weren die Schreien". Unter dem 16. September 1771, also bereits unter Zedlitz' Verwaltung, erging jedoch ein Cirkular an alle Regierungen und Justizkollegia, wonach die Höhe derartiger Vermächtnisse keiner Beschränkung mehr unterworfen sein sollte, wenn nicht nähere Erben als Geschwister davon betroffen würden oder letztere in dürftigen Umständen lebten, worüber die Gerichte zu entscheiden haben würden. Eine unter dem 19. März 1787 hierzu erlassene Deklaration erweiterte die Annahmefreiheit auf alle Vermächtnisse, soweit ihnen nicht rechtsgültige Ansprüche Dritter gegenüberstünden. Es bezeichnet indessen hinlänglich das Maß der Verlegenheit, in dem man sich den Bedürfnissen der höheren Schulen gegenüber befand, wenn dem Minister Vorschläge, wie die der Ausschreibung einer Kollekte oder der Einführung einer Hofmeister-, Hagestolz- und Ammensteuer von einer von ihm hochgeschätzten Seite alles Ernstes gemacht werden konnten.

Bot sich somit auch nur geringe Aussicht dazu, durch Verbesserung der materiellen Lage den Lehrerstand anziehender zu machen und durch Erleichterung der Bürde die Spannkraft seiner Mitglieder zu erhöhen, so ließ es sich der Minister dafür um so eifriger angelegen sein, von der idealen Seite her den möglichsten Ersatz dafür zu schaffen und das moralische Ansehn des Lehrerstandes zu heben. Und hierbei hatte er sich der vollsten Unterstützung des Königs zu erfreuen. Friedrich hat wiederholt angesehene Schulmänner in längerer Audienz empfangen und neben der Erörterung pädagogischer Themata sich gern in allgemeinere Gespräche mit ihnen eingelassen. Unter den auf diese Art Ausgezeichneten befanden sich Meierotto, der Rektor des Joachimsthals, und Arletius, derjenige des Elisabethanums in Breslau. Mit den vier ersten Lehrstellen am Grauen Kloster und den drei ersten an der von ihm zur Schola Fridericiana erhobenen Realschule zu Breslau verband der König, sowie es z. B. am Joachimsthal schon seit länger bei den sieben und nachmals den sechs oberen Stellen der Fall war, den Professortitel, hierin sogar im Widerspruch mit Zedlitz, welcher fürchtete, daß künftighin etwa erforderliche Versetzungen der Inhaber dieser Lehrstellen dadurch erschwert werden könnten. Den höheren Lehrerstand von dem der „Cantoren und Schulmeister" bestimmter abzu-

heben und den Staatsbeamten im höheren Dienst darin gleich-
zustellen bezweckte die Bestimmung des Corpus Juris Fridericiani (Th. IV. Tit. II. §§. 36 und 38), wonach fortan
die Vormundschaftssachen aller Mitglieder des höheren Schul-
standes vor das Kurmärkische Pupillenkollegium, und nicht
mehr, wie es den niederen Kategorieen gegenüber dabei zu
verbleiben hatte, vor die Untergerichte gehören sollten. In
seinem persönlichen Verhalten bekundete der Minister durchgängig
die Achtung und Hochschätzung, welche er dem Lehrerberuf
zollte. Und während er einerseits beißend scharf werden
konnte, wo er ein Zurückbleiben hinter der Pflicht wahrzunehmen glaubte, klingt andererseits aus seinen Beziehungen zu
denen, bei denen er ein tüchtiges Wirken beobachtete, ein ver-
bindlicher, ja man kann sagen, kollegialischer, zuweilen sogar
korbialer Ton hervor. Empfängt man nicht einen derartigen
Eindruck, wenn man Stellen liest wie die folgende aus einem
Schreiben an den Inspektor Schütz vom theologisch-pädago-
gischen Seminar in Halle: „Leben Sie wohl und bedenken
Sie, daß man sich durch nichts dem großen Geist, dem Schöpfer
der Welt, mehr nahet, als wenn man Menschen besser und
zum allgemeinen Endzweck brauchbarer macht. Lassen Sie
uns stolz sein, daß wir zu so einem Amt berufen sind und
wir wollen nicht müßige Hände in den Schooß legen;" oder
an Meierotto mit der Übersendung eines Kästchens Bernstein
für die Schülergesellschaften: „Ich werde mich freuen, wenn
ich das Museum Joachimicum nach und nach bereichern kann
und ich behalte mir vor, einmal Ihren gelehrten Gesellschaften in dem Gymnasio unwürdiglich beizuwohnen"? Als
eine glücklicherweise in starker Abnahme begriffene Beschränktheit bezeichnet Zedlitz es einmal in der Akademie, wenn vor-
nehme Personen, darunter Fürsten und Staatsmänner, wegen
der oft dürftigen äußeren Erscheinung des Schulmannes sich verächtlich von ihm abwendeten, und an dem nämlichen Orte spricht
er mit hohem Ruhme von den Verdiensten verschiedener damaliger

Mitglieder des Lehrerstandes. Durch Berufung einer Elite von Schulmännern in die wirksamsten und am weitesten hin sichtbaren Stellen suchte er nicht nur den andern ein Beispiel zu geben, sondern auch dem Publikum eine höhere Achtung vor dem Stande abzunötigen. War man bisher gewohnt gewesen, in dem Schulstande nur den Abhub des geistlichen Standes zu erblicken, so machte Zedlitz den Grundsatz geltend, daß gerade nur die allervorzüglichsten Geistlichen gut genug zum Dienst an der Schule seien und gab durch dementsprechende Berufungen dieser Auffassung Nachdruck. Mit Entrüstung wies er den Vorschlag des schlesischen Provinzialministers von Hoym zurück, die Verbesserung der Einnahmen der Lehrer am Breslauer Elisabethanum teilweise durch eine Kollekte bei der Bürgerschaft zu bewerkstelligen; das hieße, entgegnet er, „die Schullehrer in die Klasse der privilegirten Bettler heruntersetzen." Zu dem allen konnte es auch in den Augen des Publikums seinen Eindruck nicht verfehlen, daß ein hochgeborener Freiherr, ein mit der Leitung der wichtigsten anderen Verwaltungsgeschäfte betrauter Staatsminister in dem Schulfache ausgesprochenermaßen seine Lieblingsthätigkeit fand und der Pflege desselben bis ins kleinste Detail hinein die besten unter seinen reichen Kräften lieh. Unter einer solchen Führung und Mitarbeit mußten alle besseren Elemente sich zum Höchsten angespornt fühlen, und dieser Minister durfte nicht nur aussprechen, „daß auch für das allgemeine Beste ohne baare Geldmünze etwas Bequemlichkeit aufgeopfert werden muß," sondern er hatte auch die Genugthuung, in der Hingabe, mit der gerade die Besten am freudigsten an das gemeinsame Werk gingen, eine sichere Gewähr für die Förderung seiner Absichten zu erhalten.

Den ersten Versuch mit der neuen Lehrverfassung machte der Minister auf der Ritterakademie zu Liegnitz, über welche er Anfang 1774 an Stelle des Staats- und Kriegsministers von Hoym die Spezialaufsicht erhalten hatte, so daß er damit hier für die Verwirklichung seiner Wünsche freies Feld bekam. Es gelang ihm, tüchtige neue Lehrkräfte zur Durchführung seines für die Anstalt ausgearbeiteten und vom König vollkommen gebilligten Planes heranzuziehen, den Rektor Floegel aus Jauer für das philosophische Fach und den Professor Schummel aus Magdeburg für die Geschichte; auch mit J. J. Eschenburg hatte er unterhandelt, derselbe war jedoch an das Carolinum in Braunschweig gegangen. Durch die mit der neuen Lehrverfassung in Liegnitz erzielten Erfolge fühlte sich der Minister sehr zufriedengestellt, sie überzeugten ihn, „daß die Methode möglich ist, daß sie wirklich praktisch, ob zwar für den Lehrer Herkulische Arbeit ist," „und ich finde" setzt er hinzu, „in denen von Zeit zu Zeit an mich eingeschickten Ausarbeitungen der Akademisten mehr brauchbaren Hausverstand, als in 100 Dissertationen." Allmonatlich ließ er sich die Konferenzprotokolle sowie die Ausarbeitungen der Zöglinge mit den Beurteilungen der Lehrer, und jedes Vierteljahr einen von dem Direktor, den Professoren und Maîtres aufgesetzten genauen Bericht über das Verhalten jedes Akademisten einsenden, um dann in seiner Korrespondenz mit dem Direktor seine weiteren Anweisungen ergehen zu lassen. Gewiß ist es ein Beweis dafür, wie günstig die Leistungen des Instituts sich stellten, daß Friedrich Wilhelm II. nach der Enthebung Zeblitzens von der Verwaltung des geistlichen Departements ihm auf seinen Wunsch die Aufsicht über die Ritterakademie beließ. Und als Zeblitz im Jahre 1788 nach Rücksprache mit dem Akademiedirektor von Bülow eine neue Instruktion über den Unterricht erließ, blieb die alte von 1774 dafür die Grundlage, und veränderte er, abgesehen von einigen formalen Punkten und davon, daß die Aufnahme des Latein in Aussicht genommen wurde, daran im wesentlichen nur, was der Bildungsfortschritt der Zeit inzwischen erforderlich gemacht hatte, indem er der klassischen Litteratur Deutschlands erhöhte Rechnung trug und unter den Eindrücken von

Kants berühmten Vorlesungen eine Hereinziehung der Anthropologie in die philosophische Propädeutik verlangte.

Nur insofern könnte die in Liegnitz mit der neuen Lehrverfassung angestellte Probe als keine vollgültige erscheinen, als dort die alten Sprachen dabei fehlten, indessen sollte ja auch in ihnen keine von der allgemeinen Methode abweichende zur Geltung kommen. Ein stärkeres Bedenken hinsichtlich der Ausführbarkeit einer Übertragung der neuen Lehrverfassung auf eine größere Zahl von Schulen mußte dem Minister dagegen aus der Wahrnehmung erwachsen, daß er nur in selteneren Fällen auf ein bereitwilliges Entgegenkommen der Schulvorstände dabei zu rechnen haben würde.

Es blieb wohl ein einzig dastehender Fall, wenn man, wie es von Hamm aus geschah, geradezu in ihn drang, durch eine neue Organisation den bestehenden Mißständen abzuhelfen. Hier lag freilich damals auch die Schulverfassung in besonders trostlosem Verfall. Das auf die Frequenz von drei „Studiosis" herabgegangene Gymnasium academicum war kürzlich verschieden, nachdem auch diese Drei es verlassen hatten, und der Gedanke, die hinterbliebenen beiden Professoren dazu zu verwenden, der ebenfalls mit dem Tode ringenden „Classicalschule" der Stadt neues Leben einzuhauchen, hatte sich unwirksam erwiesen, weil die Auflösung derselben schon zu weit vorgeschritten war, indem an ihr bald nur noch zwei Personen, ein halbinvalider Rektor und ein ganzinvalider Konrektor den Unterricht versahen. Daß man unter diesen Umständen hier nach einer Reform von oben sich sehnte, ist erklärlich genug, und so wurde denn eine vom Minister im Jahre 1778 erlassene Instruktion, welche die Ersetzung der beiden gelehrten Schulen durch ein nach den neuen Grundsätzen zu errichtendes Gymnasium anordnete, als ein Rettungsanker mit Freuden begrüßt, und an ihren Grundlagen auch in der Folgezeit festgehalten.

Besonders schlimme Erfahrungen machte der Minister dagegen in Stettin mit dem dortigen Marien-Stifts-Gymnasium. Für diese Anstalt war nach einer noch von Münchhausen kurz vor dessen Rücktritt vom geistlichen Departement angeordneten Visitation von den beiden Visitatoren, dem Oberkonsistorialrat Spalding und dem Professor Sulzer, ein neuer Lehrplan aufgestellt, und hatte Zedlitz denselben durch mehrere einzelne Instruktionen weiter auszubilden gesucht. Bei dem Widerstreben der mit verschiedenen Patronatsrechten begabten pommerschen Landstände und der beiden Präsidenten der Stettiner Regierung, der beiden letzteren als ständiger Kuratoren der Anstalt, gelang es jedoch dem Minister nicht, die Ausführung der neuen Bestimmungen durchzusetzen. Der Widerstand hatte zudem einen festeren Rückhalt gewonnen, als der König auf Eingabe der Landstände und der Kuratoren gegen den Antrag des Ministers durch Kabinettsordre d. d. Potsdam b. 19. Juni 1774 befohlen hatte, daß es mit der Ansetzung der Prediger und Lehrer der Anstalt bei den alten Rechten der Petenten sein Bewenden haben und nur die königliche Bestätigung der Gewählten vorbehalten bleiben sollte. Mit Winkelzügen aller Art hielten die Herren den Minister derartig hin, daß er noch 1776 dem Großkanzler von Fürst klagen mußte, in den mehr als fünf Jahren seiner Amtsführung dort um keinen Schritt weiter gekommen zu sein. Es mußte dies von Zedlitz um so schmerzlicher empfunden werden, als es gerade bei dieser Anstalt nicht an den nötigen Fonds zu Verbesserungen fehlte.

Am besten konnte jedenfalls der Minister hoffen, den Widerstand der Schulvorstände gegen seine Reformpläne zu brechen, wenn er es erreichte, daß der König unmittelbar seine volle Autorität für ebendieselben einsetzte. Und das gelang ihm nach einer Konferenz mit dem Monarchen, welche schon seit länger von diesem in Aussicht genommen, aber durch den bairischen Erbfolgekrieg verzögert, endlich in der ruhigeren Zeit nach dem Teschener Frieden im Spätsommer 1779 zu stande kam. Friedrich ging hierbei die Vorschläge seines Ministers zu einer Verbesserung der Lehrverfassung an höheren und niederen Schulen eingehend mit ihm durch, ließ den Gang der Unterredung durch den anwesenden Kabinettsrat Stelter sofort aufzeichnen und vollzog am 5. September des Jahres eine im engen Anschluß an dieses Schriftstück entworfene Kabinettsordre an den Minister von Zedlitz, in welcher er unter Hinzunahme einiger von ihm höchstselbst ausgegangener Forderungen die ihm von demselben entwickelten Grundzüge zur bindenden Norm für die Unterrichtsverfassung erhob und die unverzügliche Inangriffnahme der dadurch bedingten Reformen befahl.

Der Minister war nicht gewillt gewesen, sogleich durch ein allgemeines Reglement den Unterrichtsplan für alle höheren Schulen umzuformen. Vielmehr galt es ihm für viel richtiger, erst nur an einigen wenigen Anstalten mit den Veränderungen zu beginnen, um dann hernach erst demjenigen, das sich nach den darüber gesammelten Erfahrungen bewährt, eine weitere Ausdehnung zu geben. Überdies besaß man ja auch infolge der den Schulpatronen zustehenden Selbstverwaltung nur einer kleinen Anzahl von Anstalten gegenüber freiere Hand. „Denn wahrlich," so spricht sich der Minister einmal selbst darüber aus, „wo wir damit anfangen, daß wir alle Schulen umschmelzen wollen, da müßten wir oft dem Willen des Stifters zuwider andere Einrichtungen machen, Patronats-Rechte nehmen, Stellen einziehen, andere damit einkömmlich machen — das heißt: alle Ruhe stören, alle Gemüther wider die Reformators aufbringen und also weniger als nichts thun." So war es denn ebenfalls ganz nach Zedlitz' Sinne und Absicht gewesen, wenn der König befohlen hatte, „mit der Schulverbesserung in den großen Städten als Königsberg, Stettin, Berlin, Breslau, Magdeburg 2c. zuerst an(zu)fangen."

Auch für die zunächst zur Reform bestimmten Anstalten wurde keineswegs ein allgemeines Reglement über die Lehrverfassung erlassen, vielmehr zeigte sich der Minister, seinen

Grundsätzen getreu, bestrebt, bei der Einführung des Neuen die bestehenden Einrichtungen und Verhältnisse in jedem Falle thunlichst zu berücksichtigen.

In Berlin war es selbstverständlich das Joachimsthal, welches für die Reform auserkoren wurde, und an ihm hat sie denn auch ihre vorzüglichste Probe abgelegt. Hier waren, zum teil dank den Verdiensten des Ministers selbst, die günstigsten Vorbedingungen dafür vorhanden: die bereits bestehende Wirksamkeit einer in den Hauptzielen ähnlich gearteten Lehrverfassung, derjenigen, die Sulzer 1767 eingeführt hatte, ein ausgezeichneter Rektor, Meierotto, eine Mehrzahl tüchtiger Lehrer, die weiteste Aktionsfreiheit für den Minister zufolge der Eigenschaft des Gymnasiums als eines rein landesherrlichen und seiner eigenen Person als des Chefs des Direktoriums desselben. Die Absichten der Sulzerschen Verordnungen waren allerdings solange unerfüllt geblieben, bis das nach dem Ausscheiden des hochbetagten Rektor Heinius eingetretene Interregnum mit der Berufung Meierottos an die Spitze der Anstalt sein Ende erreicht hatte. Besonders war es der nach Heinius' Übergang in die Inaktivität als adjungierter Rektor mit der Leitung betraute Professor Stosch, welcher der Durchführung jener Reformen Hindernisse in den Weg legte, und war hierauf, nachdem Stosch Anfang 1771 abgegangen, die Vertretung des Rektors in die schwachen Hände des ältesten Professors, J. M. Schmids, geraten. So lange sich nun die mit dem Interregnum eingerissene Sittenverwilderung nicht hemmen ließ, konnten natürlich auch die Ergebnisse des Unterrichts nicht günstig ausfallen. Sulzer selbst mußte in seinen Visitationsberichten bezeugen, daß das Wissen der Schüler auf einer sehr niedrigen Stufe stehe, und die allgemeine geistige Reife in den mündlichen wie in den schriftlichen Auslassungen der Zöglinge einen betrübenden Eindruck mache. Als nun aber der Mann an die Anstalt berufen wurde, der dann das meiste dazu beigetragen hat, Sulzers Reformbestimmungen zu Ehren zu bringen, fügte es die Laune des Schicksals, daß diese Berufung niemand unerwünschter kommen konnte, als gerade Sulzer selbst. Als nämlich nach Stoschs Abgang die Stelle eines Professor eloquentiae neu zu besetzen war, wünschte Sulzer seinen gleichnamigen Neffen damit betraut zu sehn. Da Zedlitz jedoch schon seit mehreren Jahren für die nächsteintretende Vakanz den Candidatus theologiae Meierotto in Aussicht genommen hatte, einen ehemaligen Zögling der Anstalt, der gegenwärtig als Hauslehrer bei dem Oberkonsistorialrat Spalding sich befand, auf welches letzteren Empfehlung der Minister großen Wert legte, so gab das Direktorium dem Visitator nicht undeutlich zu verstehen, daß man für jenen sich mehr interessiere, indem es die Abhaltung einer Probelektion sowie die Anfertigung einer Abhandlung über ein gegebenes Thema und die Verteidigung der darin aufgestellten Sätze vor dem Concilium der Professoren beiden aufzutragen beschloß und dabei bemerkte, daß bei gleichem Ausfall Meierotto „als Einheimischer und Mann vom Rufe großer Geschicklichkeit" den Vorzug haben sollte. Das hatte denn auch die Wirkung, daß der junge Sulzer, ohne es auf den Wettkampf ankommen zu lassen, von seiner Bewerbung zurücktrat, und Meierotto nunmehr am 17. April 1771 unter Wegfall jener Bedingungen seine Bestallung als Professor eloquentiae mit vorläufig 500 Thlr. jährlichem Gehalt erhielt. Es muß dahingestellt bleiben, wie weit schon dieser Vorgang auf Sulzers Entschluß eingewirkt hat, um seine Entlassung vom Posten des Visitators einzukommen, einen Entschluß, den er nach einer im Jahre 1772 durchgemachten schweren Krankheit zu Anfang des folgenden Jahres zur Ausführung brachte. An seine Stelle trat Merian: „Keinen Pfaffen, das kömt nichts mit heraus, Merian wirdt Sich dazu Schicken," entschied der König, als man ihm für die Besetzung des Amtes den Hofprediger Noltenius in Vorschlag gebracht hatte. Was Merian zuerst vorteilhaft auffiel, war der Geschmack, welcher in den lateinischen und deutschen Ausarbeitungen und ihrem Vortrage als Frucht von Meierottos Unterricht sich zeigte. Auch Zedlitz' Erwartungen entsprach ebenderselbe so vollkommen und flößte er dem Genannten ein derartiges Vertrauen ein, daß dieser beschloß, ihm, dem damals zweitjüngsten Professor, das Rektorat zu übertragen. Er entbot ihn zu dem Zweck zu sich und machte ihm in Gegenwart eines Mitgliedes des Direktoriums die erste Eröffnung über sein Vorhaben. In der Rede, mit welcher Merian den neuen Rektor in sein Amt einführte, sagte er über die Genesis der Ernennung: „Ein weiser Minister ... hat Sie selbst aus eigener Bewegung hierzu ausersehen und gewählt." Der Visitator sollte Recht behalten, wenn er von der Weisheit des Ministers hierbei sprach. Das Joachimsthal erhob sich unter seinem neuen Oberhaupte aus einem bedenklichen Niedergang zu der Höhe einer vorbildlichen Stellung im Chor der Schwesteranstalten. Es beweist am besten, welche bedeutende Persönlichkeit Meierotto war, wenn es ihm, der vor vier Jahren noch Kandidat gewesen, in kurzer Zeit gelang, in dem Lehrerkollegium, in welchem er das Gegenteil von einem guten Einvernehmen vorgefunden, einen Geist „freundschaftlicher Übereinstimmung" zu erwecken, wie er nach dem Urteil des Visitators „noch niemals in einem so hohen Grade stattgefunden," und wenn er es bald dahin brachte, daß sein eigener Eifer auch alle seine Mitarbeiter ergriff. Wo es not that, griff er auch in der Handhabung der Lehrerdisziplin scharf durch, so entließ er mehrere Inspektoren, weil sie in unverbesserlicher Weise sich Versäumnisse bei den Morgenandachten hatten zu schulden kommen lassen; im Interesse der Ordnung geschah dies, nicht etwa aus Vorliebe für erzwungene Teilnahme an geistlichem Werkdienst, denn gerade Meierotto hatte, es war noch vor seinem Rektoratsantritt, mit einigen Genossen den vom Direktorium hernach genehmigten Antrag gestellt, daß den Inspektoren der Besuch der Kommunion freigestellt werden möge. Wenn er in seiner Antrittsrede mit nachdrücklichem Ernst aller Un=

gebühr unter den Schülern den Krieg erklärt hatte, so führte er ebendenselben nicht nur mit Energie und Ausdauer, sondern auch mit Glück und Erfolg. Immer mehr wurde das wilde und wüste Wesen eingedämmt und Raum für bessere Sitten geschaffen, und wenn auch nicht so schnell sich der üble Ruf verscheuchen ließ, in den sich die Joachimsthaler vordem in der Stadt gebracht, zumal da außerhalb der Schule noch längerhin mancherlei Leichtfertigkeiten begangen wurden, so herrschte doch noch vor Ablauf eines Jahrzehnts der gute Geist unter der Schülerschaft unverkennbar wieder vor. Wenn derselbe einerseits von guter Wirkung auf die Leistungen der Schüler sich erweisen mußte, so fällt andererseits eben wieder von ihm aus ein günstiges Licht auf das Lehrverfahren zurück, indem er selbst auf die Dauer nicht denkbar gewesen wäre, ohne daß die Schüler mit Freudigkeit ihre Arbeit gethan hätten.

Sofort nach Empfang der Kabinettsordre vom 5. September 1779 beschied Zedlitz Meierotto zu sich, legte ihm dieselbe vor, erläuterte sie im einzelnen näher und trug ihm auf, ein Gutachten über die am Joachimsthal dadurch bedingten Abänderungen der Lehrverfassung auszuarbeiten. Der Rektor entledigte sich seines Auftrags, indem er in einer mit zwei Beilagen ausgestatteten Denkschrift eine genaue Darstellung der bestehenden Einrichtungen und eine Erörterung der neu zu ordnenden Punkte gab. Unterstützt von diesem Material und unter Berücksichtigung mehrerer von Meierotto ausgesprochenen Bedenken und Wünsche stellte der Minister unter dem 6. Oktober des Jahres den Entwurf zu einem neuen Lehrplan für das Joachimsthal auf, nach dessen Ausarbeitung durch den Rektor schon am 1. November d. J. die neuen Bestimmungen in Kraft treten konnten.

Der Unterschied in den Unterrichtsergebnissen des Gymnasiums vor und nach diesem Zeitpunkt läßt sich dahin bestimmen: Schon in jenen ersten Jahren von Meierottos

Rektorat war ein erhebliches Steigen, ja eine Umwandlung in den Leistungen auf dem Gebiete der alten Sprachen, sowohl hinsichtlich der schriftlichen Arbeiten als der Lektüre, hervorgetreten, während vordem auf dieser alten Gelehrtenschule nach der übereinstimmenden Klage von Visitator und Direktorium im Latein „in Sekunda noch keine Sicherheit in Bestimmung der modi und tempora verborum" zu finden gewesen, die „Elaborationes meistens schlecht waren" und überhaupt „nicht dem Aufwand Entsprechendes geleistet" wurde, wobei es denn nicht auffallen kann, daß nun gar erst das Griechische, dem man noch dazu ziemlich allgemein ein „ungereimtes Vorurtheil" entgegenbrachte, bis dahin gänzlich im Verfall gewesen war. Im Deutschen und in den Wissenschaften schreibt sich dagegen der höhere Aufschwung hauptsächlich erst von den Veränderungen von 1779 her. Freilich war auch hierfür schon der Boden vorher vorbereitet worden. Einmal durch die von Meierotto bewirkte Einführung des Fachklassensystems, wobei die wissenschaftlichen Klassen in drei vorbereitenden, sogenannten propädeutischen oder deutschen Klassen, einen ein gewisses Ganze für sich bildenden Unterbau erhielten, sodann dadurch, daß unter den Lehrern auch dieser Fächer einige besonders tüchtige Kräfte vorhanden waren. Schon länger wirkte der Mathematiker und Physiker Rouyer mit Auszeichnung an der Anstalt und verstand derselbe auch die Übungen im deutschen Stil mit vorzüglichem Geschick zu leiten. Eine „Deutlichkeit und Präzision" des Vortrags, wie man sie bei wenigen Lehrern finde, werden ihm nachgerühmt, und steigerte er seine Erfolge durch die von ihm in Übereinstimmung mit den Absichten des Ministers ausgearbeiteten mathematischen und physikalischen Lehrbücher. Der Jahresbericht des Visitators von Ostern 1788 hob hervor, daß sich in der Mathematik, wo man sonst zufrieden sein müsse, wenn „sich nur einige wenige besonders ausnehmen", eine nicht geringe Anzahl sehr hervorgethan habe, und spricht Merian an demselben Orte einige Jahre

zuvor seine Anerkennung darüber aus, mit welcher Ausführlich=
keit und Sicherheit das copernicanische System auf dem öffent=
lichen Examen von den Schülern auseinandergesetzt worden war.
Für das philosophische Fach nebst deutscher Sprache und Litte=
ratur war 1775 J. J. Engel aus Leipzig berufen worden,
der sich durch seinen Philosophen für die Welt bereits einen
Namen gemacht hatte und dem Könige durch dessen Schwester,
die Herzogin von Braunschweig, und den Abt Jerusalem aufs
beste empfohlen worden war. Er wußte sich sehr bald in
seinem neuen Wirkungskreise hohes Ansehn zu verschaffen und
wurde bei der Umgestaltung des propädeutisch=philosophischen
Unterrichts, wobei er auch die „philosophisch" zu behandelnde
Grammatik auf der obersten Stufe übernahm, des Ministers
Hauptstütze. Als er nach seiner Ernennung zum Direktor des
deutschen Theaters in Berlin aus seinem Lehramt geschie=
den, erhielt er in Villaume einen seiner würdigen Nachfolger.
Mit Anerkennung wird außerdem der Resultate des Unter=
richts in der Geschichte und in der „Theologie" gedacht: In
der ersteren, wo schon beim Examen von 1779 die Darstellung
der Begebenheiten aus der Zeit des regierenden Königs durch
die Sekundaner sehr befriedigt hatte, machte sich im weiteren
Verlauf der Zeit ein steigendes Verständnis für den inneren
Zusammenhang der Thatsachen und eine erhöhte Fähigkeit in
den Auseinandersetzungen darüber vorteilhaft geltend. Von
den Leistungen in der „Theologie", die nunmehr „nach ge=
sunden und vernünftigen Prinzipien docirt" wurde, heißt es
1782, daß sie „sich besser, als noch jemals ausgenommen
habe". Aber auch in den alten Sprachen erreichte das Gym=
nasium nach 1779 noch höhere Erfolge als in der letzten Zeit
zuvor. Im Lateinischen zeigte sich im Grammatischen gegen=
über der früher dieser Seite des Gegenstandes zu teil gewor=
denen Behandlung ein Fortschritt durch die Einführung der
vom Rektor 1785 herausgegebenen Grammatik, die in Über=
einstimmung mit dem Prinzip des Ministers darauf aus=

gehend, die Regeln aus Beispielen von den Schülern ableiten zu lassen, eine Sammlung von Stellen lediglich aus klassischen Autoren enthielt und zugleich als Lesebuch für die beiden untersten Klassen zu dienen hatte. Im Griechischen erntete man den Beifall der besten Sprachkenner und brachte es jetzt beispielsweise dahin, daß auf dem öffentlichen Examen die zweite Olympische Ode des Pindar von den Schülern „ohne Fehler, ja ohne einigen Anstoß übersetzet, erkläret, analysiret" wurde. Daneben erfreute sich der Geschmack, welcher beim Lesen und Übertragen der Klassiker in beiden alten Sprachen zu Tage trat, einer zunehmenden Vervollkommnung. Die Gesamtausbildung der Zöglinge ließ den Eindruck zurück, daß die allgemeine geistige Reife ein stetig zunehmendes höheres Durchschnittsmaß gewann.

Das Gymnasium steht „in seinem schönsten Flor", dahin faßte Merian in seinem Visitationsbericht von 1785 seine Beobachtungen zusammen, während das Direktorium, das von 1778 an in seinen Antworten auf die Jahresberichte regelmäßig seinen Dank an Visitator, Rektor und Lehrer der Anstalt abstattete, auch seinerseits seinem Beifall mit den Jahren einen erhöhten Ausdruck lieh. Wenn der Minister gleichwohl in dem Berichte des Visitators vom Jahre 1785 die Anwendung der vielen Superlative bei der Bezeugung der Zufriedenheit bemängelte, so geschah es, wie er ausdrücklich hinzufügt, nicht, um den Arbeitern am Werk ihr Lob zu verkürzen, sondern um die Ehre der anderen Berliner Gymnasien nicht schmälern zu lassen, denn dieselben könnten in diesem Fall mit gutem Recht das bekannte Wort jenes Seifensieders auf sich anwenden: „Gottlob, hier wird auch Seife gesotten!" Die rühmende Anerkennung, welche der Anstalt von dem Direktorium und seinem hohen Chef gespendet wurde, besaß aber einen um so höheren Wert, als sämtliche Mitglieder dieser Behörde dem großen Examen regelmäßig beizuwohnen und ihre Vota zur Ausfertigung der Antwort auf den Jahresbericht sehr eingehend mit ihren dort gemachten Wahrnehmungen zu begründen pflegten. Wie genau Zedlitz selbst dem Gange der Prüfung zu folgen gewohnt war, dafür kann als ein Beispiel dienen, daß er in seinem Superarbitrium zu dem Bescheid von 1776 bemerkte: Es müsse der Blödigkeit des Examinanden zugerechnet werden, wenn z. B. in der Ode Otium divos das Nihil est ab omni parte beatum nicht gleich deutsch gegeben werden konnte.

Bis nach Meierottos gegen Ende des Jahres 1800 erfolgtem Tode verblieb das Joachimsthal in allem wesentlichen bei der Lehrverfassung von 1779, unter welcher es zu einer so hohen Blüte gelangt war, und als 1803 unter dem Minister von Massow auf Grund einer umfassenden Revision ein neuer Lehrplan aufgestellt wurde, bot das geringe Maß dessen, was er Neues von Belang enthielt, den besten Beweis für die Güte des Alten.

Nicht so glücklich war der Minister mit der Durchführung der Reorganisation am Collegium Fridericianum in Königsberg. Er stieß hier auf Widerstand von verschiedenen Seiten. Das Ostpreußische Ministerium, die Regierungsbehörde der Provinz, steifte sich auf eine ihr zugestellte Kgl. Deklaration vom 5. August 1749, „nach welcher alles, was bei diesem Institut zur Education und Information der Jugend gehöret, nehmlich die Vorschrift der Lectionen, der Bücher, des Methodi informandi u. s. w. lediglich von seinen Inspectoribus angeordnet und reguliret werden, auch diese unserer besonderen Aufsicht subordinirte Schulanstalt bei dieser Kgl. Deklaration geschützet werden soll", und legte nach Kräften dem Minister Hindernisse in den Weg, obgleich es angesichts der Kabinettsordre vom 5. September 1779 die Vornahme von Verbesserungen an und für sich demselben nicht verwehren durfte. Es bestärkte den Inspektor Domsien, der die Hauptstimme am Collegium führte, in dessen Bemühen, die Absichten des Ministers zu durchkreuzen, gegen welche jenen seinerseits seine pietistischen Anschauungen und die Ankündigung, daß seine Machtbefugnisse eine Schmälerung erfahren müßten, in Harnisch gebracht hatten. Der Widersetzlichkeit des Ministeriums und des Inspektors gewährte aber die trotz Kant in religiösen Dingen sehr engherzige Gesinnung der Bürgerschaft einen starken Rückhalt. Der Minister mußte hier, wie auch anderwärts mehrfach, die Erfahrung machen, daß die geistige Atmosphäre der Provinz von der Aufklärung, wie sie in der Hauptstadt herrschte, im allgemeinen noch sehr wenig Elemente in sich aufgenommen hatte. Die Abneigung des Publikums gegen das Neue sprach sich in der zugleich allerdings auch durch den Kostenpunkt veranlaßten Unlust und Weigerung der Eltern aus, die neuen Lehrbücher ihren Söhnen anzuschaffen. In der Lehrerschaft wiederum konnte der Minister nicht die geeignete Unterstützung finden, da dieselbe durchgängig aus Kandidaten bestand, die meistens den neuen Anforderungen sich nicht gewachsen zeigten, und von denen gerade die tüchtigeren und bereitwilligeren, durch die Anfeindungen, welche sie am Orte erfuhren, und durch die geringen Aussichten auf ein Gelingen des Werks unlustig und hoffnungslos gemacht, ihre Stellen aufgaben.

Auch über das Collegium Fridericianum hatte der Minister sogleich nach dem Erscheinen der Kabinettsordre vom 5. September 1779 ausführlichen Bericht eingefordert und nach Eingang desselben eine Instruktion zu einem neuen Lehrplan ausgearbeitet, der zu Ostern 1780 in Wirksamkeit treten sollte. Nach Verlauf von sechs Jahren hatte er dann eine Visitationskommission, bestehend aus dem Hofprediger und Professor Crichton, dem Professor Graef und dem Schloßbibliothekar Sommer, sämtlich zu Königsberg, mit dem Auftrage eingesetzt, über die Ausführung und die Erfolge der neuen Bestimmungen ihm genaue Auskunft zu erteilen und hinsichtlich der vorgefundenen Mängel Verbesserungsvorschläge hinzuzufügen. Aus der von den Kommissaren angestellten

Untersuchung ergab sich in den Hauptpunkten folgendes: In der Religion hatte man hier und da Anstalt gemacht, sich den neuen Vorschriften anzubequemen, die in dem alten Geist verfaßten Lehrbücher von früherher aber beibehalten, nur in der Prima war Reimarus benutzt worden. Die pietistisch-mystische und konfessionell-polemische Tendenz herrschte beim Religionsunterricht noch vor. Im Lateinischen verwandte man noch ein Übermaß an Zeit auf das Grammatische und ließ dazu bis Prima hinauf Vokabeln in Menge lernen, ohne es jedoch dabei zu einem guten Aufsatz zu bringen. Je 21 Stunden waren in Quinta und Quarta dem Latein noch bestimmt und wurden hauptsächlich mit jenen Dingen zugebracht. Von den hier in Gebrauch genommenen Basedowischen Kupfern zeigten sich die Visitatoren nicht sehr entzückt: „Der Knabe lernt nur einzelne Ausdrücke aus dem gemeinen Leben dabei, die ihm zum Verständnis der Autoren nichts* helfen." In der Wahl der Lektüre ließ sich ein Fortschritt erkennen, man las in Prima außer Ciceros Reden, neben denen und den Officien früher Curtius, Plinius' Briefe, Muretus' Reden und Freyers Fasciculus poematum latinorum auf dem Lektionsplan standen, Horaz und Tacitus' Germania, daneben aber auch noch Livius, wie denn überhaupt in der Verteilung der Lektüre noch Unangemessenheiten bestanden, Cornel in Sekunda, Ciceros und Plinius' Briefe in Quarta gelesen wurden. In der Übersetzung von Horaz und Livius zeigten sich die Primaner gewandt, bewiesen dabei auch hinreichende Kenntnisse von den Altertümern. Griechisch nahmen noch immer nicht alle mit; den besseren unter den am Unterricht Teilnehmenden gelang es mit geringer Beihülfe des Lehrers, einen ihnen noch unbekannten Abschnitt aus den Memorabilien ziemlich gut, und Gelesenes aus der Gesnerschen Chrestomathie und aus Homer recht gut von neuem bei der Prüfung deutsch wiederzugeben. Außer Xenophon und Homer, der aber nur einstündig und privatim zugelassen, waren noch keine Klassiker eingeführt worben, das Neue Testament dagegen noch in Übung, und bestanden die Eltern bei diesem auf einer Übertragung genau nach der lutherschen Übersetzung. Hebräisch befriedigte, Französisch nicht, wurde auch nur von einem Teil mitgenommen. Im Deutschen war es noch so ziemlich beim Alten geblieben, eigene Lehrstunden hatte man nicht eingerichtet, Sulzers „Vorübungen" nicht benutzt, Rhetorik nicht aufgenommen, es hatte bei der Einen Stunde für Orthographie und Epistolographie sein Bewenden gehabt. Desselben Umfangs erfreute sich auch nur die auf die Logik beschränkte Philosophie. Für Geschichte und Geographie, Mathematik und Naturwissenschaften mangelte es nach Ansicht der Kommissare namentlich an der Vorbereitung in den unteren Klassen; bei der ersteren fehlten noch die neuen Lehrbücher und gebrach es den Schülern unter dem zerstreuenden Vielerlei von Einzelheiten an Überblick; in der Geographie hatte man die alte garnicht, von der der Gegenwart das Statistische und ebenso die mathematische nur wenig berücksichtigt. Aus der Mathematik wird angeführt, daß die Primaner in einer „Probelection" den Lehrsatz von der Proportion der Kugel zum Cylinder mit Fertigkeit bewiesen hätten, was auf ein günstiges Unterrichtsergebnis schließen lassen würde, wenn dieser eine Fall als ein Maßstab angesehen werden könnte. In betreff der Naturwissenschaften sah es noch am traurigsten aus. Auch die Andachten und Erbauungsstunden bewegten sich noch in ihrem alten Gange fort, die von der Religion zu erwartende Tugendübung ließ darum aber doch noch viel zu wünschen übrig. Zum Schluß gestatteten sich die Visitatoren die ganz ergebene Vorstellung, bei den zur besseren Erreichung der beabsichtigten Zwecke zu treffenden neuen Verfügungen wegen der Stimmung im Publikum und der Beschaffenheit des Lehrermaterials „mit bedächtiger Langsamkeit vorzugehen" und insonderheit in den Religionssachen der „weit herrschenden Vorurtheile" halber mit großer Vorsicht zu verfahren.

In Berlin trug man dem Rechnung, indem, entgegen der ursprünglichen Absicht die nach den Ergebnissen der Visitation erforderlich gewordenen Veränderungen schon von Michaelis 1786 an in den Lehrplan aufzunehmen, auf erneute Bitte der Visitationskommission der Termin dafür bis Ostern folgenden Jahres hinausgeschoben wurde, und fernerhin, indem hinsichtlich des Religionsunterrichts einstweilen noch nichts weiteres verfügt, sondern die Kommission angewiesen wurde, in Gemeinschaft mit dem Direktor der Anstalt nähere Vorschläge darüber zu unterbreiten. Alljährlich gegen Ostern sollte die Kommission eine neue Revision der Anstalt vornehmen.

Der Tod Friedrichs bereitete eine neue Erschwerung. Das Ostpreußische Ministerium stellte jetzt den Antrag, daß in Zukunft die Visitatoren zuvörderst ihm zu berichten haben sollten, worauf es dann nach Anhörung der Inspektoren seinerseits Bericht an den Minister gelangen lassen wollte, und hatte die Dreistigkeit dem Minister anzuzeigen, daß es einstweilen den Inspektoren Befehl gegeben habe, „bis auf weitere (ihnen zuzustellende) Verhaltungsbefehle sich mit der Kommission nicht einzulassen".

Domsien, das schlimmste Hindernis, gelang es nur auf eine Weise zu beseitigen, die sich zu einem Triumph für diesen gestaltete. In der von Gedike als Mitglied des Oberschulkollegiums im Auftrage des Ministers konzipierten letzten Verfügung über die Revision der Lehrverfassung hatte jener etwas unüberlegt kurzweg dekretiert: Domsien behält nur die Verwaltung des Äußeren und wird ihm ein neuer Inspektor für alle Interiora zur Seite gesetzt. Auf Domsiens Antrag legte das Ostpreußische Ministerium Protest dagegen ein, und beschloß man nun in Berlin ihn zu emeritieren. Da er jedoch eine zu hohe Pension forderte, kam Gedike, der jetzt die Sache allein behandelte, wieder auf seinen ersten Gedanken zurück und wies ihn an, dem Ostpreußischen Ministerium anzugeben,

wieviel er einem Abjunctus von seinem Gehalt abzutreten
willens sei. Domsien aber antwortete nun, und das Ost=
preußische Ministerium befürwortete seine Ansprüche, daß er
weit entfernt davon, auf irgend etwas verzichten zu wollen,
vielmehr eine Erhöhung seines Gehalts von 350 auf 400 Thlr.
beantrage. Endlich erhielt die Angelegenheit damit ihren Ab=
schluß, daß der Kampfbereite emeritiert wurde — mit seinem
vollen Gehalt auf Lebenszeit, und, damit auch der Humor
bei der im übrigen so fatalen Geschichte nicht fehle, unter
Entnahme der Pension gerade aus den 500 Thlrn., welche
wenig zuvor zur Verbesserung des Collegium Fridericianum
ausgeworfen worden waren. Als das geschah, hatte Zedlitz
jedoch schon vor fast einem halben Jahre das geistliche De=
partement an Wöllner abgegeben.

In Breslau war das Elisabethanum zur Reform aus=
ersehen worden. Auch über diese Anstalt forderte der Mi=
nister gleich nach dem Empfang der Kabinettsordre vom
5. September 1779 sofortigen Bericht ein.

Das Breslauer Stadtkonsistorium, die der Anstalt vor=
gesetzte Behörde, übersandte denselben erst mehr als zwei
Monate später nach einem inzwischen bei ihm eingegangenen
Excitatorium. Auch hier fühlte man sich in seinen Rechten
verletzt und bedroht, da dem Magistrat und dem Stadt=
konsistorium allein die Fürsorge für die innere und äußere
Verfassung der Anstalt zustehe. Zur Erhebung dieses Kompetenz=
konflikts gesellte sich ein heftiger Widerspruch sachlicher Art,
als in den ersten Tagen des Jahres 1780 die Abänderungs=
bestimmungen des Ministers mit der Weisung eingegangen
waren, sie unverzüglich zur Anwendung zu bringen, in vier=
zehn Tagen über die geschehene Ausführung zu berichten und
einer Revision nach einigen Monaten entgegenzusehn. Man
zeigte sich freilich hier schließlich etwas fügsamer, als in
Königsberg, doch brach die Gereiztheit unverhohlen genug
hervor. Statt, wie befohlen, sofort Veränderungen einzu=

führen, unterließ man das zunächst noch ganz und bequemte sich nach einigen Wochen, Anfang Mai des Jahres, nur dazu, den Entwurf zu einem neuen Lehrplan zur Bestätigung einzureichen, welcher allerdings nunmehr in den meisten Hauptpunkten den erteilten Vorschriften entsprach, konnte es aber dabei doch nicht unterlassen, in den ihm beigegebenen Anlagen, noch dazu in einem zumeist höhnischen Tone, dem tiefen Ingrimm über die neuen Anordnungen Luft zu machen.

Am schlimmsten waren die Herren in Breslau auf die neuen Grundsätze im Religionsunterricht zu sprechen. Sie waren es, welche die Keckheit besaßen, mit unzweideutiger Bezugnahme auf den Wortlaut der königlichen Willensmeinung zu erklären: „Der Unterthan ist der beste, welcher am meisten glaubt, und der der schlechteste, welcher am meisten räsonnirt" und baten fußfälligst um Beibehaltung des lutherschen kleinen und großen und des Breslauer Katechismus sowie des täglichen Bibellesens in allen Klassen. Ohne tüchtiges Auswendiglernen in der Grammatik, führten sie weiter aus, seien die alten Sprachen nicht gründlich zu betreiben; die Methode, alles, was den Schülern schwer falle, ihnen zu ersparen, führe nur dazu, „träge Weichlinge" aus ihnen zu machen. Daß das Griechische in Quarta ausgefallen, in Tertia aber gleich Xenophon und Lucian gelesen werden solle, sei wohl nur als ein „Schreibfehler" zu betrachten. In der Mathematik dürfe der Unterricht nicht auf den Globus und etwas Astronomie beschränkt werden, da er an der Anstalt auf einer Stiftung beruhe, welche die Erstreckung desselben auf alle Teile der Wissenschaft verlange. Wenn in den Naturwissenschaften alles durch Anschauungsmittel erläutert werden solle, so könne nur sehr weniges erläutert werden, da man keine Mittel zur Anschaffung des Materials besitze. Die Verbindung der Wissenschaften mit der Lektüre sei vom Übel, systematische Lehrbücher habe man mit gutem Grunde gebraucht, weil man „gründliche deutsche Gelehrte zu bilden es (sic!) für Pflicht hält."

Die Einführung der neuen Lehrbücher müsse an dem Kostenpunkt scheitern. Die Aufhebung der Privatstunden, die an der Anstalt noch dazu nichts mit der offiziellen Schulverfassung zu thun hätten, sei ein Eingriff in die persönliche Freiheit der Lehrer und für Weiterstrebende und Zurückgebliebene nicht zu entbehren. Übrigens würden sie ja, wenn der neue Plan eingeführt, garnicht mehr besonders verboten zu werden brauchen, da niemand an sie denken könne, wenn man, wie es nach jenem Plane nicht zu umgehen wäre, Vormittags 4 und Nachmittags 3 Lehrstunden abhalten müßte. Das gleiche gelte von den dramatischen Akten. Wer solle angesichts der neuen Bürde noch Lust und Zeit dazu übrig haben, Schauspiele zu dichten? Aber sie dürften garnicht ganz wegfallen, denn sie seien teilweise stiftungsmäßig und als Quelle von Nebeneinnahmen für die Lehrer nicht zu entbehren. Übrigens führe man hier nur ernste Sachen auf und keine Frivolitäten nach dem Geschmack der neusten Schaubühne und ebensowenig nach demjenigen der Gespräche im 10. Teil des „Kinderfreundes," „wo Eltern und Lehrer mit ihren Fehlern dem Muthwillen der Kinder Preis gegeben werden." Die dramatischen Akte seien überdies von einem Manne wie dem Geheimen Justizrat R. Gebauer, der die neueren Pädagogen größtenteils wohl weit übersehe, in Schutz genommen worden. Den Lehrern über ihre Vokation hinaus neue Lehrstunden aufzubürden sei ungerechtfertigt und zumal bei der obwaltenden Teuerung und Münzverschlechterung unbillig. Mindestens bedürfe man jedenfalls zur Ausführung des Befohlenen der Errichtung von vier neuen Lehrstellen, möge der Staat mithin auch für die Aufbringung der Kosten Sorge tragen. Endlich baten sie, die Revision nicht vor Ablauf eines Semesters nach der Einführung des neuen Plans eintreten zu lassen.

In seiner Erwiderung vom 30. Mai 1780 blieb der Minister die Antwort auf die Ungebührlichkeiten in jenen Schriftstücken nicht schuldig. Nach einem derben Verweis

wegen der darin sich äußernden Unbescheidenheit übt er an
den erhobenen Einwendungen scharfe Kritik, ohne darum jedoch
sich allen Zugeständnissen zu verschließen. Er verkannte nicht,
daß er sich hier einer Anstalt von altem Rufe und Männern
von durchgebildeter Erfahrung gegenüber befand, aber er
durfte ihnen mit Recht entgegenhalten, daß ihnen gar keine
Befugnis und Befähigung beiwohne, zur Verteidigung ihrer
bisherigen Einrichtungen, wie sie es gethan, als Monopolisten
aller wahren Pädagogik das Wort zu führen, da sie doch sich
unbekannt zeigten mit den günstigen Erfahrungen, die man
anderwärts, wie auf dem Joachimsthal und dem Friedrichs-
Werder zu Berlin, mit den Grundsätzen der neuen Lehrverfassung thatsächlich bereits gemacht habe. Wenn in der Eingabe in mehreren Beziehungen sogar ein offenbares Miß-
verständnis in bezug auf den Inhalt der erteilten Vorschriften
obwaltete, so wird der Minister, als er die Rektifikation eintreten ließ, über den letzten Grund der irrigen Auffassung
schwerlich in Zweifel gewesen sein. Man hielt ihn eben, wie
sich aus den Sticheleien auf die Neopädagogen und ihre
Grundsätze ergiebt, für einen eingefleischten Basedowianer und
las daher aus seinen Verfügungen Dinge heraus, die garnicht darinstanden. Hierher gehören die Anklagen, er wolle
alle und jede Grammatik vor dem Beginn der Lektüre ver-
bannen und er begünstige die Methode, alles Lernen in ein
Spiel zu verwandeln. Alle wesentlichen Punkte seines neuen
Lehrplans hielt der Minister mit Entschiedenheit aufrecht,
ausdrücklich auch diejenigen bezüglich des Religionsunterrichts.
Gegenüber der Eiferung für den Katechismus bemerkte er
trocken: Jeder Vater könne ja zu Hause den Katechismus
so früh er wolle mit seinen Söhnen treiben, wenn er meine,
das Kind „müsse zu seiner Seligkeit (wenn es jung stürbe,)
den Breslauschen Katechismus wissen." Dagegen stellte der
Minister bereitwillig einige Unzuträglichkeiten ab, die sich aus
der Einfügung des Neuen in den Rahmen des Alten ergeben

hatten, namentlich indem er da, wo die altprivilegierten Fächer nichts an Zeit ohne Schaden hergeben konnten, Abstriche an der ursprünglich von ihm angesetzten Stundenzahl bei den Gegenständen neueren Interesses vornahm. Auf das Gesuch, mit der Revision bis nach Ablauf eines Semesters nach Einführung des neuen Plans warten zu wollen, entgegnete der Minister sarkastisch, bezugnehmend auf sein Reskript vom Ende vorigen Jahres, in welchem er schon damals die unverzügliche Einführung gefordert, die erbetene halbjährige Frist sei ja schon lange verstrichen, und könnten sie daher jederzeit die Revision gewärtigen. Sie verzögerte sich jedoch noch bis zum Sommer 1782, wo er selbst zur Vornahme derselben in Breslau erschien.

Das rechte Leben kam in diese neuen Gestaltungen aber erst, als nach dem Tode des Rektors Arletius die Anstalt 1784 in Lieberkühn einen Leiter erhielt, der mit den Intentionen ihres Reorganisators in Übereinstimmung, sich der Durchführung derselben mit Eifer unterzog, während bisher dabei nur auf einen außerhalb des Gymnasiums stehenden hohen Beamten, den Generalfiskal von Schlesien von Pachaly, zu rechnen gewesen war. Lieberkühn hatte seit 1777 der von ihm und Stuve nach Basedowschen Grundsätzen umgestalteten Ruppiner Schule vorgestanden und hier Gelegenheit gehabt, die neue Theorie nach den in der Praxis mit ihr gesammelten Erfahrungen zu berichtigen. Seine in Breslau zur Durchführung von Zedlitz' Lehrplan getroffenen Maßregeln haben sich über seinen 1788 erfolgten Tod hinaus dort erhalten. Seine Stellung daselbst war freilich eine dornige und aufreibende, indem er die ihm in den dortigen Kreisen begegnende prinzipielle Feindschaft durch die Heftigkeit seines Ankämpfens gegen alles, was er Vorurteil nannte, noch vermehrte und durch durch Entfernung von der herrschenden Sitte, so z. B. sein Erscheinen im braunen Rock bei Beichte und Abendmahl, den stärksten Anstoß erregte. Für die ihm daraus erwachsenen Widerwärtigkeiten entschädigte ihn jedoch die Liebe und Verehrung seiner Schüler, das Gedeihen der Anstalt und das ihm dafür von dem Chef des Unterrichtswesens gespendete Lob. Zedlitz nannte in einem Bericht an den König vom Jahre 1787 das Elisabethanum geradezu ein „musterhaftes Institut", wofür der Dank seinem gegenwärtigen Rektor und einer Anzahl ihm zur Seite stehender vortrefflicher Lehrer gebühre. Den wunden Punkt der Anstalt, ihre finanziell bedrängte Lage zu verbessern, gab sich der Minister die erdenklichste Mühe, doch sieht man nicht, daß es über Vorschläge und Gegenvorschläge in den darüber mit dem schlesischen Provinzialminister von Hoym gepflogenen Verhandlungen hinausgekommen wäre.

Im Magdeburgischen war Kloster Bergen zur Musterschule ausersehen, doch bedurfte es hier im Jahre 1779 keiner allgemeineren Umgestaltung, da sich die Lehrverfassung im wesentlichen schon in Übereinstimmung mit den neuen Forderungen befand. Die altbewährte und durch Steinmetz vortrefflich fortentwickelte Anstalt hatte sich nach schwerer Schädigung durch den bigotten Abt Hähn unter dessen Nachfolger Frommann zu gesteigerter Frequenz erhoben, wobei sich in Vermehrung und guter Besetzung der Lehrstellen, Verbesserung der Gehälter, Reformen im Lehrplan, Ermäßigung der geistlichen Übungen Zedlitz' Einfluß in hervorragendem Maße geltend gemacht. Leider fehlte dem Abt die Gabe, straffe Disziplin zu halten. Unter großen Erwartungen verlieh der Minister 1775 nach dessen Hintritt die freigewordene Stelle dem als pädagogischer Schriftsteller ihm auf das vorteilhafteste bekannt gewordenen Pastor an der deutschen Petrikirche zu Kopenhagen, Frd. Gabr. Resewitz. Doch sah er bei einem Besuch im Jahre 1776 seine Hoffnungen schon erheblich herabgestimmt, und stellte es sich immer mehr heraus, daß der neue Abt in dem Maße nur ein Mann der Theorie war, daß er in der Ausführung seiner Entwürfe sich so lässig und unzulänglich erwies, als ob er meinte, die zu Papier gebrachte

Instruktion thäte schon alles für sich allein. Ansehn und Liebe verstand er an der Schule sich nicht zu erwerben und suchte seine Freude mindestens ebensosehr als in der Ausübung seines Amtes in den Genüssen der Tafel, worüber eine spätere Revision die Thatsache ans Licht förderte, daß der Herr Abt einige Tausend Thaler über den Etat für seinen Tisch verausgabt hatte. Begann auch in der Folge unter diesen Umständen die Frequenz unter ihm wieder beträchtlich zurückzugehn, so hielten doch mehrere besonders tüchtige Lehrer, wie namentlich der Philologe Gurlitt und der Mathematiker Lorenz, in ihren Fächern noch längerhin die Güte der Leistungen der Anstalt aufrecht. Zu den vielen Schülern des Klosters aus früherer Zeit, die ihren Namen späterhin rühmlichst bekannt gemacht, gesellte sich in dieser Periode Frd. (von) Matthisson.

Auch in Stettin, wo das Marien-Stifts-Gymnasium in betracht kam, handelte es sich im Jahre 1779 nicht mehr um die Feststellung der Grundlagen zu einem neuen Lehrplan: Auf dem Papier stand hier das meiste von dem, was die Kabinettsordre vom 5. September 1779 verlangte, schon lange, und bedurfte es für das übrige nur noch einiger weniger ergänzender Bestimmungen; desto schlimmer war es aber daselbst nach wie vor mit dem guten Willen zur Ausführung bestellt. Selbst gegen Ende seiner Amtsthätigkeit konnte der Minister von diesem Gymnasium nur sagen, daß es an den sachlichen Vorbedingungen zur Reform bei demselben nicht mangele.

Es zeigten sich bemnach auch nach dem Erlaß der oftgedachten Kabinettsordre an verschiedenen unter den zur Reform in erster Linie ausersehenen Anstalten so beträchtliche Schwierigkeiten, daß dem Gros der anderen Schulen gegenüber eine fortgesetzte Zurückhaltung bis auf weiteres noch bringend geboten erschien. Nirgends hat der Minister denn auch noch an irgend einer anderen Stelle aus eigener Entschließung eine tiefer gehende Umgestaltung in Angriff genommen, sondern sich allerorten sonst, wie von Anfang an so auch fernerhin, darauf beschränkt, eine sorgsame Kontrolle zu üben und je nach Umständen im einzelnen die bessernde Hand anzulegen. Auch zu der von Zedlitz ursprünglich geplanten Errichtung neuer Ritterakademieen ist es nicht mehr gekommen; als Stellvertreterinnen für sie durften in gewissem Sinne die neuen Kadettenhäuser zu Stolp und Culm angesehen werden. Wo dennoch während Zedlitz' Amtsdauer im eigentlichen Sinne reorganisiert worden ist, ging der Impuls oder auch die ganze Ausführung von anderer Seite aus.

In Brandenburg erfolgte auf wiederholtes Andringen der Patronatsbehörden eine nach dem Plane des Oberkonsistorialrat Gedike als Kgl. Kommissars durchgeführte Verschmelzung der entvölkerten Saldria mit dem neustädtischen Lyceum in der Weise, daß aus der Saldria einerseits und den unteren Klassen des Lyceums andererseits je ein zweiklassiges „Bürger= und Kunstinstitut" gebildet wurde, deren jedes einmal als Unterstufe für das Lyceum dienen und daher auch Latein lehren, fürs andere aber dem Bürgerstand eine möglichst abgeschlossene, überwiegend realistische Vorbildung gewähren sollte. Beide „Institute" traten unter die Leitung des Direktors des Lyceums.

Unter Zustimmung, aber ohne Mitwirkung des Ministers, vollzog sich in Neu=Ruppin die Umwandlung der alten lateinischen Schule in eine Vereinigte Bürger= und Gelehrtenschule nach Basedowschen Prinzipien. Die Urheber der Veränderung waren zwei junge Männer, die von der Universität her für die neue Methode eingenommen waren, Lieberkühn, der nachmalige Rektor des Elisabethanums in Breslau, dazumal Hauslehrer bei dem Direktor des Neu=Ruppiner Vereinigten Magistrats= und Stadtgerichts, dem Justizrath Nölbechen, und sein Freund Stuve. Da die Schule in tiefem Verfall, gelang es jenen beiden mit Genehmigung von Rat und Bürgerschaft einen Vertrag mit dem Patronat abzuschließen, nach welchem die Bestimmung über die ganze innere Verfassung der Anstalt ihnen übertragen wurde. Die neue Aera begann Ostern 1777. Die beiden Freunde führten gemeinsam ohne besonderen Titel die Direktion und sahen sich nach Entlassung der meisten alten Lehrer von mehreren gleichgesinnten jüngeren Berufsgenossen aufs beste unterstützt. Unter Beibehaltung der dem Gelehrten= beruf dienenden Lehrgegenstände, wobei jedoch die alten Sprachen nach der Sprech= und Lesemethode betrieben wurden, schufen sie den neueren Sprachen und den Realien Raum und pfleg= ten mit Eifer die allgemeine geistige Gymnastik durch Denk=, Rede= und Schreibübungen in der Muttersprache, verbanden hiermit auch die ästhetische Erklärung der deutschen Dichter und suchten durch Einführung in die Logik und Psychologie eine philosophische Betrachtungsweise zu wecken. Nach Vor= gang ihres Meisters ließen sie daneben der Körperpflege eine aufmerksame Beachtung angedeihen. In der Tracht verschwand aller Zwang und Tand, mit dem Leibrock und der steifen Hals= binde Haarzopf, Frisur, Puder, Pomade, und trat an Stelle davon eine leichte, freianliegende Kleidung und kurzgeschorenes Haar. Kaltes Schlafen und Baden gehörte ebenso zu den den Schülern erteilten Vorschriften, wie die Enthaltung von Kaffee, Bier und Wein. Die Berichte von Augenzeugen mel= den von dem fröhlichen, munteren Getriebe der rüstigen Jugend in Neu=Ruppin und zugleich von einer freudigen Hingabe der= selben an die Arbeit, die den Gedanken an Zwangsmaßregeln garnicht aufkommen ließ. Ernste Angriffe blieben der An= stalt nach ihrer Neugeburt darum freilich nicht erspart, sie gingen von besorgten Vätern aus, welche in dem Bemühen der Vorsteher, die Abhängigkeit von der Kirche zu beseitigen, in dem Aufhören des Chorgesangs der Schüler beim öffent= lichen Gottesdienst, des Straßensingens und der Begleitung der Leichen den unzweideutigen Beweis für das Hereinbrechen der Irreligiosität erblickten und die Kühnheit der Lehrer, sich in farbige Stoffe zu kleiden, kurzgeschnittenes Haar und band= umwundene Strohhüte zu tragen, mit gleichem Schauder wie ben neuen Religionsunterricht betrachteten. Doch die Krisis ging vorüber, als der auf Grund der Anklagen von Berlin als Kgl. Kommissar hingesandte Oberkonsistorialrat Teller nach eingehender Revision die neue Verfassung in ihren wesentlichen Punkten aufrecht zu erhalten für gut befunden hatte. Die Schülerzahl stieg von Jahr zu Jahr und setzte sich zu Zeiten bis zur Hälfte aus Auswärtigen, zum Teil von weiterher, aus Schlesien und Sachsen herbeigekommenen, zusammen. Der Minister bezeugte nach einem der Schule abgestatteten Besuch seine Zufriedenheit, und der König die seinige durch die 1785 erfolgte Überweisung von 4000 Thlr. zur Aufbesserung der Lehrergehälter. Als jedoch der Bund der Männer, welche die Reform durchgeführt, sich durch Berufungen in andere Stellungen auflöste, kehrte man in Neu-Ruppin allmählich wieder zum alten System zurück und stellte es endlich 1805 gänzlich wieder her. Es war die einzige Gelehrtenschule in Preußen gewesen, welche die Basedowsche Methode angenommen hatte, und Zedlitz that gewiß nicht Unrecht daran, daß er den von jenen Männern mit ihr gemachten Versuch bereitwillig gestattete und damit dem Staate der Toleranz den Vorwurf ersparte, der neuen pädagogischen Lehre in seinem Gebiete die Möglichkeit verschlossen zu haben, sich in der Praxis über den ihr innewohnenden Wert nach Vermögen auszuweisen. War doch auch der Versuch an dieser Stelle keineswegs ungünstig ausgefallen und hatte er, wenn auch das System als Ganzes keine Nachahmung fand, doch verschiedene beherzigenswerte Winke im einzelnen dargeboten.

Ebenfalls für freie Entfaltung des Neuen, wo das Alte sich überlebt, wenn auch damit nicht für Basedows Theorie, trat Zedlitz in Oschersleben ein, wohin er 1783 ein Mitglied des Halberstädter Konsistoriums sandte, um den Widerstand von Magistrat und Bürgerschaft gegen die vom Inspektor der dortigen Lateinschule geplanten und an sich unentbehrlichen Verbesserungen zu beseitigen.

Der quasiakademische Schlendrian auf dem Gymnasium academicum zu Lingen nötigte den Minister zu Verfügungen an die dortige Regierung, dahin zu wirken, daß den Lehrern der Dünkel, sich als Universitätsprofessoren zu fühlen, mehr benommen und sie „zu nützlicher Anwendung der kostbaren Zeit" angehalten würden, und begnügte er sich, ohne eine tiefere Umgestaltung der Anstalt zu erstreben, mit dem Nachweis, daß in diesem und einigen anderen gerügten Punkten eine Besserung eingetreten sei.

Einer persönlichen Revision hatte der Minister gleich 1771 auf Spezialbefehl des Königs die Franckeschen Anstalten in Halle unterzogen, und behielt es, da er über den von den dortigen Einrichtungen empfangenen Eindruck günstig an den Monarchen hatte berichten können, in allem wesentlichen bei dem Gange, den die Entwicklung daselbst eingeschlagen, sein Bewenden. Nur der rechte Mann an der Spitze fehlte dort bisher noch zu einem reicheren Erblühen des Instituts, und den erhielt dasselbe 1786 in der Person A. H. Niemeyers.

Einer Anzahl anderer Anstalten gegenüber beschränkte sich das Eingreifen des Ministers von Anfang an in der Hauptsache auf Personenfragen.

Hinsichtlich des reich dotierten, aber sehr heruntergekommenen Gymnasium illustre zu Brieg fragt er 1771 bei dem König an, ob er bei der erforderlich gewordenen Neuwahl des Rektors und eines Professors auf Schulmänner in Sachsen seine Aufmerksamkeit lenken dürfe, worauf Friedrich den Marginalbescheid gab: „Die Saksen haben bessere Schulmeisters wie wihr, absonderlich weren Sie in hiesigen provinzen von großem Nutzen Seindt."

Um das Pädagogium des Klosters Unser lieben Frauen in Magdeburg erwarb sich Zeblitz bei der Propstwahl von 1779 ein doppeltes Verdienst, fürs eine, indem er das Bestätigungsrecht des Staates zu gunsten einer sehr geeigneten Persönlichkeit, G. S. Rötgers, des nachmalig langjährigen hochverdienten Hauptes der Anstalt, geltend machte, und fürs andere damit, daß er von dem Festhalten an dem ihm in Vorschlag gebrachten Dr. Bahrdt, trotzdem er sich desselben anderenortes so nachdrücklich angenommen, den Konvent aufs ernstlichste abmahnte; derselbe habe „viel Gelehrsamkeit und ein gesundes Urtheil", schrieb er jenem, er müsse aber warnen vor „seine(r) große(n) Selbstsucht und unerträgliche(n) Affectation" und darauf aufmerksam machen, „daß er wegen seiner (ihm mangelnden) Orthodoxie nicht in dem besten Rufe stehe".

In dem vom König erforderten Bericht über den vom Direktor der Berliner Realschule Joh. Esaias Silberschlag gestellten Antrag, den bisherigen Inspektor der Anstalt und zweiten Prediger an der Dreifaltigkeitskirche, And. Jac. Hecker, einen Neffen des Stifters, zu seinem Amtsnachfolger zu ernennen, erklärte es Zedlitz für wünschenswert, daß der neue Direktor nicht zugleich ein Predigtamt verwalte. Als Hecker auf geschehene Anfrage die Niederlegung des letzteren ablehnte, wurde er dessenungeachtet ohne Widerspruch des Ministers zum Direktor der Realschule ernannt, und ihm nur die Bedingung auferlegt, als Inspektor niemand anzunehmen, der nicht ausschließlich Schulmann sei.

Außer den Anstalten, auf deren Förderung sich Zedlitz' eigene Thätigkeit erstreckte, gab es mehrere, die, ohne seinem unmittelbaren Einfluß zu unterstehen, nichtsdestoweniger den von ihm erstrebten Zielen zusteuerten und seine vollkommenste Anerkennung sich erwarben. Ganz besonders zählten hierzu das Züllichauer Pädagogium unter dem 1787 von dem Minister zum Mitgliede des neuerrichteten Oberschulkollegiums beförderten Konsistorialrat und Professor Steinbart; das Stephaneum zu Halberstadt, über welches und seinen Rektor er 1773 äußerte: „Der Konsistorialrath Struensee ist als Schulmann betrachtet wirklich groß. Die Domschule ist stärker als manche Universität"; das vereinigte Berlinisch-Köllnische Gymnasium unter Büsching, für den seine Sympathie schon aus dem Gebrauch erhellt, den er von dessen Schriften beim Schulunterricht gemacht wissen wollte; das Friedrichs-Werdersche Gymnasium zu Berlin, in dem er so gern und häufig als Besucher verweilte, und dessen Direktor Frd. Gedike er in das Oberkonsistorium und außerdem später in das Oberschulkollegium zog, um sich seiner je länger je mehr als seines vornehmsten Beirats in allen pädagogischen Dingen zu bedienen.

Sollte in Zukunft die Reform auf die Gesamtheit der höheren Schulen ausgedehnt werden, so war die erste und wichtigste Vorbedingung dazu, daß die Vorbildung der Lehrer in geeigneter Weise vervollkommnet wurde. Hierauf richteten sich denn auch unausgesetzt die verschiedenartigsten Bemühungen des Ministers.

In seinem Bestreben, die Hauptpflanzstätten wissenschaftlicher Bildung, die Universitäten, in ihren Leistungen zu heben, befolgte er insofern denselben Grundsatz, wie bei der Schulverbesserung, als er sich vornahm, zunächst Eine von ihnen, ohne darum die übrigen zu vernachlässigen, zu einer Musterschöpfung zu gestalten, und hatte er dazu Halle ausersehen. Er arbeite daran mit nicht ungegründeter Hoffnung auf einen guten Erfolg, schreibt er 1778, „Halle so emporzubringen, als es jemals gewesen ist." Das Schreiben ist an Kant gerichtet und schon das zweite, in welchem er den Königsberger Philosophen, der damals noch nicht der berühmte Verfasser der Kritik der reinen Vernunft war, zur Annahme des einen in Halle freigewordenen Lehrstuhls der Philosophie zu bestimmen sich bemühte. Gelang es ihm auch nicht, Kants Liebe zu seiner Vaterstadt durch stärkere Reize zu überbieten, so war er dafür so glücklich, gerade für das Hauptfach der meisten unter den künftigen Schulmännern, das der klassischen Philologie, in Frd. Aug. Wolf ein wahres Kleinod der Universität zu erwerben. Auch hier hatte er mit dem ihm selten fehlenden Scharfblick den richtigen Mann wieder selbst gefunden, indem er durch Wolfs Ostern 1782 erschienene Ausgabe von Platos Symposion auf den damaligen Rektor in Osterode aufmerksam geworden und durch Anfragen u. a. bei Heyne in Göttingen und Reiz in Leipzig nähere Erkundigungen über ihn eingezogen hatte. Wenn er in dem gedachten Schreiben an Kant die Hoffnung ausspricht, demnächst einen der ausgezeichnetsten Historiker für Halle zu gewinnen, so war wohl Schröckh in Wittenberg gemeint, dessen Lehrbücher der Minister so hoch schätzte und mit dem er thatsächlich unterhandelt hat; doch sollte sich diese Hoffnung nicht erfüllen. Der Mathematik und Physik, worin Chr. Wolff und Segner geglänzt, gab er in Joh. Gust. Karsten einen neuen rühmlichen Vertreter. Als der Bahrdtsche Streit seinen Blick noch nicht getrübt, rühmte er der Theologenfakultät mit ihrem freisinnigen Nestor Semler nach, daß sie besser besetzt sei, als irgendwo in Europa, und gedachte ihr in der Wiederheranziehung Griesbachs eine neue Zierde zu verleihen. Der nicht minder regen Thätigkeit des Ministers für die Hebung der anderen, den Schulfächern fremden Disziplinen zu gedenken, kann hier nicht der Ort sein.

Nach Frankfurt zog er Gotthf. Sam. Steinbart, den späteren Oberschulrat; Königsberg verdankte ihm in Chr. Jac. Kraus, einem Lieblingsschüler Kants, seinen nachmals gefeierten Vertreter der Staatsökonomie: als jungen Mann hatte ihn Zedlitz kennen und schätzen gelernt, als derselbe ihm die von Kant erbetene Abschrift des Kollegienheftes über physische Geographie überbrachte; Duisburg hatte er Heeren zugedacht, auch dessen Wert frühzeitig erkennend, denn als er auf ihn aufmerksam wurde, war jener noch ein namenloser junger Gelehrter, der noch nichts veröffentlicht hatte, von dem er jedoch eine demnächst zur Veröffentlichung bestimmte kleine Abhandlung gelesen, die ihm eine Bürgschaft dafür gab, daß er es hier mit einem ganz besonders ausgezeichneten Schüler Heynes zu thun habe.

Seine Stellung als Oberkurator der Universitäten verlieh Zedlitz auch die Befugnis, auf die Auswahl und Behandlung der Vorlesungen selbst seinen Einfluß zu erstrecken. Er that das in dem Sinne, daß er ein Zusammenwirken der akademischen Lehrer zu dem allgemeinen Zwecke verlangte, „daß ein junger Mensch auf der Akademie Gelegenheit zum Unterricht in allen hauptsächlich nützlichen Kenntnissen finde", und „die Köpfe der Studirenden nicht mit nahrungslosen Subtilitäten verdüstert" würden. Fehlende Kollegien ergänzt er, so nimmt er in Halle mehrere theologische, Beweis der Wahrheit der christlichen Religion, Kirchengeschichte und Encyklopaedie der Theologie, in Königsberg eins über vaterländische Geschichte auf; ferner entscheidet er darüber, welche Kompendien bei den Vorlesungen zu benutzen, verlangt die vollständige Beendigung der begonnenen Vorlesungen und bringt auf inhaltvolle Kürze im Vortrag. Außerdem fordert er strenge Überwachung des sittlichen Verhaltens der akademischen Jugend und Einsendung von zuverlässigen Proben ihrer wissenschaftlichen Fortschritte.

Gab es in Berlin auch keine Universität, so bürgerte sich doch, vornehmlich wieder auf Zedlitz' Betrieb, die Sitte damals in der Hauptstadt ein, daß dort wohnhafte Gelehrte von Ruf vor einem gemischten Publikum der gebildeten Stände öffentliche Vorlesungen hielten, die in ihrer Gesamtheit nahezu alle Teile der Wissenschaft umfaßten. Es wurde dies somit auch für den höheren Lehrerstand eine treffliche Gelegenheit zu seiner wissenschaftlichen Fortbildung und der hohe Chef des Unterrichtswesens ging selbst durch häufiges Erscheinen mit dem besten Beispiel dabei voran. Unter den anderen Beförderungsmitteln wissenschaftlicher Bildung, welche Berlin neuerdings darbot, stand die von Gedike und Biester, zweien Zedlitz so nahestehenden Männern, seit 1783 herausgegebene „Berliner Monatsschrift" voran, welche das Ziel verfolgte, einen Vereinigungspunkt für die verschiedensten höheren Lebensinteressen zu gewähren. Biester erwarb sich überdies als Bibliothekar der Kgl. Bibliothek das weitere Verdienst, dazu beizutragen, daß die Schätze derselben der wissenschaftlichen Benutzung wieder zugänglich wurden.

Zedlitz' erklärten Lieblingsgedanken innerhalb seiner Bestrebungen zur Schulverbesserung bildete die Errichtung guter Seminare. Als er die Leitung des Unterrichtswesens übernahm, fehlte es noch immer an einem Seminar zur Vorbildung für den höheren Lehrerstand, doch befand man sich in Halle auf dem Wege dazu. Semler, welcher seit 1757 die Direktion des dortigen theologischen Seminars übernommen, hatte seine Aufmerksamkeit darauf gerichtet, zugleich für die Vorbereitung von künftigen Schulmännern in demselben Sorge zu tragen. Zu dem Zweck ließ er sich von den Seminaristen lateinische Aufsätze einreichen, über die er dann Disputatorien abhielt, und beauftragte außerdem den 1765 als Inspektor am Seminar eingetretenen Magister Schirach, den Mitgliedern desselben wöchentlich einige philologische Vorlesungen zu halten, beides Veranstaltungen, die um so nötiger erschienen, als damals in Halle die Humaniora aus dem Lektionskatalog der Universität so gut wie verschwunden waren. Ch. Gottfr. Schütz, der nachmalige Jenenser Professor der Philosophie und Herausgeber der Allgemeinen Litteratur-Zeitung, welcher Oktober 1769 an Schirachs Stelle trat, erweiterte die auf jene Vorlesungen verwandte Zeit von 2 bis 3 auf 5 bis 6 Stunden wöchentlich und gestattete auch Nichtseminaristen den Zutritt dazu, ohne von diesen oder den anderen Honorar dafür zu beanspruchen. Semlers Idee, aus diesen Anfängen ein eigenes pädagogisches Seminar erwachsen zu lassen, hatte schon die Billigung des Ministers von Fürst, des zweiten Amtsvorgängers von Zedlitz in dem Oberkuratorium der Universitäten gefunden und wurde nun von diesem selbst mit Eifer aufgenommen. Um das aus Basedows Methode geeignet Erscheinende für die in Aussicht genommene neue Einrichtung zu verwerten, sandte er Schütz Anfang 1776 nach Dessau. Der Bericht desselben über seine Wahrnehmun=

gen am Philanthropin lautete jedoch wenig günstig, und mag dies mit ein Anlaß gewesen sein, daß der Minister gleich darauf sich in Person nach Dessau begab, um mit eigenen Augen den Wert des von der Parteien Gunst und Haß bereits stark umfluteten neuen Phänomens zu prüfen. Auf die Anwendung der ihm zweckmäßig erschienenen unter den am Philanthropin befolgten Grundsätzen bestand er darauf auch hier in Halle, verwahrte sich aber dabei ganz ausdrücklich gegen die Auffassung, darum schlechtweg als Nachahmer Basedows angesehen zu werden.

Nach Feststellung der Grundlinien zu dem Plan der neuen Einrichtung zwischen dem Minister, Semler und Schütz trat dieselbe als pädagogische Filiale bei dem theologischen Seminar im Lauf des Jahres 1777 ins Leben. Ihre Mitglieder entnahm dieselbe aus der Gesamtheit der Seminaristen, indem der Direktor des Seminars aus den dazu sich Meldenden die geeignete Auswahl traf. Die Ausbildung zerfiel in einen theoretischen und einen praktischen Teil. Ersterer bestand in Vorlesungen über die Methodik der Schulwissenschaften, letzterer in der Übung im eigenen Unterrichten. Während der Direktor die Vertretung nach außen wahrzunehmen hatte, die allgemeine Aufsicht und die finanzielle Verwaltung führte, lag die unmittelbare Ausbildung der jungen Leute größtenteils in den Händen des Inspektors; in den mathematisch-naturwissenschaftlichen Lehrgegenständen übernahm sie Professor Karsten. Zum Zweck der Unterrichtsübungen wurde eine eigene Schule begründet, die sich jedoch wenig füllte; mit vier Knaben eröffnet, brachte sie es auch in den nächsten Jahren noch nicht ganz bis auf ein Dutzend. Die meisten darunter waren Stadtkinder, von denen einige Befreiung vom Schulgelde genossen, an Pensionären, von welchen jeder 200 Thlr. jährlich zu zahlen hatte, stellten sich nur zwei ein. Da keine anderen Mittel außerdem zur Verfügung standen, war genehmigt worden, daß Semler jährlich 200 Thlr. aus der Kasse des theologischen Seminars auf die pädagogische Filiale verwandte. Die Ausstattung derselben konnte somit nur eine sehr bescheidene sein. Um den König für das neue Unternehmen zu interessieren und seine Beihülfe zu erwirken, gab Zedlitz ihm nähere Kenntnis von demselben in dem von ihm aufgezeichneten „Plan d'une Pépinière de Pédagogues et de Gouverneurs établie à Halle." Dieser Aufsatz, als Manuskript in wenigen Exemplaren gedruckt, wurde außer dem Könige nur noch den zur Mitarbeit und Abgabe eines sachkundigen Urteils nächstberufenen Personen übersandt, für das große Publikum dagegen eine besondere Ankündigung erlassen, für die der Minister die deutsche, nicht die sonst bei ähnlichen Gelegenheiten übliche lateinische Sprache wünschte, um „auch die ungelehrte Einkleidung" dafür sprechen zu lassen, „daß man nicht, was man sonst in Schulen leider gemeiniglich thut, die Erziehung eines künftigen Gelehrten zum allgemeinen Augenmerk genommen hat."

Sowohl bei einem im Herbst 1777 Halle abgestatteten Besuche, wobei Zedlitz in Begleitung des Kammerdirektors (von) Hoffmann, des späteren Kanzlers der Universität, in der neuen Anstalt erschien und selbst einige Fragen an die Schüler richtete, als auch in späteren Zuschriften sprach er seine Befriedigung über den Fortgang der Sache aus, zugleich bestärkt in seiner guten Zuversicht auf ein ferneres Gelingen durch den von seinem alten hochverehrten Lehrer, dem Abt Jerusalem in Braunschweig, gespendeten Beifall. Daneben ruhte er nicht, sich andauernd bis ins Kleinste hinein über die Thätigkeit der Leiter, Seminaristen und Schüler zu unterrichten und neue Ratschläge und Weisungen zu erteilen.

Jedoch erlitt die Fortentwicklung eine Gefährdung durch den Ostern 1779 erfolgten Abgang Schützens nach Jena und den unbefriedigenden Ersatz, der in der Person Trapps, bisherigen Lehrers am Philanthropin, enthalten war. Die Schuld an dem Mißgriff trifft den Minister selbst. Daß er seinen

Mann aus Dessau holte, daraus kann freilich dem Minister ebensowenig ein Vorwurf gemacht werden, wie daraus, daß er kurz zuvor zwei Seminaristen auf ein Jahr dorthin geschickt, denn das Philanthropin an sich hatte nach Basedows Rücktritt unter Wolkes Leitung sich in der letzten Zeit zu einem Institute umgebildet, von dem auch die Gegner mit Achtung sprachen. Aber er hatte sich diesmal seinen Mann selbst nicht genug angesehen und sich durch die Gewandtheit bestechen lassen, mit welcher derselbe in seiner dortigen Lehrthätigkeit als ingeniöser Methodiker zu schillern gewußt. In Halle wurde für den Erwählten außerdem daß er an Schütz' Stelle die Inspektion der pädagogischen Filiale erhielt, eine eigene Professur der Pädagogik begründet. Wissenschaftlich zunächst vermochte er sich indessen kein Ansehn zu verschaffen. Er las nur über pädagogische Methodik und vereinigte um sich außerdem an zwei Abenden in der Woche eine „französische Gesellschaft." Es sah nur gar zu sehr darnach aus, daß er seine eigene Blöße damit verdecken wollte, wenn er in seinen Schriften die Schädlichkeit von allzuviel gelehrtem Wissen für den Erzieher so besonders stark betonte, Theologie und spekulative Philosophie von dessen Studien ganz fern gehalten wissen wollte und nur „eine allgemeine Kenntniß der Wissenschaften" für dienlich für denselben hielt. Auch konnte es die Meinung von ihm nicht heben, wenn es für angemessen befunden wurde, der pädagogischen Filiale in Professor Niemeyer einen ihm nebengeordneten besonderen Inspektor für das Philologische zu geben. Um so weniger gering dachte man dagegen bald von seinem Dünkel, indem er, je weniger er sich nach Gebühr geehrt sah, nur besto anmaßlicher und absprechender auftrat, sobaß es endlich niemanden mehr in seiner Nähe litt. Sein Verhältnis zu Semler war von Anfang an ein schlechtes und damit auf die pädagogische Filiale nachteilig zurückwirkendes gewesen. Diese wurde noch erheblicher geschädigt, als Semler infolge der Ungnade, in die er bei Zedlitz wegen der

Bahrdtschen Händel gefallen, Anfang Winter 1779 seiner Stelle als Direktor des Seminars enthoben, und sie für ihr Teil nunmehr der selbständigen Direktion Trapps unterstellt wurde, während die theologische Mutteranstalt unter die Leitung von Professor Nösselt trat.

Es bildete diese neue Ordnung nur ein kurzes Übergangsstadium zu der vollständigen Abzweigung der Filiale vom Seminar und zur Umwandlung derselben in ein für sich bestehendes „Institutum paedagogicum." Am 2. Mai 1780 ward dasselbe in seiner neuen Gestalt eröffnet. Es war dem Minister gelungen, aus öffentlichen Mitteln einen jährlichen Zuschuß von 450 Thlr. dafür flüssig zu machen. Mit der Ausarbeitung des neuen Statuts auf Grund der von ihm erteilten Weisungen wurden von ihm die zugleich zu ständigen Kommissaren bestellten drei Universitätsprofessoren Karsten, Eberhard und Sprengel betraut, und fand ihr Entwurf die Zustimmung und Bestätigung ihres hohen Auftraggebers.

Was durch die neue Verfassung Gutes hätte bewirkt werden können, wurde leider dadurch gehemmt, daß Trapp an der Spitze des Instituts verblieb. Der neue Plan schließt sich im ganzen eng an die für die bisherige Filiale in Geltung gewesenen Bestimmungen an. Der nunmehr unmittelbar unter dem Oberkuratorium stehende Direktor versah als Leiter des Instituts die Geschäfte, welche vordem von dem Direktor des theologischen Seminars der pädagogischen Filiale gegenüber wahrgenommen worden waren. Und während der Direktor zugleich seine pädagogischen Kollegien an der Universität fortsetzte, wurde ihm für den praktischen Teil der Ausbildung der jungen Leute ein „Oberlehrer" beigesellt. Rekrutieren sollten sich die Mitglieder des Instituts nach wie vor aus denen des theologischen Seminars, in welchem nach einem späteren Reskript des Oberkurators immer an zwanzig Kandidaten und Studenten dem Direktor des pädagogischen Instituts zur Verfügung stehen sollten, um unter ihnen eine Aus=

wahl zu treffen, welche die Gewählten dann zum Übertritt verpflichtete. Am Institut erhielten sie monatlich einen Thaler, bei besonders tüchtigen Leistungen konnte auch eine Zulage gewährt werden. Die Neueingetretenen hatten die auf der Universität gehaltenen pädagogischen Vorlesungen zu hören und nach näherer Anordnung des Direktors dem Unterricht in der Institutsschule beizuwohnen. Erst nach diesem Noviziat wurden ihnen Lehrstunden unter Aufsicht des Oberlehrers übertragen. In ihren besonderen Fächern, es waren dies das mathematisch-naturwissenschaftliche und das historisch-geographische, sollten jedoch die zu Kommissaren ernannten drei Universitätsprofessoren die theoretische und praktische Anleitung selbst übernehmen. In einer jede Woche stattfindenden Konferenz hatten die jungen „Instruenten" dem Oberlehrer Bericht über ihre Lehrthätigkeit zu erstatten, sowie dessen Beurteilung und weitere Anordnungen entgegenzunehmen. Der Aufenthalt auf dem Institut erstreckte sich wie früher auf ein bis zwei Jahre. Die Lehrgegenstände der Institutsschule setzten sich zusammen aus: Deutsch, Lateinisch, Französisch, Religion, Naturhistorie, Geographie, Geschichte, Rechnen, Geometrie, Gesang, Zeichnen und Tanzen. Instrumentalmusik blieb ausdrücklich ausgeschlossen. Die Schülerklassen waren auch hier nach den Fächern abgeteilt, jeder Kursus auf ein halbes Jahr berechnet und in monatliche, wöchentliche und tägliche Pensa geteilt, die regelmäßige Vornahme von Wiederholungen vorgesehen. Die Anfänge in den Sprachen sollten mit Sprechen, Lesen und Schreiben gemacht, alsdann aber die Grammatik in stetig wachsender Ausdehnung herangezogen werden. Zur Gewinnung einer stofflichen Grundlage beim ersten sprachlichen Unterricht wurde die Benutzung der Basedowschen Kupfer unter der Maßgabe vorgeschrieben, daß jedes Blatt in allen drei Sprachen nach einander durchgegangen würde. In den Religionsstunden hielt man unter Abstandnahme von Basedows selbstverfertigtem Material an dem vom geistlichen Ministerium der Stadt Halle erläuterten lutherschen Katechismus fest, ließ mit Wahl und Maß in der Bibel selbst lesen, bediente sich aber eines eigens zusammengestellten „Gesangbuch(es) für die Jugend". Die geographischen Kurse sonderten sich in einen „elementarischen, politischen, merkantilischen und itinerairischen". Beim Geschichtsunterricht hielt man die Anwendung von Denkversen nach Art der Voltaireschen vers tecniques oder das Diktieren von Fragen, die der Schüler schriftlich zu beantworten, für empfehlenswert. Im mathematischen Unterricht galt die Übung des Verstandes als oberster Zweck, und sollte bei jenem die „analytische Methode im Einzelnen mit der synthetischen im Ganzen" verbunden werden. Über die Naturgeschichte findet sich nichts Bemerkenswertes angegeben. Der gesamte Unterricht verfolgte nach Trapps Worten das Ziel, den Schülern „Sinn und Verstand zu öffnen, sie zum Fassen nützlicher Dinge fähig und geneigt zu machen", aber keine „Polihistors" zu liefern. Im Methodischen sah der Direktor sein Ideal darin, daß der Unterricht soviel wie möglich „die Gestalt der gesellschaftlichen Unterhaltung" annehme. Am nächsten schloß man sich dem Philanthropin im Disziplinarischen an. Von dort übernahm man die Bestimmung, daß die Institutsschüler allwöchentlich vor der Lehrerkonferenz zur Empfangnahme der über ihr Verhalten gefällten Urteile und entsprechendenfalls der ihnen zudiktierten Strafen zu erscheinen hatten. Geistliche Übungen blieben auf die Sonntage beschränkt und bestanden in einem Vortrag am Vormittage und einer Katechisation mit Erklärung von Sprüchen und Liedern am Nachmittage. Das Gebet „als täglichen Frohndienst oder als Ceremoniell" kannte man Trapps Erklärung zufolge garnicht und betete man, wie er hinzufügt, nur je nach Bedürfnis und Gelegenheit. Wie nicht anders zu erwarten, kam auch die unbestreitbare Glanzseite philanthropinischer Erziehung, die angelegentliche Fürsorge für die Frischerhaltung von Leib und Seele hier zur Geltung. Unter den zur Erholung und zum

Vergnügen dienenden Veranstaltungen nahmen die alle vier Wochen an den Sonntagsnachmittagen von Lehrern und Schülern gemeinschaftlich unternommenen Lustbarkeiten im Freien mit den dazu gehörigen „Picknicks" den ersten Platz ein. Dem größeren Publikum hatte sich die Institutsschule in öffentlichen Prüfungen vorzuführen, zu denen der Direktor in den „Hallischen Anzeigen" einlud.

Das mit Rücksicht auf ihren besonderen Zweck am fühlbarsten hervortretende Gebrechen der Schule bestand in ihrem schwachen Besuch. Im Jahre 1782 zählte sie im ganzen nur 14 Zöglinge, sodaß knapp einer auf jeden Seminaristen kam, und besserte sich dieses Verhältnis auch späterhin nicht, obwohl man mit den anfänglich auf 300 Thlr. normierten Pensionssätzen auf 200 Thlr. herunterging und hernach sogar vom zweiten Jahre des Aufenthalts an nur 170 Thlr. für alles außer der Wäsche und dem Frisieren verlangte. Für die spärliche Zahl der „Pensionisten" konnte die Rekrutierung aus der Stadt bei dem hohen Schulgeld von 50 Thlr. auch keinen Ersatz bieten. Letzteres muß doppelt hoch an einer Anstalt erscheinen, an welcher ihrer Bestimmung nach Studenten und Kandidaten ihre ersten pädagogischen Künste an den Schülern versuchten. Es gehörte ein starker Glaube an die von einer Methode an und für sich selbst zu erwartende heilbringende Kraft dazu, wenn man die jugendliche Unerfahrenheit der Lehrerschaft damit zu einem großen Vorzug stempeln wollte, daß man in ihr in anbetracht der größeren Lenksamkeit von Anfängern die besten Garantieen für eine andauernd gleichmäßige Beobachtung der vorgeschriebenen Methode erblickte.

Eine so geringe Schülerzahl gestattete es nun aber nicht, die Seminaristen mit der Eigenart des schulmäßigen, des Klassenunterrichts, vertraut zu machen. Außerdem gebrach es auch an der geeigneten Unterweisung für sie, indem dieselbe, statt in den Händen mehrerer schulmännischer Fachautoritäten

Freude und ebensowenig an den ihm obliegenden Vorlesungen über die Theorie der Pädagogik und legte er daher gern, als nach dem Abgang von Joh. Reinhold Forster, Cooks Gefährten bei der Weltumsegelung, Ostern 1784 die Professur der Beredsamkeit frei geworden war, zu gunsten dieser die der Pädagogik nieder und schied zugleich aus seinem Amte als Direktor des pädagogischen Instituts. Gleichzeitig hiermit erfolgte nun aber auch die Auflösung desselben.

An finanziellen Nöten ist diese Schöpfung nicht zu Grunde gegangen, die letzten Jahresrechnungen ergaben sogar einen nicht unbeträchtlichen Überschuß; die Fehler in der Anlage und die, freilich aus sehr verschiedenem Grunde, ungeeignete Beschaffenheit der Vorsteher haben das frühe Ende verschuldet. Der Minister, dem dieser Mißerfolg sehr nahe ging, vertröstete sich einstweilen damit, daß in den am Franckeschen Pädagogium geplanten neuen Einrichtungen sich ein Ersatz darbieten werde, und überwies in Hoffnung darauf dem letzteren die Bibliothek des aufgelösten Instituts. Die Hoffnung, endlich doch noch gute Seminareinrichtungen für das höhere Schulwesen zu stande zu bringen, sollte sich dem Minister auch erfüllen, wenngleich nicht sofort und nicht an der erwarteten Stelle. Es kam dazu im Gefolge der großen Veränderung in der Organisation der staatlichen Schulaufsicht, welche erst nach Friedrichs Tode sich vollzog.

Der Regierungsantritt Friedrich Wilhelms II., nach welchem bald genug die schwersten Schläge gegen Zedlitz' System der Unterrichtsverwaltung geführt werden sollten, verschaffte zunächst, dank der sorgloseren Freigebigkeit des neuen Königs, dem Minister die Möglichkeit, seinen alten Wunsch nach Errichtung einer selbständigen obersten Unterrichtsbehörde zu verwirklichen. Es entstand das Oberschulkollegium. Die ihm erteilte Instruktion wurde die Magna Charta der preußischen Schule. Zedlitz erstrebte mit der neuen Organisation den dreifachen Zweck: einmal die Befreiung der Schule von der

Bevormundung durch die Kirche, fürs zweite die Herstellung einer größeren Kontinuität in der Unterrichtsverwaltung mittels der Ersetzung der Einen Person in der obersten Instanz durch eine kollegialisch geordnete Behörde, und drittens die Unterordnung des ganzen Unterrichtswesens unter eine thatsächlich wirksame Aufsichtsgewalt des Staates. Der Minister giebt hierzu in seiner dem König eingereichten Denkschrift vom 22. Januar 1787 die näheren Erläuterungen: Die Konsistorien, heißt es daselbst, seien ungeeignet zur Wahrnehmung der Schulgeschäfte, weil ihre Mitglieder durch die sie vollauf in Anspruch nehmenden geistlichen Angelegenheiten zu sehr von denen der Schule abgezogen würden, wobei es dann nicht ausbleiben könne, daß es ihnen an Sinn und Verständnis für die besonderen Verhältnisse und Bedürfnisse der letzteren mangele. Einem Minister für sich allein, der sich noch dazu bislang ohne Beihülfe von Räten dabei befunden, dürfe aber die Leitung des gesamten Unterrichtswesens auch nicht mehr verbleiben, denn daraus entstehe die Gefahr, daß jedesmal mit dem Abgang des jeweiligen Inhabers der Stelle der von ihm angesammelte Schatz von Sachkenntnis und Geschäftskunde wieder verloren gehe, und der Nachfolger dann stets wieder von vorn anfangen müsse. Wenn nun aber weder einer geistlichen Behörde noch einem einzelnen Minister die Leitung des Unterrichtswesens anvertraut werden dürfe, so ergebe sich als das folgerichtigste die Einsetzung einer kollegialisch geordneten Behörde, welche „die Direktion des sämmtlichen Schuldienstes zur alleinigen Pflicht" habe. Das Kollegium würde aus dem Ressortminister als seinem Chef, mehreren „praktischen Schulmännern" und einem der Landesverwaltung kundigen höheren Beamten zu bestehen haben und als Immediatbehörde unmittelbar unter den König zu stellen sein. Seine Amtsgeschäfte hätten sich zu erstrecken auf die Beaufsichtigung der gesamten äußeren und inneren Verfassung aller Unterrichtsanstalten, von den Universitäten und

Gymnasien bis zu der letzten Dorf- und Winkelschule hinab, auf die Lehrerprüfungen und endlich auf die zur Verbesserung des Schulwesens zu treffenden allgemeinen Einrichtungen. Den Kostenaufwand für die neue Behörde schlug der Minister auf 4050 Thlr. an.

Schon unter dem 24. Januar d. J., also höchstens zwei Tage nach dem Eingang von Zedlitz' Denkschrift, antwortete der König, daß er die Vorschläge „ganz gut befunden" habe, daß daher mit den Vorarbeiten zur Ausführung begonnen werden solle und er nächsten Trinitatis mit dem Anfang des neuen Etatsjahres über die dazu anzuweisenden Geldmittel sich schlüssig machen werde. So setzte denn Zedlitz sofort die Instruktion für das Oberschulkollegium auf und wurde dieselbe nahezu genau in der Form, in der sie eingereicht, bereits unter dem 22. Februar des Jahres vom König vollzogen. Ihr wesentlicher Inhalt besteht darin: Das Oberschulkollegium setzt sich zusammen aus dem Staatsminister Freiherrn von Zedlitz, dem Geheimen Ober-Finanzrat von Wöllner, dem Kanzler der Universität Halle von Hoffmann, dem Kirchenrat Meierotto, dem Konsistorialrat und Professor Steinbart zu Frankfurt a./O., dem Oberkonsistorialrat Gedike, und erhält es außerdem die nötige Anzahl eigener Subalternbeamten. Die Ernennung neuer Mitglieder erfolgt durch den König auf Vorschlag des Ministers. Alle von der neuen Behörde zu bearbeitenden Angelegenheiten unterliegen der kollegialischen Beschlußfassung, wobei Stimmenmehrheit entscheidet. Als Immediatbehörde empfängt das Oberschulkollegium nur vom König Befehle, hat dagegen seinerseits das Recht, an alle staatlichen und kirchlichen Provinzialbehörden im Namen des Königs zu rescribieren. Die Vervollkommnung des gesamten Schulwesens bildet seine oberste Aufgabe, und hat es zu dem Zweck auf jedes Mittel zu dessen Förderung eifrig bedacht zu nehmen, sowohl selbst die Initiative dazu zu ergreifen, als auch die ihm von anderer Seite zugehenden Vorschläge sorgfältig in

Erwägung zu ziehn. Es unterstehen ihm alle Lehr- und Erziehungsanstalten in der Monarchie ohne Rücksicht auf das Bekenntnis und sind davon ausgenommen nur die militärischen, diejenigen der französischen Kolonie und die jüdischen. Hinsichtlich der Universitäten werden ihm die Geschäfte des bisherigen Oberkuratoriums übertragen. Das Kollegium hat sich eine genaue Kenntnis von der äußeren Lage und der Lehrverfassung einer jeden Anstalt zu verschaffen und zu dem Zweck häufig Visitationen durch seine Mitglieder oder von ihm ernannte Kommissare vornehmen zu lassen. Es hat über eine zweckmäßige Vermögensverwaltung der einzelnen Anstalten zu wachen, die Lehrpläne, Methoden, Hülfsmittel unter Berücksichtigung der lokalen Verhältnisse zu prüfen und geeignetenfalls Verfügungen über vorzunehmende Änderungen ergehen zu lassen. Bei der Besetzung der Lehrstellen übt das Kollegium in den Fällen das Vorschlagsrecht aus, wo dem König die Ernennung zusteht. An keiner Schule, welches Patronats sie auch sei, soll jedoch fernerhin irgend jemand angestellt werden, oder höher aufrücken dürfen, der nicht ein Zeugnis über seine Befähigung dazu sich vom Oberschulkollegium erworben hat, nachdem er sich zu dem Behuf einer Prüfung, sei es vor dem Oberschulkollegium selbst, sei es vor einem von diesem damit beauftragten Konsistorium oder einzelnen Kommissar unterzogen. Diese Bestimmung findet auch gegenüber den an die Schule übergehenden Geistlichen ihre Anwendung, und sind nur Universitätsprofessoren und Lehrer, die sich nach dem Urteil des Oberschulkollegiums bereits hinlänglich bewährt, davon ausgenommen. Wie über die Schulen selbst, so hat das Oberschulkollegium auch über die Lehrerseminare die Aufsicht zu führen.

Bei Genehmigung der Instruktion hatte der König verlangt, daß dieselbe der Geldfrage halber erst zu Trinitatis d. J. publiziert werde; noch ehe dieser Termin erschien, war jedoch eine empfindliche Lücke in sie gerissen worden und gleich nach der Publikation kam eine zweite, schmerzlichere, hinzu. Merian, der Visitator des Joachimsthals, hatte in Gemeinschaft mit dem Professor Engel es durchzusetzen gewußt, daß das Joachimsthal von der Unterordnung unter das Oberschulkollegium ausgenommen wurde. Der naheliegende Beweggrund zu dieser Agitation war der gewesen, das besondere Joachimsthalsche Schuldirektorium mit ungeschmälerten Rechten sich zu bewahren, während dasselbe nach des Ministers Absicht ebenso wie das Direktorium der Berliner Realschule seine Funktionen einstellen, und die Mitglieder des Joachimsthalschen auf den Aussterbeetat gesetzt werden sollten. Der andere Fall betraf Schlesien. Hier erwirkte es der in Frömmigkeit machende Ober-Amts-Präsident von Seydlitz zu Breslau, daß die ganze Provinz dem Oberschulkollegium entzogen und ihr Schulwesen in seine eigenen Hände gelegt wurde. Nicht geringe Mühe kostete es, gleiche Versuche anderer, wie des hohen Domkapitels zu Brandenburg zu gunsten seiner Ritterakademie, zum Scheitern zu bringen.

Einen Kompetenzkonflikt erhob der Chef des reformierten Kirchendirektoriums, der Minister von Dörnberg, indem er sich auf das Kgl. Fundationspatent vom Jahre 1713 berief, wonach die Inspektion und Oberaufsicht über alle reformierten Gymnasien und Schulen dem genannten Direktorium „privative" zustehe. Auf den vom König darüber eingeforderten Bericht erklärte Zedlitz, Dörnbergs Beschwerde müsse auf einem Mißverständnisse beruhen, da durch die Instruktion für das Oberschulkollegium dem reformierten Kirchendirektorium keines seiner Aufsichtsrechte geschmälert, und der ersteren Behörde nur die Befugnis zur Prüfung auch der reformierten Lehrer übertragen worden sei; überdies werde diese Prüfung bei den reformierten Kandidaten den reformierten Mitgliedern des Kollegiums übertragen werden, und gebe er sich außerdem der Erwartung hin, daß das reformierte Direktorium seinerseits durch Beschickung der von ihm, dem Minister, vorgesehenen

Seminare für eine allen Anforderungen der Prüfung entsprechende Vorbildung möglichst vieler reformierten Kandidaten Sorge tragen werde. Hierauf beschied der König den beschwerdeführenden Teil in diesem Sinne, wonach nunmehr Dörnberg mittels Cirkulars in Gestalt eines Kgl. Erlasses den ihm unterstellten Behörden die sie berührende Befugnis des Oberschulkollegiums dahin zu erläutern nicht unterließ, „daß gewisse in jedem Falle zu bestimmende reformierte Schullehrer künftighin auch dort geprüft werden sollten; (dieselben) mithin von dem Kirchen=Direktorium nach wie vor allein abhängen würden."

Indessen hörten die Reibungen zwischen beiden Behörden damit nicht auf. Neuer Streit entstand über die Frage nach dem Rechte des Oberschulkollegiums, an das Kirchendirektorium zu restribieren, eine Angelegenheit, welche zu keinem reinen Austrag gelangte. Man findet in bezug auf diesen Punkt nur, daß das Kirchendirektorium auf Ersuchen des Oberschulkollegiums Fragebogen an die unter seiner Aufsicht stehenden Schulen versandt hat. Weiterhin zeigte man sich im Kirchendirektorium sehr überrascht, als Zedlitz Anfang 1788 an die Regierungen von Mörs und Lingen Anzeige ergehen ließ über die Errichtung neuer Provinzialschulbehörden, und beeilte sich dessen Chef in einem an jene Regierungen dieserhalb gerichteten Reskript zu erklären: das Reskript seines Herrn Kollegen müsse infolge eines Mißverständnisses der Geh. Kanzlei in Berlin an sie gelangt sein, da ja bei ihnen keine lutherischen Kirchen, Gymnasien und Gnadenschulen vorhanden seien.

Inzwischen war, nachdem der König zu Trinitatis 1787 für das bevorstehende Etatsjahr 13000 Thlr. zu den neuen Schuleinrichtungen bestimmt und für das nächstfolgende 32000 Thlr. in sichere Aussicht gestellt hatte, auf seinen Befehl die Installierung des Oberschulkollegiums erfolgt und dasselbe am 26. September 1787 zu seiner ersten Sitzung zusammengetreten. Die in derselben gefaßten Beschlüsse betrafen die Verwendung der bewilligten Summe, die Einziehung von Nachrichten über den Stand der Schulen im ganzen Lande und die Verteilung der Dezernate unter die Mitglieder des Kollegiums. Aus der ausgeworfenen Summe sollten diesen Beschlüssen zufolge die Gehälter für die Mitglieder und Subalternbeamten des Kollegiums entnommen, ein Zuschuß dem Fridericianum in Königsberg, dem Seminar an der Berliner Realschule und der Handelsschule in Magdeburg, dieser letzteren auf persönliches Verlangen des Königs, geleistet, sowie die Kosten für ein am Friedrichs-Werderschen Gymnasium zu errichtendes Seminar für gelehrte Schulen und für ein Land- und Bürgerschullehrer-Seminar zu Züllichau gedeckt werden. Allen Landeskollegien sollten gedruckte tabellarische Fragebogen zur Eintragung genauer Angaben über die Schulzustände in ihren Verwaltungsbezirken zugesandt werden. Nach der innerhalb des Kollegiums vorgenommenen vorläufigen Geschäftsverteilung übernahm Wöllner die Generalia, Hoffmann die Universitäten, Meierotto die Bürger- und Landschulen und deren Seminare, Steinbart die Prüfungen der Lehrer an Bürger- und Landschulen in dem östlich der Oder gelegenen Teile der Mark und in Berlin, sooft er dort anwesend sein würde, Gedike die höheren Schulen und ihre Seminare. Bald nach seinem ersten Zusammentritt wurde das Kollegium durch die Berufung des bem Joachimsthalschen Schuldirektorium seit länger angehörigen Oberkonsistorialrats von Irwing verstärkt.

In weiterer Ausführung des Gedankens der Organisation von selbständigen Schulbehörden wurden nicht lange nach der Eröffnung des Oberschulkollegiums neben jedem Provinzialkonsistorium eigene Schulkommissionen zur Vornahme der Lehrerprüfungen errichtet, bestehend aus einem oder mehreren dazu geeigneten Räten des Konsistoriums und einem oder mehreren geschickten Rektoren, an deren Stelle auch „allenfalls ein Geistlicher von bekannter Geschicklichkeit in den Schulwissenschaften zugezogen werden könnte". Weitergehen wollte der Minister, obwohl ihm als Ideal die vollständige Ausschließung des geistlichen Standes aus dem Bereich der Schule vorschwebte, auch für sein Teil in dieser Richtung noch nicht, und sollte es hinsichtlich der Lokalschulaufsicht ganz bei den geistlichen Inspektoren sein Bewenden haben, da einstweilen keine genügenden Kräfte aus dem Kreise der Schulmänner zum Ersatz dafür vorhanden waren.

In Verfolg seines desfallsigen Beschlusses aus der ersten Sitzung erließ das Oberschulkollegium schon unter dem Datum desselben Tages an alle Schulvorstände ein Reskript, in welchem es die eingehendste Auskunft über die Verhältnisse ihrer Anstalten verlangte. Man ließ jedem derselben zwei Tabellen zur Ausfüllung zustellen, eine über den äußeren und eine über den inneren Zustand der Schule. In der ersten fanden sich die Rubriken: Patronat, Inspektion, Personalien, Wohnung und Einkommen der Lehrer, Klassen- und Schülerzahl, Schülerbenefizien, Sammlungen an Lehrmitteln, Fonds; in der zweiten: Lehrstunden nach Gegenständen, Zahl und Verteilung, Schulbücher, Aufnahme und Versetzung, Abgang zur Universität, öffentliche Prüfungen, Disziplinarmittel. Außerdem waren noch einzureichen ein Lektionsplan und ein Bericht jedes Lehrers über seine Methode. Mit dem Eingehen der geforderten Nachweise gewann der Staat zum ersten Mal ein genaues Bild von der Lage seines gesamten Schulwesens.

Die erste organisatorische Maßregel des Oberschulkollegiums im Gebiet des höheren Schulwesens betraf die Errichtung von Lehrerseminaren.

Die Gründung eines derselben knüpfte sich wieder an die Person Wolfs in Halle. Hatte der ausgezeichnete Philologe seit Ostern 1784 sich ungestört seinem eigensten Gebiete, der klassischen Altertumswissenschaft, widmen dürfen und hierbei besonders mit seinem im Sommer 1785 zum ersten Mal gelesenen Kolleg über Encyklopädie und Methodologie des Altertums epochemachend gewirkt, überhaupt aber darin seinen

Ruhm gefunden, daß er die Humaniora in Halle aus tiefem Verfall zu neuem und höherem Ansehn als zuvor erhoben, so hatte er zugleich bei seiner ganzen Thätigkeit neben dem rein wissenschaftlichen den praktischen Zweck unverrückt im Auge behalten, das Studium des klassischen Altertums an Stelle desjenigen der Theologie zum Fundament in der Vorbildung künftiger Gymnasiallehrer zu machen, um damit der ihm nicht minder als irgend jemandem am Herzen liegenden Schulverbesserung den seiner Überzeugung nach wichtigsten Dienst zu leisten. Es lag daher ganz in der Richtung seiner eigenen Wünsche und Bestrebungen, wenn ihm von seiten des Oberschulkollegiums im Jahre 1787 der Auftrag zu teil ward, einen Plan zur Errichtung eines philologischen Seminars in Halle auszuarbeiten. In Übereinstimmung mit dem Kanzler der Universität von Hoffmann legte er hierauf dem Oberschulkollegium einen die Grundzüge zu der neuen Einrichtung enthaltenden Entwurf vor: Die Zahl der Seminaristen sollte einstweilen zwölf betragen, die Rekrutierung nur aus dem Kreise derer erfolgen, die sich freiwillig dazu gemeldet und den Lehrerstand zu ihrem Lebensberuf erkoren, und dann innerhalb derselben die Entscheidung über die Aufnahme nach angestellter feierlicher Prüfung durch den Direktor erfolgen. Die Dauer der Mitgliedschaft wurde auf mindestens ein und höchstens zwei Jahre bemessen und eine Remuneration von 40 Thlr. jährlich für jeden Seminaristen in Aussicht genommen; der Direktor sollte 150 Thlr. erhalten, sobaß die Gesamtkosten hiernach auf jährlich 630 Thlr. sich veranschlagen ließen. Die Beschäftigungen der jungen Leute würden zu bestehen haben in der Anfertigung von Aufsätzen, vornehmlich lateinischen, über Themata aus dem Gebiet der Humaniora und in Versuchen im „Dociren" in Gegenwart der übrigen Seminaristen und auch anderer Studenten, wobei es sich jedoch nicht um wirkliches Unterrichten von Knaben, sondern nur um fingierte Lektionen zu handeln brauchte. Vor dem Ab=

gang von der Anstalt sollte jeder Seminarist eine öffentliche Disputation abhalten, und das Beste von dem hierzu Verfaßten unentgeltlich zum Druck befördert werden. Die Leitung des Ganzen müsse dem Direktor persönlich obliegen, er erteilt selbst die nötigen Anleitungen und Anweisungen und übt schriftlich oder mündlich an dem Geleisteten Kritik.

Das Oberschulkollegium billigte die Vorschläge unter einigen Modifikationen: Hinsichtlich der Aufnahme wurde die Bedingung, daß der sich Meldende ausdrücklich erkläre, das Lehrfach als Lebensberuf erwählen zu wollen, dahin verändert, daß nur auf Talent und Neigung zum Schulstande gesehen, und nur diejenigen von vornherein abgewiesen werden sollten, welche sich ganz entschieden bereits für das Predigtamt bestimmt. Sodann verlangte die Behörde, daß die Übungen im Lehrvortrag die Gestalt eines wirklichen Unterrichts annähmen und wies zur Beschaffung des nötigen Schülermaterials auf die Verwendung von Zöglingen der Franckeschen Anstalten hin. Ferner sollten wenigstens bei Aufsätzen didaktischer Natur die Stoffe nicht nur aus dem altsprachlichen Fach, sondern zugleich auch aus dem der Geschichte, der Philosophie und besonders der Pädagogik selbst genommen werden. Endlich wurde auf eine vollkommen gleiche Berücksichtigung der deutschen Sprache neben der lateinischen bei allen schriftlichen Ausarbeitungen der Seminaristen gedrungen. Man erkennt in den Abänderungen Zedlitz' Hand, der damit, seinem alten Lieblingsgedanken entsprechend, dem neuen Seminar einen allgemeiner pädagogischen und weniger einseitig philologischen Charakter aufprägen wollte. Indessen nahm er davon Abstand, da Wolf aus der Erhaltung der Reinheit des philologischen Charakters eine Kabinettsfrage machte und infolge der letztergangenen Verfügung seine Entlassung als Direktor des in der Entstehung begriffenen Instituts einreichte. Derselbe machte zur Begründung seines Entschlusses geltend, daß er nur in den alten Sprachen und der alten Geschichte sich zutrauen dürfe, eine ersprießliche Anleitung zu geben, der Philosophie und Pädagogik aber zu fremd dazu gegenüberstehe und daß er außerdem die Gleichberechtigung der deutschen Sprache wegen der davon unzertrennlichen Beeinträchtigung der Übungen im lateinischen Stil nicht billigen könne. Der Minister verharrte hiernach nicht nur nicht bei seinem bisherigen Verlangen, sondern beauftragte Wolf sogar, eine Instruktion für den Direktor des Seminars in dem von ihm, dem Professor, vertretenen Sinne zu entwerfen. In der auf Grund hiervon von Wolf ausgearbeiteten und vom Oberschulkollegium unter dem 18. März 1788 genehmigten Instruktion wird die Aufgabe des Seminars dahin umschrieben: die Hauptgegenstände der Beschäftigung in demselben bilden „die eigentlichen philologischen und humanistischen Übungen", vornehmlich die Erklärung der alten Autoren nebst dem Lateinschreiben und -Sprechen. Die Bestimmung über die Heranziehung von Schülern des Waisenhauses zur Vornahme von Unterrichtsversuchen blieb aufrecht erhalten. Die von Wolf festgehaltene Beschränkung in der Zielbestimmung des neuen Seminars hat demselben unzweifelhaft zum Vorteil gereicht, einmal indem damit, daß die klassische Philologie die beherrschende Mitte einnahm, es ermöglicht wurde, daß die tüchtige Kraft eines einzelnen Mannes das Ganze durchbringen konnte, und zweitens indem es das Angemessene für ein Institut wie dieses war, welches der Universität und nicht einer höheren Schule zugehörte, daß der Hauptaccent auf die didaktisch-wissenschaftliche und nicht auf die praktisch-pädagogische Seite der Lehrervorbildung daselbst gelegt wurde. Gerade in dieser, später noch strenger durchgeführten doppelten Beschränkung vermochte das philologische Seminar zu Halle erst etwas Bedeutendes zu erreichen und, wie es geschehen, zu einem Muster für ähnliche Institute an anderen Universitäten und auch für solche in anderen Lehrfächern sich heranzubilden.

Je vollständiger aber das hallische Seminar auf den

Charakter einer wissenschaftlichen Übungsstätte für den höheren
Lehrerstand sich zurückzog, um so unentbehrlicher erschien
andererseits das Inslebentreten eines besonderen Seminars
zur Einführung des angehenden jungen Schulmanns in die
Praxis des Unterrichts. Auch hätte der Minister wohl schwer=
lich seine Zustimmung zu der Einengung der Grenzen des
hallischen Seminars gegeben, wenn nicht die Errichtung eines
von jener anderen Art bereits gesichert gewesen wäre. War
der Grundfehler des früheren pädagogischen Instituts in Halle
der gewesen, daß man dasselbe ganz auf sich allein gestellt,
es mit dem Leben eines bereits bestehenden, kräftig entwickelten
Schulorganismus ohne Berührung gelassen hatte, so machte
man sich nunmehr die babei gewonnenen üblen Erfahrungen
wohl zu nutze. Dem neuen Unternehmen lag der Gedanke
einer engen Verbindung von Seminar und Schule zu Grunde.
Frd. Gedike wurde damit beauftragt, den Plan auszu=
arbeiten zu einem Seminar für gelehrte Schulen, das seine
Anlehnung an das Friedrichs=Werdersche Gymnasium finden
sollte. Der von ihm eingereichte Entwurf erhielt nach Ab=
änderung einiger geringfügigeren Punkte seitens des Ministers
unter dem 9. Oktober 1787 die Genehmigung des Oberschul=
kollegiums. Ein Jahr später, nachdem bereits die Erfahrung
eines Semesters, desjenigen von Ostern bis Michaelis 1788,
gewonnen, folgte eine ebenfalls von Gedike ausgearbeitete In=
struktion für die Seminaristen. Es wurden bei der ersten
Einrichtung fünf ordentliche Seminaristenstellen begründet mit
einer jährlichen Dotierung von je 120 Thlr. Hierzu konnten
noch einige außerordentliche Mitglieder und Expectanten treten.
Die Aufnahme erfolgte durch den Direktor und wurde dabei
gefordert: die voraufgegangene Vollendung des akademischen
Studiums, das Vorhandensein einer überwiegenden Neigung
zum Schulstande und die mit einer Probelektion verbundene
Ableistung einer Prüfung. Nach der ursprünglichen Absicht
sollte sich an das eigentliche Seminar eine zweite Abteilung

anschließen, bestimmt für die Vorbereitung von jungen Leuten mit einfacher Gymnasialbildung auf den Unterricht in den unteren Gymnasialklassen. Nur Evangelische hatten Zutritt, diese aber ohne Unterschied der Zugehörigkeit zu der einen oder der anderen Kirche. Um auch schon durch den Namen zum Ausdruck zu bringen, daß die jungen Leute sich das Schulfach zum Lebensberuf erkoren, und nicht an den Kirchendienst für später dachten, ersetzte der Minister eigenhändig die Benennung „Candidaten" durch die von „Schul-Amts-Candidaten." Die Ausbildung erfolgte nach dem Grundsatz, daß sie, soviel nur immer möglich, praktisch zu geschehen habe, indem es das beste für die Kandidaten sei, „wenn sie" wie es in den Statuten heißt, „unter der Aufsicht eines erfahrenen Schulmannes zu allen Geschäften und Verhältnissen ihres künftigen Standes und Amtes zugezogen werden." Die Zahl der wöchentlichen Lehrstunden betrug für jeden Seminaristen in der Regel 10. Sie setzten sich aus verschiedenen Fächern zusammen, und war ein halbjährlicher Wechsel darin vorgesehen. Der Direktor führte zwar die Oberaufsicht über den gesamten von den Kandibaten erteilten Unterricht, behielt sich aber vor, die speziellere Anleitung in dem einen oder dem anderen Lehrgegenstande diesem oder jenem dazu besonders geeigneten Mitgliede des Lehrerkollegiums zu übertragen. Dem Direktor lag es ob, die Kandidaten mit mündlichen oder schriftlichen Instruktionen für die ihnen übertragenen Lehrgegenstände zu versehen, und gehörte es ferner zu seiner Aufgabe, ebenso aber auch zu derjenigen der zur Anleitung der Seminaristen mit herangezogenen anderen Mitglieder des Lehrerkollegiums, den Lehrstunden jener häufig beizuwohnen, dabei, um ein Muster zu geben, gelegentlich auch in eigener Person das Unterrichten zu übernehmen und vor und nach den Stunden das über diese Erforderliche zu bemerken. Die Kandidaten ihrerseits hatten von Zeit zu Zeit dem Direktor einen Bericht über die in ihrer Lehrthätigkeit gemachten

Beobachtungen einzureichen. Außer ihrem eigenen Unterricht und allen damit verbundenen Geschäften wurde es ihnen, namentlich den Neueingetretenen, zur Pflicht gemacht, fleißig zu hospitieren, um sich auf diese Art eine Übersicht über den gesamten Lehrbetrieb des Gymnasiums zu verschaffen. Um Gelegenheit zur Orientierung auf dem pädagogischen Gebiet in dessen ganzem Umfange zu geben, wurde die Anschaffung der besten Schul- und Erziehungsschriften in Aussicht genommen.

Allmonatlich versammelten sich die Seminaristen beim Direktor zur sogenannten pädagogischen Societät, bei welcher übrigens auch die Anwesenheit der angestellten Lehrer als erwünscht galt. Jeden Kandidaten traf hier vierteljährlich einmal die Reihe, einen von ihm über ein selbstgewähltes Thema pädagogischen Inhalts verfaßten Aufsatz vorzulesen. Die Themata waren möglichst den ganz konkreten Fällen, wie sie der Unterricht mit sich brachte, zu entnehmen, z. B. „Wie fängt man es am besten an, den unordentlichen (trägen, unachtsamen) Schüler N. N. zur Ordnung (zum Fleiße, zur Aufmerksamkeit) zu bringen?" Außer einem Aufsatz solcher Art oder allenfalls auch über ein allgemeineres pädagogisches Thema kam in der Regel noch eine kürzere „Relation" über neuerschienene Bücher, Schulakte, Besuche fremder Anstalten oder ähnliche Gegenstände in einer jeden Sitzung zum Vortrag. Über die vorgelesenen Arbeiten fand eine gemeinschaftliche Diskussion statt, und wurde hinterher noch eine schriftliche Beurteilung des Gehörten von einem jeden Mitgliede des Seminars verlangt. Dem Direktor stand es frei, diese Vereinigungen auch zu Mitteilungen verschiedener Art und Besprechungen über allgemeine Angelegenheiten des Seminars zu benutzen.

Nebenher traten die Mitglieder des Seminars monatlich einmal auch zu einer philologischen Societät beim Direktor zusammen. Den Stoff der Verhandlungen in derselben bildeten vorher schon in Cirkulation gesetzte lateinische Arbeiten der Seminaristen aus dem Gebiete der klassischen Philologie, sowie Referate des Direktors oder der Mitglieder über neuere Erscheinungen in dem Bereich der philologischen Litteratur.

Dem Semestralbericht des Direktors an das Oberschulkollegium war eine Auswahl von den in den Societäten zur Besprechung gelangten Abhandlungen und eine von jedem Seminaristen selbst aufgesetzte Darlegung über seinen Studiengang in der abgelaufenen Zeit beizufügen.

Neben der Erfüllung der Aufgaben, welche den Seminaristen lediglich zum Zweck ihrer Ausbildung gestellt wurden, hatten sie jedoch auch solchen sich zu unterziehen, welche von dem Interesse der Schule verlangt wurden, die ihnen ihre Lehrzimmer öffnete. Dahin gehörten: Inspektion in den Schreib- und Zeichenstunden, Vertretungen, Unterstützung des Direktors bei der Ausfertigung der schriftlichen Vierteljahrscensuren, desgleichen der angestellten Lehrer bei den Korrekturen, namentlich denen der Ferienarbeiten, alles nach Maßgabe der Anordnungen des Direktors.

In seinem ersten halbjährlichen Berichte an das Oberschulkollegium konnte Gedike melden, daß alle fünf Stellen besetzt und das Unternehmen auf guter Bahn sei, und in der „Ausführliche(n) Nachricht von dem Seminarium für gelehrte Schulen," welche er im Programm des Friedrichs-Werder Ostern 1790 gab, durfte er mit Genugthuung darauf hinweisen, daß von den vierzehn jungen Männern, welche das Institut bisher ausgebildet, die meisten bereits in angesehenen Stellungen sich befanden.

Die Verbindung des Seminars mit dem Friedrichs-Werder sollte den Statuten gemäß keine unlösliche sein, damit jenes die Freiheit behalte, immer dort seine Stätte aufzuschlagen, wo gerade die tüchtigsten Lehrkräfte wirkten; und so siedelte es denn auch mit Gedikes eigenem Übertritt späterhin an das Graue Kloster über. Besser würde es freilich noch gewesen sein, wenn man die Kandidaten nicht allesamt ein und demselben Gymnasium

zugeordnet, sondern sie in der Weise auf verschiedene angesehene
Schulen verteilt hätte, daß sie nach ihrem Hauptfache getrennt
je einer oder mehreren von denjenigen unter diesen Schulen über=
wiesen worden wären, an welchen sich ebendasselbe zur Zeit
gerade in besonders guten Händen befand.

Mit dem Besitz des philologischen Seminars in Halle
und des pädagogischen in Berlin hatte man nunmehr zwei
Institute, von denen, zum großen Nutzen für die Sache, ein
jedes für sich die eine Hälfte der Lehrervorbildung zu seiner
besonderen Aufgabe machte, jenes die tiefere Einführung der
Studenten in die Wissenschaft, dieses die unmittelbare An=
leitung der Kandidaten zum praktischen Schuldienste.

Die letzte wichtige Aufgabe, welche das Oberschulkollegium
noch unter Zedlitz' Präsidium in Angriff nahm, bestand in
der Einführung einer Prüfung der Reife zur Universität. Es
war schon vordem mehrfach, u. a. zwischen Zedlitz und Meier=
otto, darüber verhandelt worden, jetzt ging der erste Vorschlag
dazu von dem Kanzler der Universität Halle, von Hoffmann,
aus. Um der unter den Studenten notorisch weitverbreiteten
Unwissenheit in den Schulkenntnissen zu steuern, empfahl derselbe
in einer Denkschrift vom 7. Dezember 1787 die Einsetzung
einer Prüfungskommission an jeder Landesuniversität, welche
die ungenügend Vorbereiteten von der Immatrikulation zurück=
weisen sollte, und verlangte außerdem eine allgemeine Straf=
bestimmung für diejenigen Rektoren, welche ihren zur Uni=
versität abgehenden Schülern wider ihr besseres Wissen und
Gewissen ein „beyfälliges Testimonium" erteilen würden.
Über den Ausfall der Prüfungen sollte von den Universitäten
jährlich an das Oberschulkollegium Bericht erstattet werden.

Indem Zedlitz den Grundgedanken Hoffmanns, Reife=
prüfungen vor dem Antritt des akademischen Studiums zu
veranstalten, durchaus billigte, auch für die Vornahme der=
selben durch die Universitäten sich erklärte und nur statt der
Einsetzung von Kommissionen die Bestellung einer Anzahl von

Einzelexaminatoren aus der Reihe der philologisch gebildeten Professoren für ratsamer hielt, forderte er mittels Reskripts vom 16. Dezember 1787 von mehreren Seiten Gutachten über die angeregte Frage ein. Er wandte sich dabei an die Universitäten Halle, Königsberg und Frankfurt, an die Rektoren Konsistorialrat Funk in Magdeburg, Fischer in Halberstadt, Lieberkühn in Breslau, Nöbling in Soest und an die Professoren Floegel und Schummel in Liegnitz und Gedike in Breslau.

Die eingereichten Gutachten, — Professor Gedike in Breslau hatte „aus Mangel an Erfahrung" sich eines solchen enthalten, — erkannten übereinstimmend das Bedürfnis nach einer sorgsamen Prüfung der Reife vor dem Beginn des Universitätsstudiums an, wichen jedoch sämtlich mit Ausnahme des Königsberger darin von der Idee des hallischen Kanzlers und des Ministers ab, daß sie ihrerseits die Einführung von Abgangsprüfungen auf der Schule vor dem Verlassen derselben empfahlen, indem sie nur in dem Punkte sich wieder von einander entfernten, daß die eine Hälfte sich auf diese letzteren beschränken, die andere die Aufnahmeprüfungen auf der Universität daneben abgehalten sehen wollte. Das Königsberger Gutachten, ausgestellt von der philosophischen Fakultät und gezeichnet von J. Kant als ihrem derzeitigen Dekan, führte aus: An der dortigen Universität verlange man herkömmlich von den von den Schulen her zur Immatrikulation sich Meldenden ein Zeugnis des Rektors und Inspektors der von ihnen besuchten Anstalt über den Stand ihrer Kenntnisse und lasse sie außerdem durch den Dekan, der philosophischen Fakultät, oder bei Theologen durch den der ihrigen prüfen, weise die Unfähigen, soweit sie der Provinz angehörten, vom Studium ab und schreite gegen Rektoren und Inspektoren, die Pflichtwidriges bescheinigt, mit Strafanträgen ein; diese Bestimmungen erschienen der Universität genügend, wenn nur auf den Schulen bei der Aufnahme und Versetzung strenger verfahren und Untaugliche rechtzeitig entfernt würden.

Unter den Freunden der Abgangsprüfung gingen die beiden anderen Universitäten und einer der Professoren auf die ihr zu verleihende Gestalt nicht näher ein, die Verfasser der übrigen Gutachten thaten es mehr oder weniger ausführlich. Als Prüfungsbehörde wurde von drei Seiten das Lehrerkollegium, beziehungsweise dasjenige der obersten Klasse vorgeschlagen, von der einen unter ihnen jedoch erst in zweiter Linie, indem dem Konsistorium, oder wo es bestünde, dem Schulkollegium der Vorzug gegeben und, falls die Lehrer prüften, die Forderung erhoben wurde, daß es vor den Augen jener Behörden geschähe. Nach dem Wunsche des einen von den beiden übrigen Verfechtern der Prüfung durch die Lehrer sollte sie im Beisein des „Schulpräsidii", nach dem des anderen in Anwesenheit der Patronatsvertreter und der Eltern vorgenommen werden. Zwei unter den für eine Abgangsprüfung Stimmenden wünschten die Bildung einer besonderen Examinationskommission; nach dem einen von beiden sollten in Nachahmung eines in Gotha vorhandenen Vorbildes ihre Mitglieder aus der Zahl der in der Gymnasialstadt wohnhaften Sachverständigen vom Schulkollegium der Provinz ernannt werden, und das Verfahren ein vollkommen öffentliches sein, nach dem anderen dagegen für jede Provinz eine Kommission gebildet werden, die sich aus drei vom König auf je fünf oder sechs Jahre zu berufenden Schulmännern und einem Mitgliede des Oberschulkollegiums als Vorsitzendem zusammensetzte, und bei der Prüfung die Gegenwart der Lehrer, Eltern, Vormünder und der Schüler der Prima zulässig sein. Drei von den fünf für die Abgangsprüfung eingenommenen Stimmen entschieden sich für die Gymnasialstadt als Ort für die Vornahme derselben, die zwei anderen dagegen, die eine davon freilich nicht unbedingt, gemäß ihren Vorschlägen hinsichtlich der Prüfungsbehörde, für die Provinzialhauptstadt. Über die Termine sprach sich nur ein Gutachten aus und nannte dafür Ostern und Michaelis. Einigkeit herrschte unter allen Befürwortern der Abgangsprüfung darüber, daß ohne ein auf Grund derselben erworbenes Zeugnis der Reife kein Schüler zur Universität abgehen dürfe, doch sollte nach dem Willen einiger unter ihnen in den Anforderungen Rücksicht auf die künftige Bestimmung des Examinanden genommen werden, und nach einem freilich vereinzelt gebliebenen Dafürhalten bei einem mittelmäßigen Ausfall die Vermögenslage des Examinierten den Ausschlag geben. Auch die privatim Vorbereiteten wollte einer der Befragten dieser Abgangsprüfung unterwerfen, die übrigen übergingen diesen Punkt mit Stillschweigen; ebenso fand sich ebenfalls nur einer, welcher der Ausländer gedachte, und hielt dieser dafür, daß für sie die neuen Bestimmungen nicht obligatorisch sein dürften. Von einer Stelle wurde der Wunsch laut, daß die Namen der talentvollsten Abiturienten dem Oberschulkollegium mitgeteilt, von einer anderen, daß die Protokolle an die oberste Instanz eingesandt und Auszüge daraus veröffentlicht werden möchten. Auch eine Honorarzahlung für die Prüfung ward in Vorschlag gebracht. Über die Möglichkeit, die Prüfung zu wiederholen, trifft man nur auf die vereinzelte, unbestimmte Bemerkung, daß nach einem ungünstigen Ausgang der Examinierte je nachdem entweder auf die Schule zurückzuverweisen oder von der Berechtigung zu den akademischen Studien auszuschließen sei. Der Frage nach dem Maß der Anforderungen wandten sich nur einige wenige zu und auch diese nur in ganz allgemein gehaltener Fassung. In zwei Gutachten wurde gewünscht, daß bereits auf einer tieferen Klassenstufe eine Entscheidung über die Befähigung zum akademischen Studium getroffen würde, nach welcher die dazu Ungeeigneten die Anstalt zu verlassen hätten; in dem einen dieser beiden Gutachten wird zu dem Zweck unter Hinweis auf württembergische Einrichtungen eine mit den im Laufe jedes Jahres konfirmierten Schülern in aller Form abzuhaltende Prüfung angeraten. Unter den Gründen, aus denen nahezu alle eine alleinige Aufnahmeprüfung auf der Universität ablehnten, wird der besonders namhaft gemacht, daß mit diesem Modus in den Fällen eines ungünstigen Ausganges den jungen Leuten ganz unnütz nur eine größere Ausgabe verursacht, und noch obenein eine weit empfindlichere Beschämung bereitet würde; der von niemand ausgesprochene, weil offenbar nach dem Gefühl aller zu nahe liegende Grund konnte jedoch kein anderer als der sein, daß für eine über den Stand der Schulkenntnisse anzustellende Prüfung doch wohl die Schule eine näher berechtigte Stätte bilde, als die Universität. Indem sich auch die beiden Universitäten Halle und Frankfurt für eine Abgangsprüfung entschieden, wollte sich die letztere auf diese beschränken, nur daß die dortige theologische Fakultät sich zur Prüfung reformierter Theologen bereit erklärte, während die erstere bemerkte, daß sich auf geschehene Anfrage zur Vornahme von eingehenderen Aufnahmeprüfungen auf der Universität kein Dozent bereit erklärt habe, wonach nichts übrig bleibe, als sie von dem Dekan der philosophischen Fakultät in der alten Weise abhalten zu lassen, gleichviel indessen müsse das Schwergewicht unter allen Umständen in die Abgangsprüfungen auf der Schule fallen. Ein doppeltes Examen erschien jedoch den meisten Freunden der Schulabgangsprüfungen mit gutem Grunde entbehrlich. Aus der Mitte der Anhänger des Doppelexamens wurde für dasselbe geltend gemacht, daß die Universitätsprüfung zur Kontrolle der ihr voraufgegangenen Schulprüfung von großer Bedeutung sei, und von dem lebhaftesten Verfechter dieser Ansicht wurde gar die von ihm projektierte Universitätsprüfungskommission zu einer Art Berufungsinstanz erhoben, indem er ihr sogar das Recht der Annullierung der Abiturientenprüfung und unter Umständen selbst dasjenige der Reiferklärung durchgefallener Abiturienten beilegen wollte.

Das Oberschulkollegium entschied sich für das Prinzip der Schulabgangsprüfungen. Von Zedlitz liegen aus den im Schoße des Kollegiums über den Gegenstand gepflogenen Beratungen keine Äußerungen vor. Hoffmann hatte für nachfolgende Universitätsaufnahmeprüfungen, Steinbart für eine schon auf einer unteren Stufe anzustellende Prüfung der Befähigung zum akademischen Studium votiert, Herr von Wöllner aber sich damit begnügt, unter das Cirkular zu schreiben: „Ich mögte auch noch viel hübsches sagen, der Teufel führt aber den Schulboten schon her, ehe ich einmahl die Hälfte gelesen habe."

Ein näheres Eingehen auf die von Irwing wiederholt in Anregung gebrachte Feststellung von allgemeinen Zielbestimmungen für die Leistungen der höheren Schulen und damit der Bedingungen für die Reife zur Universität schob man noch hinaus und begnügte sich damit, Gedike mit der Ausarbeitung eines Entwurfs zu einer Abiturientenprüfungsordnung nach ihren formalen Seiten hin, und Meierotto mit der Anfertigung eines Schemas für die Reifezeugnisse zu beauftragen.

Diese Verhandlungen fanden in den ersten Monaten des Jahres 1788 statt. Gedike reichte seinen Entwurf am 20. April, Meierotto den seinigen am 1. Juli des Jahres ein, aber erst unter dem 23. Dezember d. J. ging aus diesem Material das Kgl. Edikt über die Einführung eines Abiturientenexamens hervor. Inhalts dessen sollten alle diejenigen, welche von einer gelehrten Schule zur Universität abgehen wollten, sich vorher einer Prüfung unterwerfen, und ihnen darauf nach Maßgabe des Ausfalls derselben ein Zeugnis der Reife oder Nichtreife eingehändigt werden, ohne daß sie jedoch mit einem Zeugnis der Nichtreife von dem Besuch der Universität ohne weiteres auszuschließen wären; nur die Zuwendung von Stipendien und anderen Benefizien sollte von dem Besitz eines Zeugnisses der Reife abhängig gemacht werden. Den Anstalten, welche nicht vom Oberschulkollegium ressortierten, blieb die Einführung eines mit dem angeordneten übereinstimmenden Prüfungsverfahrens anheimgestellt. Entschlossen sie sich nicht dazu, so hatten ihre Schüler ebenso wie diejenigen, welche keine Schule besucht, vor dem Beginn ihrer akademischen

Studien einer Prüfung auf der Universität sich zu unterziehen. Das gleiche hatte mit allen denjenigen zu geschehen, welche in der vorgeschriebenen Abgangsprüfung nicht bestanden hatten. Im übrigen wurde es den Universitäten gestattet, wenn sich ihnen Bedenken gegen das wirkliche Vorhandensein der im Abgangszeugnis ausgesprochenen Reife erhoben, eine Nachprüfung zu veranstalten, über die sie, wenn sich daraus die Unreife ergab, an das Oberschulkollegium zu berichten hatten. Die Abiturientenprüfung sollte abgenommen werden von den Lehrern unter Teilnahme eines Kommissars des Provinzialschulkollegiums, wozu am Sitze dieser Behörde ein Mitglied desselben, an anderen Orten in der Regel der geistliche Inspektor zu bestellen wäre. Jährlich sind zwei Prüfungstermine anzuberaumen. Der Kommissar bestimmt nach Rücksprache mit dem Rektor die schriftlichen Arbeiten, sowie den Tag für die mündliche Prüfung und führt bei derselben das Protokoll. Alle Lehrer der Anstalt haben bei der Prüfung zu erscheinen, die Patrone, Inspektoren und Ephoren werden dazu eingeladen. Allen Anwesenden aus der Zahl der Genannten steht bei der Frage über die Zuerkennung der Reife eine Stimme zu. Über die Anforderungen wird ein genaues Reglement nach Beendigung der Ostern 1789 abzuhaltenden ersten Abiturientenprüfungen erlassen werden. In das Zeugnis sind aufzunehmen die Urteile über die Leistungen in den alten und neueren Sprachen, im besonderen der Muttersprache, und ebenso über die wissenschaftlichen Kenntnisse, vornehmlich die historischen; es wird unterschrieben von dem Kommissar, dem Rektor und allen Lehrern. Über den Verlauf einer jeden Prüfung ist an das Provinzialschulkollegium Bericht zu erstatten und dieser in den Generalbericht des letzteren an das Oberschulkollegium aufzunehmen.

Zedlitz' Name findet sich nicht mehr unter diesem Edikt, an seiner Stelle derjenige Wöllners. Verschiedene Bestimmungen in dem Edikt selbst weisen ja auch schon deutlich genug darauf hin, daß ein anderer Geist über der letzten Redaktion desselben gewaltet.

So war denn Zedlitz durch den Mann aus dem geistlichen Departement verdrängt worden, den er vor wenig mehr als einem Jahre selbst in seine Nähe gezogen, indem damals auf Grund seines Vorschlages die Berufung desselben in das Oberschulkollegium erfolgt war. Was Zedlitz damals hierzu bestimmt, ist nicht mit völliger Sicherheit zu erkennen. Möglich, daß es Wöllner verstanden hat, seine heuchlerische Frömmelei hinter seiner ihm recht natürlich zu Gesicht stehenden Leichtlebigkeit zu verbergen, und Zedlitz ihn nahm, weil er an ihm den gewandten Geschäftsmann schätzte, wahrscheinlicher jedoch, da auch eine solche Leichtlebigkeit zu sehr von Zedlitz' Wesen abstach, daß er nur deswegen sich dazu verstand, weil die Aufnahme dieses königlichen Günstlings ihm als das zuverlässigste Mittel erschien, Friedrich Wilhelm günstig für die neue Institution zu stimmen. Mag Zedlitz damit auch seinen Sturz beschleunigt haben, erfolgen mußte derselbe nach dem Regierungsantritt Friedrich Wilhelms II. angesichts der starken Differenz in den kirchlichen Dingen früher oder später auch ohnedies doch. Glücklich genug für den Werkmeister der fridericianischen Schulreform, daß es ihm gelang, in der kurzen Spanne Zeit, die ihm nach dem Tode des großen Königs noch verblieb, durch die neuen Organisationen über einen guten Teil der Errungenschaften aus der fridericianischen Aera das schützende Dach zu breiten, bevor die Feinde ihre Kräfte zum allgemeinen Ansturm gesammelt. Sollte dieser Erfolg nur um den Preis zu erreichen gewesen sein, daß Wöllner mit ins Spiel gezogen und seinen Machinationen damit Vorschub geleistet wurde, so konnte Zedlitz trotzdem mit dem Gewinn zufrieden sein, auch wenn er dadurch vielleicht zu einer etwas frühzeitigeren Aufgabe seines doch auf alle Fälle unhaltbar gewordenen Postens genötigt worden ist.

Mit Ehren hatte aber Zedlitz seine Ämter noch die nächste

Zeit nach der Thronbesteigung Friedrich Wilhelms II. fortführen dürfen, indem der neue König bei seinem Regierungsantritt und noch später wieder ihn seiner vollkommenen Huld und Gnade ganz ausdrücklich versichert hatte. Er war dagegen zum Rücktritt sogleich entschlossen gewesen, als in dem Verhalten des Königs ein Mangel an Vertrauen gegen ihn zum Ausdruck gelangte. Nachdem mehrere Male, darunter in der Angelegenheit der Lostrennung des Joachimsthals von der Aufsichtsgewalt des Oberschulkollegiums, seine Absichten durchkreuzt worden waren, reichte er, als der König unter Aufrechterhaltung seiner in der Kabinettsordre vom 26. Juli 1787 ausgesprochenen Willensmeinung mittels Kabinettsordre vom 13. September d. J. die ganze Provinz Schlesien der Kompetenz des Oberschulkollegiums entzog und die Leitung des gesamten dortigen Schulwesens in die Hände des Ober-Amts-Präsidenten von Seydlitz und des zum Konsistorialrat beförderten Pastor Hermes zu Breslau legte, am 17. d. M. seine Entlassung ein. Der König nahm jedoch damals dieselbe nicht an, auch nicht die eventuell allein angebotene Enthebung von der Stellung eines Chefs des lutherisch-geistlichen Departements. Nach weniger als einem Jahre wiederholte darauf Zedlitz sein Ansuchen. Am 3. Juli 1788 trat er das geistliche Departement an Wöllner ab: nicht acht Tage später, am 9. d. M., erschien das berüchtigte Religionsedikt.

Zedlitz' Zeit war abgelaufen. Allerdings schied er noch nicht sogleich gänzlich aus dem Staatsdienst, übernahm vielmehr noch einen größeren als den seit 1785 nach Abgabe des Kriminaldepartements wieder verwalteten Teil des Justizdepartements und behielt außerdem auf seinen besonderen Wunsch die auch nach dem letzten Kgl. Erlaß über die Leitung des Schulwesens in Schlesien von ihm fortgeführte Direktion der Ritterakademie zu Liegnitz bei. Auch erhielt er bald hernach den Schwarzen Adlerorden. Indessen schon am 1. Dezember 1789 sah er sich veranlaßt, „aus Gesundheitsrückfichten" um seine Versetzung in den Ruhestand nachzusuchen. Sie ward ihm mit Belassung der Hälfte seines Gehalts unter dem 3. d. M. in Gnaden zu teil, und zog er sich darauf im Sommer des folgenden Jahres von Berlin auf seine Besitzungen in Schlesien zurück.

Am 18. März 1793 erlag er auf seinem Gute Kapsdorf bei Schweidnitz den Folgen eines wiederholten Schlaganfalls, nachdem er seine letzten Lebensjahre in der Stille, aber dabei wie immer in Thätigkeit zugebracht, wovon als Proben eine kleine Studie über die Charlottenbrunner Mineralwasser und ein Tagebuch über einen Ausflug von Kapsdorf nach Lähn auf den Taubenmarkt in die Öffentlichkeit drangen.

Inzwischen steuerte die Reaktion im geistlichen Departement mit vollen Segeln dahin. Als eine der unmittelbarsten Folgen von Zedlitz' Ersetzung durch Wöllner trat unter den Beamten des Ressorts eine plötzliche Erlahmung des Eifers im Dienste ein. Ein sehr charakteristisches Symptom hierfür liefert das Verhalten der Herren vom Direktorium des Joachimsthals. Während sie unter Zedlitz' Präsidium der Regel nach vollzählig dem ganzen öffentlichen Examen beigewohnt hatten, erschien bei der ersten Wiederkehr desselben nach Zedlitz' Abgang an dem ersten Examentage nur ein einziger von ihnen und dieser auch nur auf kürzere Zeit, und am folgenden ein anderer auch wieder für sich allein und ebenfalls nur auf ein paar Stunden. Der eine entschuldigte sich mit seinen Geschäften, ein anderer mit Katarrh und Husten, ein dritter mit der Krankheit seiner Schwester, wieder ein anderer garnicht. Der neue Präsident aber, Herr von Wöllner, setzte unter die Bemerkung eines Mitgliedes, es möchte manchem unter den in der Aula Versammelten die schwache Vertretung des Direktoriums etwas „disgracieux" erschienen sein, nur die wegwerfenden Worte: „disgracieux hin, disgracieux her, Ich konnte nicht kommen." Wie sollte ein solches Vorbild Eifer erwecken?

Indessen wozu das auch? Dem neuen Minister galt es genug, wenn nur in dem Einen Punkte Eifer bewiesen wurde, in dem der Durchführung seines Religionsedikts, das die „ganze Rotte der sogenannten Aufklärer" zu vernichten bestimmt war. In diesem Punkte gab er denn auch selbst ein Vorbild regsten Eifers, indem er ein Kampfmittel nach dem andern für diesen Zweck zur Anwendung brachte.

Wie sie aber auch hießen, Censuredikt oder geistliche Kommissionen, Maßregelungen und Beförderungen, sie alle hatten es außer auf die übrigen Quellen der Geistesbildung zugleich auch auf die Schule mehr oder minder unmittelbar abgesehen und eine Reinigung der letzteren von Zedlitzschen Einflüssen im Auge; am unmittelbarsten gegen dessen Schulreform wandten sich jedoch die Veränderungen, denen das Oberschulkollegium unterworfen wurde.

Das Recht einer kollegialischen Beschlußfassung wurde dem Oberschulkollegium entzogen, und die alleinige Entscheidung in allen Angelegenheiten seines Geschäftskreises dem Minister von Wöllner, als dem Chef der Behörde übertragen, während der Konsistorialpräsident von der Hagen das Präsidium des Kollegiums, das bisher der Chef selbst geführt, im Nebenamt erhielt. Eine der ersten Verfügungen des neuen Präsidenten bedeutete dem Oberschulrat Steinbart, dem überdies eine Kabinettsordre kurz zuvor die ihm als Mitglied des Kollegiums zustehenden 300 Thlr. entzogen, daß man seiner weiteren Teilnahme an den Arbeiten des Oberschulkollegiums fernerhin nicht mehr entgegensehe. Etwas später trat der Kanzler von Hoffmann in den Ruhestand, berufen wurden dagegen die Oberkonsistorialräte Hecker, Hermes, der schlesische Schulverbesserer, und Hilmer, von denen die beiden letzteren, besonders laute Rufer im Streit, von Friedrich Wilhelm III. kurz nach seinem Regierungsantritt unter der Androhung, die von ihnen verübten Bübereien im Falle ihres ferneren Übelverhaltens der strengsten gesetzlichen Ahndung zu unterwerfen, aus dem Amte entfernt wurden. Die Stadtschullehrer in der Kurmark sollten in Zukunft nicht mehr beim Oberschulkollegium, sondern beim Oberkonsistorium zur Präsentation und Prüfung gelangen. Hinsichtlich der Besetzung der Lehrstellen insgemein wurde das Oberschulkollegium eingeengt durch die Bestimmungen, daß fortan jeder Bewerber um ein Schulamt vor seiner Zulassung zum Facherxamen sich vor einer der in jeder Provinz errichteten und unter der Oberleitung der ebenfalls neugebildeten geistlichen Immediat-Examinationskommission zu Berlin stehenden geistlichen Examinationskommissionen zu stellen habe, um über seine Rechtgläubigkeit sich einer Prüfung zu unterziehen und ein Attest darüber zu erwerben, und daß außerdem nach bestandenem Facherxamen jedes zu einem Schulamt irgend welcher Art „vocirte Subjekt" abermals vor einer von jenen Kommissionen zu erscheinen habe, um nach erfolgter Information, und bei Religionslehrern nach Veranstaltung eines neuen förmlichen Inquisitoriums, einen Revers über seine Orthodoxie an Eidesstatt zu unterzeichnen.

Trotz aller von Wöllner und seinen Genossen gemachten Anstrengungen gelang es jedoch nicht, Zedlitz' Werk zu zerstören. Die unter Zedlitz' Verwaltung reorganisierten höheren Schulen bewahrten im wesentlichen ihre neuen Einrichtungen, das philologische Seminar zu Halle, das pädagogische zu Berlin verblieben bei ihrer Verfassung, das Oberschulkollegium rettete wenigstens sein Dasein und damit zugleich dem Staate die Errungenschaft einer ausgedehnteren Aufsichtsgewalt über die Schule. Was aber das wichtigste war, an den verschiedensten Stellen, an den Universitäten, den Schulen, den Seminaren und in den Schulbehörden, das Oberschulkollegium nicht ausgenommen, blieben Männer in Wirksamkeit, welche von Friedrichs und Zedlitz' Geiste berührt, im Sinne beider an der Vervollkommnung des höheren Schulwesens fortarbeiteten und fruchtbringende Saaten in die Gemüter der Jugend streuten.

Mit dem Regierungsantritt Friedrich Wilhelms III. trat dann die Gefahr zurück, welche seither von einem pfäffischen Obskurantismus der Schule gedroht hatte. Die Reformen aus der fridericianischen Aera blieben die Grundlage für alles, was in der späteren Zeit zur Vervollkommnung des höheren Schulwesens in Preußen geleistet worden ist; auf ihnen fußte zunächst Wilhelm von Humboldt. Und wie hätte es auch anders geschehen sollen? denn während das Wöllnersche Regime durch Verkümmerung des Gefühls für moralische Selbstverantwortlichkeit und durch Mißachtung von Vernunft und Wissenschaft eine schwere Mitschuld auf sich geladen hat an dem Umsichgreifen der niedrigen Selbstsucht, welche den Staat nach Jena dem Untergange nahe brachte, verliehen die Mächte, welche in Zedlitz' Reformen walteten, das altpreußische Pflichtbewußtsein im Bunde mit humaner Geistesbildung, einem jüngeren Geschlechte die Kraft zur Erkämpfung der geistigen und politischen Wiedergeburt des Vaterlandes.

Material.

1.
Handschriftliches Material.

A. Aus dem Kgl. Geh. Staatsarchiv zu Berlin.

Stadtschulen: Aus den Akten des Min. d. geistl. Ang. V. Abt. Nr. 15; I. Abt. Nr. 80; I. Abt. Nr. 168 (Liebstadt i. Pr.), Nr. 169 (Lötzen), Nr. 170 (Landsberg i. Pr.), Nr. 189 (Kgl. Provinzial-Schule zu Saalfeld i. Pr.), Nr. 191 (Kgl. Provinzial-Schule zu Tilse [Tilsit]). S. im allgemeinen Rep. 76. I. B f.

Etats der größeren lateinischen Schulen: Rep. 47. Nr. 2 A. 16; Rep. 47, Nr. 2a.

Joachimsthal: Rep. 60 Nr. 2.

Graue Kloster: Rep. 47. 2a.; Rep. 47. B. 4b.; Min. d. geistl. Ang. II. Abt. Nr. 10.

Ritterakademie zu Brandenburg: Min. d. geistl. Ang. I. Abt. Nr. 548.

Marien-Stift zu Stettin: Min. d. geistl. Ang. V. Abt. Nr. 15.; Rep. 30. Nr. 185.

Collegium Fridericianum zu Königsberg i. Pr.: Min. d. geistl. Ang. I. Abt. Nr. 157.

Elisabethanum zu Breslau: Rep. 46. B. 306. 13 g.

Realschule zu Breslau: Rep. 46. B. 306. 13 e. f. h.

Gymnasium academicum zu Brieg: Rep. 46. B. 306. 14.

Ritterakademie zu Liegnitz: Rep. 76. Abt. I. Nr. 1029 f. und Nr. 1082 f.

Unser Lieben Frauen zu Magdeburg: Rep. 76. Nr. 801.

Handelsschule zu Magdeburg: Minutes 11./IX. 1787.

Lateinische Schule zu Oschersleben: Rep. 33. Nr. 152.

Gymnasium academicum zu Lingen: Rep. 76. I. L. Nr. 986 und 987.

Institutum paedagogicum zu Halle: Rep. 52. 159. Nr. 3a.

Oberschulkollegium: Rep. 76. I. A 1. (Acta generalia des Kgl. Ob.-Sch.-Coll. u. s. w. Vol. I. 1787—1797); Min. d. geistl. Ang. I. Abt. Nr. 5. (Personalakten); Min. d. geistl. Ang. V. Abt. Nr. 45. (Schultabellen); Rep. 76. I. Nr. 16. (Etat); Rep. 76. I. Nr. 21 (Schulkommissionen).
Seminar für gelehrte Schulen zu Berlin: Rep. 76. I. Nr. 515.
Abiturientenexamen: Min. d. geistl. Ang. I. Abt. Nr. 23.
Zedlitz' Personalien: Min. d. geistl. Ang. VI. Abt. Nr. 3.; Minutes 3./XII. 1789.

B. Aus dem Archiv des Kgl. Joachimsthalschen Gymnasiums.

Berichte der Visitatoren von 1768—1806: Rep. A. Sekt. VI. Lit. A. Nr. 2. Fach 6.
Personalakten: Rep. A. Sekt. III. Nr. 3. Fach 3.
Verschiedenes: Rep. A. Sekt. VI. Lit. B. Nr. 1. Fach 6. (Geistliches); Rep. A. Sekt. VI. Lit. E I. Nr. 2. Fach 6. (Bibliothek); Rep. A. Sekt. VI. Lit. E II. Nr. 1. Fach 6. (Apparate); Rep. A. Sekt. VI. Lit. H. Nr. 2. Fach 6. (Schauspiele); Rep. A. Sekt. VI. Lit. X. Nr. 1 Fach 6. (Konzerte).

2.

Gedrucktes Material.

Mylius, Corpus Constitutionum Marchicarum; Continuationes; Novum Corpus Constitutionum Prussico-Brandenburgensium. — 1810.
R. Vormbaum, Die evangelischen Schulordnungen Deutschlands. III. B. 1860 f.
F. Gedike, Annalen des Preußischen Kirchen- und Schulwesens. I. 1796.
Gymnasii Electoralis Brandenburgici in valle Joachimica Leges, Lectiones etc. (Documenta Gymnasii Joachimici, coll. Greg. Franck). Erneuerte Verordnungen und Gesetze für das Kgl. Joachimsthalsche Gymnasium. 1767.

Oeuvres de Frédéric le Grand. VII. IX. XXVII 3. Ausgabe der Akademie der Wissenschaften zu Berlin.
Kants Werke, herausg. v. Rosenkranz und Schubert. VII a. VII b. XI. 1838. 1842.
F. E. von Rochow, Litterarische Correspondenz mit verstorbenen Gelehrten. I. 1799.

F. C. Schlosser, Geschichte des achtzehnten Jahrhunderts. 5. A. 1864—66. II.
H. Hettner, Literaturgeschichte des achtzehnten Jahrhunderts. I. II. III. 1872.
K. Biedermann, Deutschland im achtzehnten Jahrhundert. II. 2. 1867. 1875.
E. Zeller, Geschichte der deutschen Philosophie seit Leibniz. 1875.
J. A. Dorner, Geschichte der protestantischen Theologie, besonders in Deutschland. 1867.
J. C. Bluntschli, Geschichte des allgemeinen Staatsrechts und der Politik. 1864—67.
Cosmar und Klaproth, Der Kgl. preußische und Churfürstl. brandenburgische Wirkl. Geh. Staats-Rath.
Leonhardi, Erdbeschreibung der Preußischen Monarchie. 1791 f.
Moehsen, Geschichte der Wissenschaften in der Mark Brandenburg. 1781.
F. Nicolai, Beschreibung der Königl. Residenzstädte Berlin und Potsdam. 3. A. 1786. II.

J. D. E. Preuß, Friedrich der Große. 1832—34. III.
A. Trendelenburg, Friedrich der Große und sein Staatsminister Freiherr von Zedlitz. 1859.
F. Nicolai, Anekdoten von König Friedrich II. 1788—92. Heft V.
Frd. Schlichtegroll, Nekrolog auf das Jahr 1793. (Zedlitz).
A. L. v. Schlözers öffentliches und Privatleben, beschrieben von seinem Sohne Chr. v. Schlözer. 1828. II.
J. G. Sulzers Lebensbeschreibung, von ihm selbst aufgesetzt. Herausg. v. Merian und Nicolai. 1809.
S. F. J. Arnoldt, Fr. A. Wolf. I. 1861.
J. Leyser, Joach. Heinr. Campe. II. 1877.

F. L. Brunn, Versuch einer Lebensbeschreibung J. H. L. Meierottos, Rectors des Joachimsthals. 1802.
Joh. Erich Biesters Selbstbiographie (Lowe, Bildnisse jetzt lebender Berliner Gelehrten mit ihren Selbstbiographieen. 1806).
Joh. Kasp. Arletius (Allgem. Deutsche Biographie. I. S. 531).

K. A. Schmid, Encyclopädie des gesammten Erziehungs- und Unterrichtswesens. 1859 f.
Fr. H. Chr. Schwarz, Geschichte der Erziehung. 2. A. 1829. II.
K. v. Raumer, Geschichte der Pädagogik. II. 1843.
Fr. E. Ruhkopf, Geschichte des Schul- und Erziehungswesens in Deutschland. 1794.
L. v. Rönne, Das Unterrichtswesen des Preußischen Staats. I. 1854.
L. Wiese, Das höhere Schulwesen in Preußen. I. II. III. 1864. 1869. 1874.
D. H. Hering, Beiträge zur Geschichte der Evangelisch-Reformirten Kirche in den preußisch-brandenburgischen Ländern. II. 1785.
F. Gedike, Gesammelte Schulschriften. I. II. 1789 f.
F. Gedike, Aristoteles und Basedow. 1779.
Trapp, Versuch einer Pädagogik. 1780.
F. Gabr. Resewitz, Die Erziehung des Bürgers. 1773. 2. A. 1776.
P. D. Fischer, Friedrich der Große und die Volkserziehung. 1877.

Hausen, Geschichte der Universität und Stadt Frankfurt a./O. 1800.
Arnoldt, Ausführliche Historie der Königsbergischen Universität. I. II.
Förster, Uebersicht der Geschichte der Universität zu Halle in ihrem ersten Jahrhunderte. 1794.
Lelyveld, Geschichte der Universität Duisburg.

C. Ulrich, Pragmatische Geschichte der vornehmsten Gymnasien und Schulen in Deutschland. 1780. I.
Martin Diterich, Berlinische Closter- und Schul-Historie. 1732.
J. Heidemann, Geschichte des Grauen Klosters zu Berlin. 1874.

J. H. Schulz, Die Kgl. Realschule zu Berlin. 1842. Ders., Geschichte der Kgl. Real- und Elisabethschule zu Berlin. 1857.

Arnold, Kurze Geschichte der Ritterakademie zu Dom Brandenburg. 1805.

G. S. Steinbart, Nachricht von der jetzigen Verfassung der Erziehungsanstalten zu Züllichau. 1786. Ders., Nachricht von den Veränderungen in den öffentlichen Erziehungsanstalten zu Züllichau seit Ostern 1787. 1788.

Zuverlässige Nachricht von den jetzigen Anstalten des Collegii Fridericiani zu Königsberg in Pr. 1742.

Kurze Geschichte der Schule zu Kloster Bergen. 1812.

A. Richter, Beiträge zur Geschichte des Stephaneums zu Halberstadt. 1875.

Schulze, Knapp und Niemeyer, Franckens Stiftungen. III.

Chr. Gottfr. Schütz, Geschichte des Erziehungsinstituts bei dem theologischen Seminarium zu Halle. 1781.

C. F. Wachter, Das Hammsche Gymnasium.

Schönwälder und Guttmann, Geschichte des Gymnasiums zu Brieg. II. B. 1869.

Th. Hirsch, Geschichte des akademischen Gymnasiums zu Danzig. 1837.

J. J. Eschenburg, Entwurf einer Geschichte des Collegii Carolini in Braunschweig. 1812.

Basedow, Elementarwerk. 4. Th. 1774.

Sulzer, Vorübungen zur Erweckung der Aufmerksamkeit und des Nachdenkens. 4. Th. 1768. Ausgabe von Meierotto 1780.

J. Christoph Adelung, Deutsche Sprachlehre für Schulen, zunächst für die preußischen. 1781. Auszug daraus 1781.

Joh. Matth. Gesner, Chrestomathia Graeca. 1753.

F. Gedike, M. Tullii Ciceronis Historia Philosophiae antiquae. 3. A. 1815.

J. J. Engel, Versuch einer Methode, die Vernunftlehre aus platonischen Dialogen zu entwickeln (J. J. Engels Schriften IX.).

J. M. Schröckh, Lehrbuch der allgemeinen Weltgeschichte. 1774. Ders., Allgemeine Weltgeschichte für Kinder. 4. Th. 1780—1782.

Joh. Georg Meusel, Anleitung zur Kenntniß der Europäischen Staatenhistorie. 1775.

Nouveaux Mémoires de l'Académie Royale des sciences et belles-lettres. Année 1776: Sur le patriotisme considéré comme objet d'éducation dans les états monarchiques. Discours de réception de S. E. M. le Baron de Zedlitz. Année 1777: Considérations sur l'état présent des écoles publiques et sur la possibilité de les rendre plus analogues et plus utiles à la vie civile. Premier Mémoire. Par S. E. M. de Zedlitz.

Berlinische Monatsschrift, herausg. von Gedike und Biester. 1787: (v. Zedlitz), Vorschläge zur Verbesserung des Schulwesens in den Königl. Landen. 1793: Zedlitz † (Biester).

Zeitschrift für das Gymnasial-Wesen (in Preußen). 1872: R. Jacobs, Historische Nachrichten über das Kgl. Joachimsthalsche Gymnasium zu Berlin. S. 385 f.

Programme.

Programmata e Gymnasio Berolinensi (antiquissima). Fol.
Programmata et Memorabilia Joachimica. I. II. III. IV.
Joachimsthal, 1803: Entwurf zu einem neuen Lehrplan. 1824: Kurze Übersicht der Geschichte des Kgl. Joachimsthalschen Gymnasiums.
Friedrichs-Werdersches Gymnasium, 1792: Gedike, Luthers Pädagogik.
Vereinigte Gelehrten- und Bürgerschule in der Neustadt Brandenburg, 1797: Seth Calvisius, Nachricht von der B. S. und B. i. b. Neust. Brand.
Gymnasium zu Potsdam, 1839: Schmidt, Das Unterrichtswesen im preußischen Staate unter dem Hause Hohenzollern.
Kgl. Friedrich-Wilhelms-Gymnasium zu Neu-Ruppin, 1837: Krüger, Abriß der Geschichte des Kgl. F.-W.-G. zu N.-R.
Städtisches Gymnasium zu Danzig, 1873: E. Cauer, Friedrichs des Großen Grundsätze über Erziehung und Unterricht.
Das Pädagogium des Klosters Unser Lieben Frauen in Magdeburg, 1824: G. S. Rötger, Geschichte der Propstwahl bei dem K. U. L. F.
Elisabet-Gymnasium zu Breslau, 1862: Fickert, Rede zum dreihundertjährigen Jubelfeste. Des Prof. Ephr. Scheibel Bericht über das E.-G. Oktober 1779.

Evang. Gymnasium zu Glogau, 1858: Gust. Ad. Klix, Rückblicke auf die Geschichte des Gymnasiums.

Kgl. evang. Gymnasium zu Hirschberg, 1862: Dietrich, Zur Geschichte des Gymnasiums.

Friedrich-Wilhelms-Schule zu Grünberg, Realschule I. Ordn., 1861: Decker, Freiherr v. Zedlitz, Unterrichtsminister Friedrich des Großen.

www.ingramcontent.com/pod-product-compliance
Lightning Source LLC
Chambersburg PA
CBHW021832230426
43669CB00008B/949